本书是国家社会科学基金教育学青年课题"教师教育学"研究
（项目编号：CIA130170）的研究成果

Jiaoshi Jiaoyuxue Yanjiu

教师教育学研究

俞婷婕　著

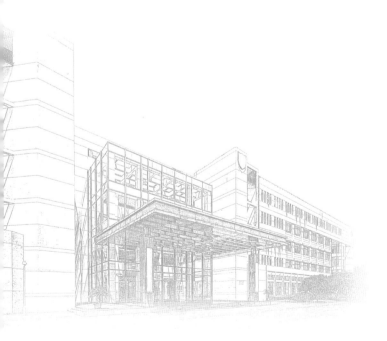

ZHEJIANG UNIVERSITY PRESS
浙江大学出版社

目　录

第一章　何谓教育及学校教育规律研究

时至今日,"基础教育是中国教育的基础,教师是基础的基础"①已被我国政府提至战略高度。未来社会建设者的素养取决于现今学校教育的培养质量,学校教育的质量很大程度上取决于师资队伍的质量,教师专业素养的水平则取决于教师教育的质量,因此从这个意义上来说,教师教育的质量事关未来国家之兴衰成败。当今时代背景下的学校教育究竟需要什么样的教师? 教师必须与时俱进地树立哪些基本的教育教学思想观念以适应其工作开展之需? 这些问题的解释与回答为研究教师群体以及教师教育提供了非常重要的理论基石,而对于上述疑问的思考无法绕开对何谓教育以及学校教育规律进行契合时代发展与需求的探索与分析。基于此,本书第一章将重点对什么是教育以及现代教育的特征与学校教育对人的发展之价值以及实践逻辑等进行探讨,从学理层面阐释何谓教育及学校教育规律所涉主要内容,并将对全球基础教育领先国家的学校教育成功经验进行剖析,以植根实践来揭示学校教育的开展应当坚守哪些基本理念。

第一节　教育的概念与现代教育的主要特征

对于教育以及学校教育规律的研究始于从学理上就"什么是教育"的提问进行的讨论。"教育"概念厘定的过程即为明晰其本质属性的过程,思考

---

① 教育部部长陈宝生:教师是基础的基础[N]. 人民政协报,2017-06-12(9).

并提炼现代教育的主要特征则可进一步细化并充实有关"何谓教育"的知识构建,亦有助于把握当今时代背景下教育发展的基本取向和主要趋势。

一、教育的概念

从词源上考究"教育",其英文为"education",源自拉丁文"educare",分别由前缀"e"和词根"ducere"合成①,前者有"出"之意,后者则意为"引导",由此可见,教育的原意是将人原本具有的潜藏其身之物给引导出来。而古今中外对于"教育是什么"这一本源问题的理解与回答不一业已导致无数种不同的教育教学理念及思想的形成,并影响了教师对于其自身及所从事工作的不同认知之形成。换言之,有多少种关于"教育"概念的理解便意味着有多少种不同类型的教师将其各自持有的教育教学观付诸实践。

事实上,给任何事物下定义其逻辑推导过程都将涉及辨别事物的"类属"与"种差",亦即需要确定概念的内涵和外延,对于"教育"概念的界定自然也不例外。然而,在正式开始建构"教育"概念之前,必须明确的一个关键问题:教育究竟是好的还是坏的? 在与本书同样名为"教师教育学研究"的本科生研究型课程的课堂上,本书作者曾多次与学生探讨该问题,历年课堂的反馈大体为:大多数人认为教育是好的,剩余极少数人以为教育无关好坏。这当然反映了当代大学生对于其所接受教育的主观认可以及对教育所抱有的期待,然而无法否认之客观现实是有好的教育也确实存在坏的教育。回归纯粹学理层面的理性讨论,概念界定的前提是研究者保持价值客观与中立,因而给"教育"下定义须接受并把握的基本立场应为教育本身是无所谓好与坏的,这一点应当不以人们所亲历或观察到的教育过程或现象之好与坏为改变。在明确这一问题后再回到有关教育之"类属"和"种差"的讨论中来。首先,从其类属而言,教育无疑是人类所独有的一种社会活动。法国哲学家、社会学家利托尔诺(Charles Létourneau)曾提出动物界与人类一样也有教育②,这一说法而后为中外学界所普遍驳斥,其理由在于动物仅为基于生存本能和生理需求而自发进行生命活动,完全不具备人类开展教育的目的、结果以及经验性和传承性等要素,因此可以断定教育为人类独有的社会活动。其次,教育绝非仅仅为普通的社会活动,而是一种特殊的社会活动。之所以言之则涉及有关教育概念"种差"的讨论,举例来说,教育完全不

---

① 蔡宝来. 现代教育学——理论和实践[M]. 上海:上海教育出版社,2011:69.
② 瞿葆奎.教育学文集·教育与教育学[M]. 北京:人民教育出版社,1993:177.

同于汽车制造或新闻传播等其他社会活动,后者是以物质产品或者精神产品为直接对象的,教育则是以人为直接对象;教育也有别于医疗、心理咨询等社会活动,后者以保护或维持人的身体或心理的基本健康为直接目标,教育则是以对人的身心发展产生影响为直接目标。由此可见教育有别于人类社会的其他活动而应归属为一类特殊的社会活动。

通过上述有关教育"类属"及"种差"的探讨,似乎可以逐渐推导得出有关教育的经典概念,即教育是"有意识的以影响人的身心发展为直接目标的社会活动"①。这个关于教育的广义定义客观上并没有带有任何预设的价值立场,指出了教育的直接对象并突出了其直接目标。然而问题在于,这一"教育"概念有关内涵部分的细化也许还可以更进一步,因为这一内涵似乎同样适用于除教育之外的人类社会的一些文化现象(如宗教),由此引发的疑问是"有意识的以影响人的身心发展为直接目标"这一表述究竟是否能够较为全面、准确地概述教育区别于其他社会活动的根本特征。

本书认为,教育区别于其他社会活动的根本特征应为教育是培养人的社会活动,这是教育最为根本的"质的规定性"②,教育培养人的内容大体涉及思想观念及道德、知识与技能等,而教育影响人的身心发展的因素则涉及人的体力、智力等因素,因此总结上述分析之结论,我们可以得出"教育"的概念为:教育是以影响人的思想观念道德以及知识和技能,改变人的智力和体力为目标的一种培养人的社会活动。在这个概念中,本书特意没有选择采用"发展""增进""提升"等一些带有正面价值预设的谓语而是选用"影响""改变"等尽量保持客观、中立的词语以声明并维护"教育本身无关好坏"的基本立场。

必须明确的一点是上述关于"教育"的定义为其广义定义,即该定义适用于一切主体、机构和场所开展实施的教育活动,而学界有关教育的狭义定义即为"学校教育"的定义。学校教育区别于其他教育而言应具有以下几方面的特征:其一,学校教育的特有要素为专门机构即学校、专职人员即教师;其二,学校教育必须回应和满足国家及社会对其提出的人才培养需求;其三,学校教育必须遵循和依据包括受教育者身心发展规律在内的教育规律来培养人;其四,学校教育是"目的性、系统性、组织性最强的教育活动"③。

---

① 叶澜. 教育概论[M]. 北京:人民教育出版社,1991:8.

② 王道俊,王汉澜. 教育学[M]. 北京:人民教育出版社,1989:28.

③ 叶澜. 教育概论[M]. 北京:人民教育出版社,1991:9.

综合以上，本书认为狭义教育即"学校教育"是根据一定的社会要求，遵循教育规律，在专门机构由专职人员开展的有目的、有计划、有组织、有体系地对受教育者身心施加影响，改变其精神及智力、体力等的活动。由于本书所关注和研究的教师群体为中小学教育阶段的教师，第一章探究并分析教育及现代教育规律的出发点和落脚点，皆在于通过对教育尤其结合当今时代背景下的教育之本源性、规律性的问题研究来帮助准教师或教师建构起个体专属的有关教育及其特征、价值及其实现路径等的理论体系。故此，本章接下来将聚焦讨论的"学校教育"仅涵盖包括小学教育、普通中等教育（包含普通初中和高中）在内的基础教育主体阶段，而不涉及学前教育、高等教育和职业教育等的探讨。

二、现代教育的主要特征

"教育"概念的界定完成仅仅只能帮助从语义、逻辑等学理层面简单回应"何谓教育"的疑问，对该问更透彻深入的分析则依赖于就教育的本质属性、特征等要素作进一步的提炼和总结。上文中已提及教育的质的规定性在于其为培养人的社会活动，此即决定教育之所以为教育而非其他任何社会活动或现象的根本亦即教育的"本质属性"（nature）。而事物的"特征"（character）为用来描述和拓展概念的一项要素，是某一事物区别于其他事物的恒定特质与属性。基于该逻辑，教育的特征与其本质属性之间的从属关系如图 1-1 所示。

图 1-1　教育的本质属性与其特征间关系

关于教育特征的讨论需要结合并考虑其所处时代背景之因素，时代赋予教育完全有别于传统教育的特征，思考、归纳并总结现代教育的特征则有利于围绕"什么是教育"的问题建构一个更为完整的理论体系。立足时代背景、聚焦各国基础教育发展概况，本书认为总体而论现代学校教育具有以下几方面的重要特征。

（一）公平性

毋庸置疑，现代学校教育以教育公平的推进与实现为其重要价值诉求，而教育公平则被广泛理解为包括教育起点、过程及结果在内的广义公平。事实上，对于各阶段的现代学校教育而论，公平与质量都是其发展过程中要面对并致力于解决的一对主要矛盾。对于基础教育阶段而言，由于一方面其所涵盖的义务教育具有法律和制度层面的强制性与普及性，另一方面基础教育的目标在于使学生养成作为现代社会合格公民所应具备的基本素养等，进而致使该教育阶段公平性实现的必要性与迫切性更为凸显。在基础教育阶段，当今世界不同国家所推行教育举措及改革的价值取向多在于支持学生接受不受其性别、种族和民族、家庭社会经济背景、个体发展水平等因素影响的公正平等的教育。"全纳教育"理念在多国的实现与推进更是将那些身体或心理上存在欠缺导致有特殊学习需求的孩子完全接纳至普通学校中与健全孩子共同接受教育，拓展了现代社会"有教无类"之全新内涵。时至今日，我国政府更是将基础教育阶段教育公平的实现提至发展"公平而有质量的教育"①之层面，这一方面反映了教育整体发展规模与水平的快速提升，另一方面也反映了我国教育领域的主要矛盾已转变为人民群众享受优质教育资源的需求与当前优质教育资源短缺及配置不均衡之间的矛盾。②公平兼具质量的教育将会是当前及相当长的一段时期内许多国家和地区基础教育发展与改革的主要方向与目标。

（二）主体性

现代教育的主体性体现在学生在传统教育中所处的被动客体地位得到改变，学生在教育教学中的主体地位获得认可并强调，尊重学生、了解学生、理解学生、满足学生的学习及发展需求是教师工作开展中要关注并解决的主要问题。而现代教育之所以会出现这一有别于传统教育的特征，是与人们对教育的任务以及教育与社会关系的理解发生变化有着直接关联的。首先，人们不再简单地赋予学校教育以传播知识技能的单一任务，而是期待教育能够培养出兼具创新精神和创造力的创新型人才从而引领各行各业的发

---

① 中华人民共和国教育部.李克强在政府工作报告中指出发展公平而有质量的教育 [EB/OL].［2018-03-06］.http://www.moe.gov.cn/jyb_xwfb/s6052/moe_838/201803/t20180306_328864.html.

② 钟秉林.教育创新是办人民满意的教育的根本出路[J].中国教师,2017(1):10.

展,学生兴趣、潜能的开发和挖掘及其综合素养的培养与提升日益被重视并强调,学生的主体性地位前所未有地被提倡并强化;其次,在现代社会中教育与社会的关系日趋紧密,教育目标的制定无法回避对社会发展需求和特定时代需要等因素的考虑,教育培养的学生是引领未来社会不同行业发展的人,因此教育再也无法忽略学生主体性而以同样的标准简单机械地培养所有人。此外,学生主体性的建立与保护还与现代社会知识更新的速度与知识传播的方式有着密切联系。其一,现代社会知识推陈出新的周期不断被压缩,教师传统的知识中心或知识权威地位被削弱,将学习的责任与权力真正还给学生才能使其养成主动探索以获得知识的能力及终身学习的良好习惯与能力。其二,当今社会知识的传播方式已经发生了根本性的变迁,学校、课堂均不再是学生获得知识的唯一场所,尤其互联网时代的到来使得学生的知识获取方式产生深度变化,翻转课堂等新型教学模式的兴起正是顺应了现代社会的这种变化而将学习的主动权和决定权交给学生来掌握。

（三）个性化

现代教育的个性化特征与主体性特征是紧密相系的,当学生在教育过程中主体地位被认可和稳固之后,学校和教师必然要面对如何为多样化的学生群体以及拥有不同学习需求的学生提供满足其个性发展需要的教育这项挑战。个性化的教育首先意味着过程要从承认并理解学生间存在客观差异开始。其次,在教育过程中既要注重培养全面发展的人亦要保护并拓展学生的个性并妥善处理好与前者之间的关系。最后,在教育评价中不能以统一标准来衡量所有学生,这就必然造成其与应试取向教育之间的相悖性。显而易见,我国政府近年来开展的基础教育领域的某些大刀阔斧的改革,其重要目标即在承认并尊重学生个体差异的前提下致力于为全体学生提供满足其个性发展的教育。比如,2014 年开始试点推行的新一轮高考改革,其出发点就在于让学生按照其自身的兴趣、特长及学科潜质来进行“7 选 3”“6 选3”等的自主选科,学生所做的选科决定将直接与未来专业填报对接,此举打破了传统的高中文理分科局面,让学生有了更多贴近自身发展特质的科目选择机会与方案,并将其专业生涯规划的时间前移,从而使其能够有目标和针对性地学习。

（四）发展性

现代教育的发展性特征建立在其主体性、个性化特征的基础之上,即教育在尊重和调动学生主体性的前提下,将促成学生个体实现超越现有水平的全面发展视为其主要目标。20世纪30年代左右,苏联心理学家维果斯基(Lev S. Vygotsky)提出了著名的"最近发展区"理论,认为儿童现有发展水平与教学可以帮助其达到的潜在发展水平之间存在的差距就是最近发展区,教学应当致力于帮助儿童超越他们的最近发展区达到下一阶段的发展水平,进而不断超越下一发展区实现更高的发展水平。① 现代教育的发展式教学观与"最近发展区"理论非常吻合,并认为教育应当积极发挥学生的主体性以帮助其实现人格、思维、知识、能力等方面的全面、和谐发展。在此影响下,教师角色将从传统的知识传授者逐渐转型为学生学习的合作者与引导者,教师将充分激发学生在学习过程中的主观能动性,从而帮助其实现个性化、差异性的发展。因此,现代教育的发展性特征与主体性、个性化特征之间存在相辅相成的重要联系,其目标指向皆为在承认学生个体差异的基础上通过激发学生主动性以助其达到个体发展的最佳水平。

（五）专业化

在前文有关"教育"概念的界定过程中,已明确了学校教育区别于其他教育的一大特征在于其为在专门机构由专职人员所实施的,其中的专职人员即为教师,而自20世纪中叶以来全球范围的教师专业化运动已推动提升了学校教育的专业性,并由此形成了现代教育另一项显著特征。专业化(professionalization)最初为一个社会学概念,职业的专业化(occupational professionalization)则是指某一职业群体经由一段时间的发展成功满足专业性职业标准的过程。② 20世纪60年代尤其80年代后,世界主要国家纷纷制定旨在提升本国教师专业素养与水平、改善学校教育师资队伍质量的政策举措,教师专业化的推进成为各国基础教育改革的方向与目标。不可否认,教师专业化运动开展的必要性在于不少国家学校教育发展的现实水平与"教师已成一种专业"还存在一定距离。本书认为现代社会的"专业"至少应具备不可替代性以及为社会所认可的专业权威和专业地位等基本特征,基于此,教师专业化的过程也是教师的专业素养以及专业地位同时得以提升和改善的过程。在信息化、智能化的时代,学校教育仍有其不可替代的功能承担之合理性,其一即在于教师应具有不可动摇的专业权威地位,而这需

---

① Vygotsky L. S. Thinking and speech. In Rieber R. W., The collected works of L. S.[M]. New York and London: Plenum Press, 1987, Vol. 1, 375-383.

② 邓金. 塔格曼国际教师百科全书[Z]. 教育与科普研究所编译. 北京:学苑出版社, 1989:542.

要一国教师地位的普遍提升、教师专业标准与其制度的建设、职前教师教育的质量改善、教师资格准入制度的规范完善、在职教师培训的有效开展等多方面因素的共同配合与推动。

（六）国际化

现代教育的国际化趋势不仅与时代所特有的经济全球化、信息化等背景因素相关，且很大程度上源自学校教育在当今已日趋发展为一项集各方资源、各界力量参与的开放化的社会事业，传统的封闭式教育已与时代发展脱节并正逐渐显现其弊端。地区与地区之间、国与国之间的教育事业发展需要互相交流、借鉴和学习，我国教育家顾明远教授亦认为，现代教育本身为一种国际现象，是互相交流和学习的结果。[①] 国际化对学校教育的影响不但体现在教育开展的途径与过程发生了变化，还表现为学校教育的培养目标也由此而发生了转变。基础教育的基本目标原在于培养学生具备成为一名合格公民所需的基本素质能力，而当今中小学校面临和解决的新课题则在于怎样培养学生成为一名合格的世界公民、如何使学生具备国际视野和国际观及养成国际交流的素质与能力。在此尤其要提及的是，我国已于2018 年 3 月将"推动构建人类命运共同体"正式写入宪法[②]，该举措对于学校教育等社会诸多领域的未来改革与发展势必会起到跨时代的重大影响及作用。基于国际化特征之于现代教育发展的深刻影响及作用，本章第三节将专门对全球基础教育领先国家的学校教育理念与特点作分析与讨论，以期结合当今时代背景探究值得我们借鉴和学习的学校教育发展之成功经验。

综上所述，在现代教育系统中，学校、学生和教师等要素各自具备如图1-2 所呈现的重要特征，并由此而构成了现代教育的六项主要特征。当然，除上述几项主要特征之外，现代教育还具备现代性、创新性、科学性、文化及人文精神的复兴与传承化、信息化、终身化等特征。要进一步说明的是，上述这些积极、正向的特征并不能覆盖或等同于现代教育的全部特征，现代教育存在的问题与缺陷亦为其特征构成的其他方面。后现代主义哲学在抨击现代教育的弊端时认为其具有机械性、应试性、碎片化、竞争性、无根性的特

---

① 顾明远. 现代教育的时代特征[J]. 北京师范大学学报（社会科学版），1996（5）：68.

② 朱新林. 构建"人类命运共同体"入宪的时代意义[N]. 中国纪检监察报，2018-03-22（8）.

征①,虽然其部分观点过于批判和绝对,但无法忽略的是应试取向、学科及知识的碎片化等问题客观存在着并且日趋成为制约学校教育发展进步以及学生综合素质培养提升的障碍。

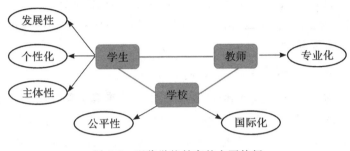

图 1-2　现代学校教育的主要特征

第二节　学校教育对人的发展之价值与其实践逻辑

教育的功能(educational function)包括社会功能和个体功能两方面,社会功能即教育对政治、经济、文化、人口与社会、生态等方面的影响及作用,教育的个体功能则是教育对人的发展所产生的功能与价值。就基础教育所侧重于担负的职能而论,其多数社会功能归根结底还是通过个体功能的发挥来间接实现的,因此本书认为个体功能是中小学校教育的第一功能抑或本体功能。现代学校教育与人的发展之间所存在的固有本质联系尤其是学校教育之于人的发展之价值及其赋予学校教育实践开展所必须遵循的实践逻辑构成了本书所关注的学校教育规律理论研究的主体内容。

一、学校教育对人的发展之价值

学校教育与人的发展之间的联系首先体现在学校教育对人的发展所承担的重要价值与作用方面。传统的教育学研究体例及理论体系倾向于从促进个体社会化和个体个性化两方面来分别阐述教育的个体功能,本书在认同该观点的同时亦认为有关学校教育对人的发展之价值之阐释应当充分结合并反思当今时代社会发展的需要以及人的发展所亟待解决的紧要问题,如何打破传统教育学有关"个体社会化"与"个体个性化"的理论边界,并通

---

①　王治河,樊美筠. 第二次启蒙[M]. 北京:北京大学出版社,2011:78-89.

过更具包容性及整合性的分析思路以将现代背景下学校教育之于人的最为核心的价值与作用进行提取和分析是本书尝试思考并解决的问题。基于上述考虑,结合第一节对于何谓教育的本源性问题的探讨,本书认为当前时代背景下学校教育尤其应对学生在为应对未来生活做充分准备、全人格的塑造、现代公民意识与素养之习得、终身学习时代的学习力获得这四方面发挥正向作用及重要价值。

（一）为应对未来生活做充分准备

　　教育应为学生应对其未来的生活做好充分准备,这是现代社会学校教育开展的主要价值取向之一。早在 19 世纪,英国哲学家赫伯特·斯宾塞(Herbert Spencer)就已提出教育的职责是为完满生活做准备,并认为"怎样生活"即怎样对待身体、培养心智、处理事务、带好儿女、成为公民、利用自然界的资源等问题才应该是教育要教会学生解决的主要问题。① 然而,时隔百年,应试教育导向的学校教育仍然还在延续并引发学生过度学习科目知识而无暇拓展应对生活所需基本常识和能力的局面,学校的课程教学和活动组织皆围绕着考试成绩和毕业去向等"终极评价标准"而展开,无视了教育的灵魂是培养全面发展的和谐的人。同样的问题也存在于一些西方发达国家,哈佛大学教育改革领导小组曾批评美国 K-12 教育使得孩子们将人生定型时期全部用来准备考试而不是为其要面对的真实人生做准备。②

　　置身于现代社会,一个全面发展的和谐的人必然是具备独立面对未来生活所需的人生态度、价值观念、性格习惯、思维方式、基本常识与技能等素养的人,而本书所指"未来生活"则是包括学生未来学业、工作、社会参与及交际、日常家庭生活等在内的广义层面的生活。学校教育要为学生未来生活做准备的价值承担包含着多重要义,本书以为主要可体现在这些方面:首先,培养学生养成正确处理好与自身、与他人、与社会以及与自然间关系的思维意识与能力。其次,帮助学生获得未来生活以及独立生活所需的态度、习惯、兴趣、常识、技能及特长等。再次,从心理、体力和智力等层面积极塑造学生的社会适应能力。最后,引导学生树立正确的职业观,使其知晓职业生涯规划并逐渐形成未来的职业理想。联合国教科文组织(UNISCO)于1972 年发布的报告《学会生存——教育世界的今天和明天》中曾明确指出,

---

① ［英］赫·斯宾塞.教育论[M].胡毅译.北京:人民教育出版社,1962:7.
② ［美］托尼·瓦格纳,泰德·丁特史密斯.为孩子重塑教育[M].魏薇译.杭州:浙江人民出版社,2017:91.

学校的目的应是在学生离校时为他们提供以备其终身之用的知识和技能。[①]
优质教育之于人的价值发挥为延续其一生的影响与支持,而不是随着在校
所学知识的遗忘而给学生留下极其有限的教育影响,故而学校教育的目标
制定须放眼于帮助学生实现未来幸福美好生活之理想而不能仅止步于其
毕业。

(二)全人格的塑造

教育与社会发展、教育与个体发展的内在联系及逻辑是探索并构建教
育规律理论体系的两条基本脉络,社会和个体应作为确立教育目标的主要
向度。而无论社会发展抑或个体自身发展的需求之满足,首先都需要学校
教育能够塑造健全、完善的人格,因为就社会和人的发展而论,完善人格能
发挥的作用及影响要比知识能力的习得本身更为重要、深刻和久远。从个
体发展来说,教育的个体社会化和个体个性化功能的实现之前提亦为人的
情绪、性格、气质、价值观念、道德品质等稳定心理特征总和即人格的训练与
养成。

民国时期曾任北京师范大学附属中学校长的林砺儒先生言其认定的中
等教育就是全人格的教育[②],在他看来,中等教育不在于马上为某种职业做
准备,而在于学生全人格的陶冶[③],只有当学生的人格塑造并完善后再进入
职业选择和分化的环节才会是自然而然的,其未来所从事工作也定能胜任,
林校长在办学治校过程中倡导"全人格教育"理念,开拓革新,从而培养了大
批于当时引领各行各业发展的精英。倘若将人的发展所需素养之集合比作
一棵树,那么人格一定是维系这棵树生命养分的庞大根基,只有人格完善,
学生的知识、能力及素质的习得与发挥才有基本的保障和正确的导向。全
人格的塑造应为学校教育价值承担之理念,必然将影响教育教学的价值取
向及开展方式。早在近代,著名思想家梁启超就已提出全人格教育应涉及
"智识教育、情感教育和意志教育",以让学生养成明辨是非之知识、对社会
民族国家世界之关怀以及个人担当的责任与意志[④];而国际 21 世纪教育委
员会(International Commission on Education for the 21st Century)则在《教

---

① 联合国教科文组织国际教育发展委员会. 学会生存——教育世界的今天和明天
[M]. 华东师范大学比较教育研究所译. 北京:教育科学出版社,1996:113.

② 刘沪. 理想的基础教育是全人格教育[J]. 求知导刊,2013(3):61.

③ 徐百柯. 过去的中学[N]. 中国青年报,2007-08-29(12).

④ 刘黎. 梁启超青年教育思想的"全人格"理念[J]. 中国青年社会科学,2017(4):32.

育——财富蕴藏其中》的报告中指出教育的四大支柱是学会求知(learning to know)、学会做事(learning to do)、学会共处(learning to live together)以及学会做人(learning to be)①,以上四方面恰恰都是基础教育阶段学生人格养成的重要途径。本书认为,学校教育当反思如何在教育教学实践中帮助学生实现主客观层面的健康、幸福(well-being)状态,同时结合显性课程为主的知识教学以及隐性课程为主的情感教育和意志品质训练等多种途径来深入且全方位地塑造学生健全、完善的人格。

(三)现代公民意识与素养之习得

基础教育阶段的主要任务在于培养学生具备普通文化知识和作为社会合格公民所需的基本能力及素养,这一点完全有别于高等教育阶段的培养目标。教育之于个体发展正向功能的重要方面在于帮助实现个体的社会化,成为一名现代社会的合格或良好公民是个体社会化得以实现的集中反映。在 2016 年 9 月正式公布的《中国学生发展核心素养总体框架》中,文化基础、自主发展和社会参与构成了学生核心素养的三大方面,其中"社会参与"部分明确指出要重在养成学生有关现代公民须遵守履行的道德准则和行为规范、增强学生的社会责任感并提升其创新精神及实践能力②,可见我国政府已高度重视并将有关现代公民意识及素养的养成作为培养全面发展的人的重要组成,现代公民意识与素养已被纳入学校教育的育人目标中来。

现代公民素养是包括政治、法律、道德和文化等多方面的知识、规范及行为习惯等构成的综合素养③,在"中国学生发展核心素养"基本内涵的表述中,包括社会责任、国家认同、国际理解在内的责任担当素养以及涵盖劳动意识、问题解决和技术应用的实践创新素养④都与学生应习得的现代公民基本素养密切有关,足以见得国家层面对于现代公民概念的理解已跨越了特定社会与国家而立足于全世界的更为宽广之背景。基础教育改革和学校教育实践有待于进一步落实行动以培养学生习得上述现代公民的基本意识及素养并使其能够真正成长为 21 世纪全球化时代的合格公民。

---

① 联合国教科文组织总部. 教育——财富蕴藏其中:国际 21 世纪教育委员会报告[M]. 联合国教科文组织总部中文科译. 北京:教育科学出版社,1996:2-3.

② 核心素养研究课题组. 中国学生发展核心素养[J]. 中国教育学刊,2016(10):1-2.

③ 成有信. 公民·公民素养·公民教育[J]. 北京师范大学学报(社会科学版),1996(5):79.

④ 核心素养研究课题组. 中国学生发展核心素养[J]. 中国教育学刊,2016(10):3.

（四）终身学习时代的学习力获取

随着越来越多国家和地区高等教育大众化乃至普及化时代的纷沓而至，基础教育为高等教育机构培养及输送具有良好学习习惯和能力的优良生源之责任愈发重大。当今社会具有鲜明的信息化、学习化特征，学习早已不再受年龄、场所及地域等因素的限制，而成为全民化、终身化的事业，养成学习的兴趣与能力会持续影响人一生的发展。中小学阶段正是学生形成学习态度、习惯和能力的最佳时期和关键阶段。反观现实，一方面，应试取向的教育能培养高学业成就的孩子；另一方面，沉重的知识学习负担正在不同程度地消耗或折损学生的学习热情与兴趣。学生毕业后不爱阅读、不主动学习是任何教育都难以承受的后果与败笔。学校智育的效果与质量绝不体现于给学生灌输尽可能多的知识，因为知识的获取从来不是个体发展的终极目标，而学习的兴趣与习惯、自学的态度及能力才是在现代社会能让人不断自我提升并终身受益的基本素养。由此本书以为培养学生具备一定的学习力、造就其成为终身学习的践行者是学校教育应当致力于发挥的影响与价值。

哈佛大学文理学院前院长威廉姆斯·柯比（Williams C. Kirby）认为学习力（power of learning）即包括学习动机、学习态度、学习方法、学习效率、创新思维和创造能力的综合体。[①] 依据该概念界定，创新思维和创新能力均被纳入学习力的范畴。学习力的养成是个体终身学习得以实现的必要前提。终身学习是指社会成员自觉于将学习作为贯穿其一生的行动。[②] 为何要强调终身学习？这就涉及上文所言的教育终极目标。《学会生存》认为教育的基本目的在于使人成为一个在体力、智力、情绪、伦理等各方面综合而论的完善的人[③]，这一目标的实现超越了学校教育的时空限制而需个体付诸一生的实践，只有终身持续学习的人才能成就个体综合素质的不断完善与发展。中小学校在培养学生学习力以及帮助其树立终身学习理念方面，任重而道远。

概言之，学校教育的价值取向应当由传统的对知识的注重转向对于生

---

① ［美］W.C.柯比. 学习力［M］. 金粒编译. 海口：南方出版社，2005：1.

② 毕淑芝，王义高. 当今世界教育思潮［M］. 北京：人民教育出版社，1999：195.

③ 联合国教科文组织国际教育发展委员会.学会生存——教育世界的今天和明天［M］. 华东师范大学比较教育研究所译. 北京：教育科学出版社，1996：195.

命即学生的"生命质量和生命价值"①的关注,学校与教师工作皆应围绕着学生的"生命质量"即让学生能过上幸福美好生活以及"生命价值"即包括使学生成为未来时代的合格良好公民而展开。以上四方面学校教育之于人的发展之价值发挥是相互作用、相互依存的关系,人的发展在不同阶段呈现不同水平与特征,但其整体为一个持续的过程,就这个意义来说,学校教育的价值发挥应当突破知识获得、技能习得等传统意义上的教育结果,而更多关注为学生未来发展做好思维、人格、知识、能力等方面的充分准备,使学生能感受到教育与学习的快乐并能在未来过上幸福美好的生活才是教育对个体发展价值的最佳呈现方式。

二、学校教育开展的实践逻辑

学校教育与人的发展之联系除了学校教育的价值承担之外,还包括个体发展及其规律对于教育开展的影响与作用。基于上文所述的学校教育对个体发展的价值及其需要遵循的个体发展规律,本书认为现代学校教育的开展须自觉于认识并遵循下述几方面的实践逻辑。

(一)实现人的发展是学校教育的起点与归宿

教育的原点是育人,以学生为中心的理念引领了现代学校教育的发展,现代教育的主体性、个性化和发展性等特征都源自其以生为本的基本价值取向。满足及实现学生的个体发展需要是学校教育的出发点,亦为归宿。不可否认的是,现实中的教育并不是都将人和人的发展置于决定其活动开展的核心地位,比如只讲求知识灌输和机械练习、仅着眼于标准化考试测验的应试教育不仅没有让受教育者体验到知识学习的乐趣,反而极易因沉重的学业负担而造成学生消极厌学情绪,其缘由还在于标准化的教育完全忽略了学生的个体间差异与其个性化的发展需求。此外,教育活动中的体罚现象更是反映了个别教育者没有把受教育作为平等、独立的人来予以基本尊重和理智对待之事实。教育中广为社会所诟病的异化现象需要彻底扭转,其根本还在于回归育人的教育本质属性,把学生作为人来尊重和关爱,将学生的个体差异和发展需要作为决定教育活动开展的基本要素。正如国内基础教育领域的改革实践者、北京十一学校原校长李希贵所言,只有当学

---

① 顾明远.互联网时代的未来教育[J].清华大学教育研究,2017(6):2.

生在校园里被尊重、有选择之后,其才会有责任。① 学校教育最重要的不在于促进知识和技能的获取与积累,而在于引导学生探索并发现自己的个性与潜质,培养其兴趣并发掘其潜能,并最终满足不同学生群体的多样化发展需要。

（二）遵循学生的身心发展规律是学校教育的实施前提

以促进人的发展为根本要义的学校教育必须承认学生个体发展水平的差异性并遵循其身心发展的规律,这是教育实施的前提。换言之,中小学校遵循学生个体身心发展规律来教学育人是通往实现学生个体发展目标的必然路径。首先,遵循学生身心发展规律则意味着学校教育必须承认每个孩子都是独一无二的个体以及不同学生间存有客观差异,这是教师因材施教以及学生获得适合自身的教育的必要条件。其次,各个阶段的学校教育都须植根于学生所处特定年龄阶段的身心发展序列和特点来开展,忽略或者逾越学生身心发展的顺序及规律则会陷入违背科学及规律的"拔苗助长"的误区。再次,不同阶段的学校教育应自觉于认识并把握学生能力发展的"最佳期"即学生在"某方面能力效率最高和达到所学领域高水平的可能性最大的时期"②,"最佳期"的错过则意味着花更多的时间与精力却只可能换来更低水平的知识能力习得效果。最后,学校教育应本着以生为本的基本理念来充分激发学生在教育过程中的主体性发挥,既要明确教育并不是万能的,除学校教育以外,个体的发展还受到遗传、环境、家庭、个体能动性及实践等其他因素的影响与制约,同样的教育对不同的学生影响和效果完全不同,也要意识到学校教育的作用在于保护并发挥学生在学习和教育过程中的主体性,使学生在没有外在刚性的约束与管制时还能同样实现自主、自觉的发展。

（三）满足时代和社会对人才的需求是学校教育的发展动力

前文言及教育目标确立的主要向度为社会和个体,现代社会的变化日新月异,学校教育的目标要能反映这些变化,其教育教学的开展要适应并满足时代和社会对于其所培养的人之要求,这是现代学校教育发展的主要动力。当今时代,社会的发展需要拥有创新精神与创造力以及发现问题、分析问题、解决问题能力的年轻人,而这些能力及素养的形成与培养应是从小开

---

① 北京十一学校校长李希贵:教育的使命是"发现"[EB/OL].[2012-07-04]. http://edu. people. com. cn/n/2012/0704/c1053-18437544. html.

② 叶澜. 教育概论[M]. 北京:人民教育出版社,1991:296.

始的,将这些方面的育人职责都抛给高等教育机构完全不可取,这样会错过学生发展的"最佳期"。此外,当前人类要面临的一大社会发展趋势在于人工智能时代已来临,学校教育在教学实践中如何回应并把握好人类和机器的关系,从而让年轻一代形成理性理解和对待人工智能的态度等问题亦为时代和社会赋予学校教育的新课题。而上文所提出的现代公民意识与素养的习得等方面也是学校教育为适应当今时代社会发展所要达到的教育目标。由于人的发展与社会的变迁与发展存在着极其紧密的联系,实现人的发展与满足社会的需求都将统合于学校教育有关"全面发展的和谐的人"之目标确立。

第三节　全球教育领先国家的学校教育理念与特点

国际化作为现代教育的重要特征,已深刻影响了学校教育的理念及实践的发展与创新。教育部部长陈宝生曾指出:"中国教育要赢得世界认可,需要我们坚持中国特色、中国标准,也要尊重国际规则,对接国际标准。"[1]毋庸置疑,"基础教育国际化是教育国际化的组成部分,已成为我国教育国际化进程中的一个必然选择"[2]。由此在当今时代背景下,追踪并研究全球教育领先国家的学校教育理念及实践经验有着重要的价值与意义:首先,上文已论及教育国际化的洪流早已推动学校教育致力于培养真正具有国际化视野与思维以及跨国、跨文化交流素养及能力的合格现代公民,关注他国教育发展的成功经验无疑有助于加快我国基础教育国际化的进程以及提升中小学教师和学生的国际化素养。其次,洞晓并探索教育发达国家的先进教育理念对于基础理论研究的开展具有扩充视野、对比自身、引发省思从而更具针对性地探明我国基础教育存在问题与症结的解决之道的影响及作用,亦有利于在把握和结合当前时代背景的前提下就学校教育规律做进一步的跟进、补充与积累。基于此,本节内容的讨论对于理论联系实际以探索及掌握学校教育规律而论兼具必要性和价值。

本研究开展之初即 2013 年岁末发生了一桩与我国基础教育领域密切

---

① 陈宝生:2017 年全国教育工作会议工作报告[EB/OL]. [2017-02-07]. http://education. news. cn/2017-02/07/c_129469739_2. htm.

② 周满生. 基础教育国际化的思考与实践探索[J]. 世界教育信息,2014(2):11-12.

相关的国际要闻,经济合作与发展组织(OECD)发布了一则震撼全球基础教育领域以及各国教育管理部门的重磅消息:我国上海地区继 2009 年取得 PISA 测试"三冠王"之后,又在 2012 年 PISA 测试中夺得数学、阅读、科学及总分等四项第一。[①] 此后,全球知名媒体美国使用消费者新闻与商业频道(CNBC)即刻报道了中国学生在该项国际标准测试中居全球领先的排名,并据此认定"中国已拥有全世界最聪明的学生"[②]。相比之下,在早前几次 PISA 测试中曾大放异彩的芬兰则由于在该年度测试中仅取得"科学第 5、阅读第 6、数学第 12 名"[③]的成绩而稍显逊色。上述事件及新闻让人顿生疑惑:问题一,2012 年 PISA 测试结果是否确实能够说明我们已拥有全世界最聪明的学生? 问题二,该排名是否意味着芬兰基础教育已不再值得他国关注? 此后,2015 年 PISA 测试结果的公布大概可对第一个问题作否定之回答,该年度由北京、上海、江苏、广东组成的中国部分地区联合体参与 PISA 测试总分位居第十[④],上海地区 PISA"二连冠"之后的"传奇"未能续写。显而易见,上海是我国经济、文化及教育最为发达的一线城市之一,参与 PISA 测试的该地区 15 岁中学生并不能代表全国同龄学生的整体表现及普遍水平。对于第二个问题的作答则牵涉 PISA 测试注重的除测试成绩与排名之外的更为重要因素。事实上,PISA 测试向来致力于关注、解释各国及地区教育系统内部的深层机制与潜在问题。时任上海师范大学校长、上海 PISA 项目组组长张民选曾指出:上海学生曾在 PISA 测试取得优异成绩的同时也付出了较大代价,其作业时间高出 OECD 平均水平的 2 倍以上[⑤],足以可见上海学生 PISA 测试的优异成绩在较大程度上源自其高负荷的学业投入而非皆为基础教育理念或体制的优势及特点使然。然而时过境迁,芬兰依旧被公认是全球基础教育发展得最为均衡、不同学生群体的成绩差异最小的国家,不

---

① 臧莺,宋一宁. 2012 PISA 测评结果全球发布 上海"两战两冠"举世瞩目[N]. 东方教育时报,2013-12-04(1).

② Ansuya Harjani. This country has the world's smartest students[EB/OL]. [2013-12-03]. http://www.cnbc.com/id/101240945,.

③ 李骥志,徐谦. 芬兰学生 PISA 成绩下滑 中国上海名列榜首[EB/OL]. [2013-12-04]. http://news.xinhuanet.com/edu/2013/12/04/c_118415452.htm.

④ 中国网. 2015 PISA 测试结果:中国(北上广苏)第十[EB/OL]. [2016-12-07]. http://edu.china.com.cn/2016-12/07/content_39865540.htm.

⑤ 臧莺,宋一宁. 2012 PISA 测评结果全球发布 上海"两战两冠"举世瞩目[N]. 东方教育时报,2013-12-04(1).

仅如此,芬兰学生在 PISA 测试中所表现出的厌学情绪相对于其他国家而言是最低的,孩子们大多喜爱学习、乐于学习并准备未来经常学习。此外,根据国外某知名财富排行机构于 2017 年发布的全球受教育程度国家研究报告,在世界十大公民受教育程度最好的国家中,芬兰位列第二。① 足以可见,芬兰基础教育已对该国青少年兴趣、习惯及人格的养成、公民素质的整体提升均发挥了突出的成效和长远的影响。而我国基础教育的发展现状、整体水平及其存在的突出问题决定了暂且无法因 2009 年、2012 年上海地区取得 PISA 测试"两连胜"成就而搁置对芬兰这样全球基础教育领先国家的持续关注、研究和学习。

　　基于上述基本立场,笔者整合了于 2013 年在芬兰访学期间亲赴中小学校的调研尤其是对教师的访谈,并结合回国后自 2014 年起陆续进行的文献研究,以对该国微观层面的基础教育理念进行捕捉、梳理、归纳、提炼及总结。在本节中,为将该国基础教育理念以更趋系统、全局式的图景来予以展示,特采纳并依照"纵向"(芬兰中小学校与教师)以及"横向"(该国基础教育的起点、过程与终点)两条逻辑主线来分别作具体阐述与分析(见图 1-3)。

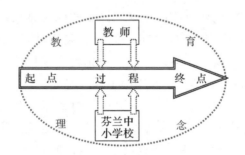

图 1-3　芬兰学校教育的理念与特点

一、从学校到教师:尊崇以生为本

　　以生为本,即教育要以学生为本并关注、满足每位学生的个体发展及需要,且应当把学生的根本利益视作一切活动的出发点与落脚点。② 通过对芬兰学校发展理念和教师群体特征的把握与分析,不难发现:尊重并推崇以生为本是该国基础教育核心理念的基本要义之一。

　　①　全球受教育程度最高的十个国家,美国竟然倒数第三[EB/OL].[2017-02-06].https://www.sohu.com/a/125589144_353058.

　　②　常华锋.生本教学论[M].北京:首都师范大学出版社,2012:19.

（一）关注每位学生，全国无重点校

近些年来，最为国人所熟知的一所芬兰中小学校大约便是位于赫尔辛基市的罗素高中（Ressu Upper Secondary School）。国内对该校办学理念及特色的部分推崇与热捧之声已经几乎让人误以为这是芬兰的一所名校、重点校；而与此同时，芬兰人对罗素高中在中国如此声名大噪而略感不解，以其所见，芬兰任何一所中小学校都与罗素高中并无二致。

2014 年 3 月全国"两会"期间，全国政协委员、中国教育学会会长钟秉林在答记者"如何解决教育公平"之问时曾提及：许多中国的教育代表团来到芬兰后纷纷咨询当地的教育官员该如何解决择校问题，起初芬兰人完全不明白何为"择校"，后几经我方解释，他们终于听懂了，答曰：芬兰不存在"择校"，老百姓都认为家附近的学校就是最好的。① 倘若走近芬兰教育便能理解钟教授所言并非"新奇之说"，倒是我们的重点校抑或重点班才是超越芬兰人理解范围的"新奇事物"。以一亲身实例为证，笔者在芬兰访学期间，曾在一次公开讲座中提及中国某部属师范高校"4＋2"的师范生培养模式旨在造就重点中学的研究型教师，当下芬兰同事们深表困惑并就"重点中学是什么样的学校"而纷纷质疑。在此，中芬两国基础教育不同的现行体制与发展思路已在事实上造成了彼此间相互了解与认同的某种阻隔。

芬兰没有重点校、家家户户都选择就近上学便也就没有给"择校"现象以任何生存的空间与可能性。该国不发展重点校并不是其不注重有所选择地提升基础教育质量，而在于芬兰人坚持认为国家教育的基本原则之一在于应当为每名学生提供相同的受教育机会及资源。在这个没有一所重点校的国度里，每一所学校都是罗素高中，都是好学校。

基础教育的功能及其定位与高等教育有较大差异，它应被视为向学生传达社会普适价值观、授予基础知识及技能、训练逻辑思维能力等的一种大众教育而非精英教育。每个孩子不仅有权享有同样的受教育机会，也应当享有同等质量的教育资源，而要保障和维护这些权利取决于一国基础教育质量的整体水平以及教育资源的分布状况。作为一个 2018 年全国人口估计仅为 554 万②的北欧国家，芬兰政府始终强调将每个孩子都视若珍宝且无

---

① 钟秉林. 教育公平是和教育质量紧密相连[EB/OL]. [2014-03-09]. http://news. xinhuanet.com/politics/2014-03/09/c_133172263.htm.

② 世界人口大全. 芬兰人口有多少 芬兰人口数据[EB/OL]. [2018-04-13]. http://www.chamiji.com/201804132776.html.

法承受哪怕一个孩子教育失败的沉重后果。本着这种对每位学生都极其爱惜和负责的谨慎态度,芬兰才走出了一条基础教育公平、均衡发展之路并撼动世界。出于保障每位学生的同等受教育机会与质量的考虑,芬兰全国上下没有一所重点学校,而这也已成为该国基础教育讲求质量基础上之均衡发展的一道重要标志。

(二)一切为了学生,教师热爱所从事专业

国内外不少试图揭秘芬兰基础教育成功因素的研究都将该国的教师作为重点研究对象。而该国师资群体究竟具有何种特质,这从教师本人关于其职的使命陈述中也许可以略知一二。何为使命?本书认为,所谓"使命"(mission)并不等同于任务和责任,它虽源于任务责任但又高于它们,"使命"是指建立在个体社会存在感和身份认同基础上的一种主动、积极、目标指向明确的自我价值实现。对于任何专业特别是教师而言,"使命"都显得尤为重要,某专业群体是否有强烈的使命意识和明确的使命陈述完全能折射出其对于所从事行业的心理认同度。

在芬期间,笔者曾以"您作为教师的使命何在"之问而专程对坦佩雷市两所完全学校的各科教师进行了访谈。受篇幅所限,表 1-1 中仅涉及其中6 位教师的作答。

表 1-1　部分芬兰教师对于"使命"的理解与陈述

教师编号	所授科目	使命陈述内容
1	高中数学	"数学是一种艺术,我要让孩子们了解到数学有多么的美。"
2	初中生物	"我很想告诉孩子们时刻要保护我们赖以生存的大自然,千万别让她被毁坏。"
3	小　学	"我想让全班的孩子像一个团队一样合作,让班级有一个非常好的氛围。"
4	初中瑞典语	"我并不只是想教会孩子们掌握外语,我想让孩子们找到真正的自我,我想让他们用自己的头脑去思考问题。"
5	高中化学	"我所做的不仅是学科教学,我想给孩子们提供一些工具和技能,让他们在离开学校后能很好地生存和发展。"
6	初中历史	"我想让孩子们学会与他人的相处与沟通,让孩子们学会如何友善、真诚地对待别人。"

上述芬兰教师有关其"使命"的陈述中,有的回答虽基于自身的学科教学却给人以预料之外的感动;有的强调育人为本并可感知其为人师者的情

操。即便教师们对于"使命"的理解不拘一格,还是有一个词频繁出现于每个人的表述中,即:孩子。笔者所访问的每一位教师都将肩负使命的目标指向孩子、学生。换言之,作为教师,他们所有主动、积极的自我价值实现全是为了让学生获得提升与成长。一切为了学生,无疑是所有被访芬兰教师对于使命不二的价值选择。

正是内心承载着如是以生为本的使命感,芬兰教师们表现出的对于职业的热爱及投入令人印象深刻,他们对于自身所从事职业的评价多为积极、令人愉快的工作。当笔者问及其是否热爱自己职业之时,所有人都不假思索地给予肯定答复,多数还补充道:"我喜欢与孩子待在一起。"肩承使命、一切都为了学生是芬兰中小学教师所特有的专业态度与精神。

二、学校教育的起点、过程与终点:回归教育原点

各级各类教育均有一定规律可依可循。基础教育阶段的受教育者都是身心正处成长过程中且尚未发展成熟的未成年人。本章第二节论及了解各年龄段受教育者的身心发展水平及特点、遵循受教育者的自然成长规律是开展教育活动的前提,更是不容教育者所忽视的客观规律之一。教育的原点是育人,教育要回归原点就是要顺应"以生为本"的理念,把促进学生的发展及其生活的完善作为一切教育活动之根本。[①] 尊重并根据人的自然成长规律及其他教育规律来满足学生的教育所需、促成其发展正是芬兰基础教育的起点、过程以及终点均蕴含的基本理念与精神。理性地回归教育原点,是芬兰中小学教育各阶段的起点与归宿所在。

(一)教育起点:反对躁进或提早入学

自 1921 年起至今,芬兰学生接受义务教育的年龄为 7～16 岁。该国政府将 7 岁定为儿童入学年龄是由于相关教育研究部门认为该年龄的孩子在身体、心智、情绪等诸多方面的发展水平比较适合入读小学[②];而倘若在孩子并没有做好就学准备的情况下让其提前入学,便违背了儿童成长发展的自然规律以及教育规律。

反观自身,在我国不少家长都执着于"人生必须赢在起跑线"的论调,殚精竭虑只为让孩子提前入学的也大有人在。在国家层面,2018 年初已由我国教育部、民政部、人力资源和社会保障部、国家工商行政管理总局四部门

① 鲁洁.教育的原点:育人[J].华东师范大学学报(教育科学版),2008(12):15.
② 陈之华.芬兰教育全球第一的秘密[M].北京:中国青年出版社,2011:66.

联合印发了《关于切实减轻中小学生课外负担开展校外培训机构专项治理行动的通知》①，以着力整治课外培训机构的各类不规范行为并切实减轻学生的课外学习负担。然而，各种各样的早教机构和中小学兴趣辅导班等依旧备受广大家长的青睐和追捧，学龄前儿童周末补课已从普遍现象转变为潮流所向。而恐怕多数不愿孩子输在起跑线更不愿输给别家孩子的家长在诚惶诚恐、争先恐后给孩子报班陪读之时，并未冷静思考此般行为也许违背了教育规律及儿童成长规律。就大多数孩子的成长和发展而论，"早入学早受益"的说法都只是家长们的误区与迷思。来自学前教育和儿童心理的相关研究已指出：评价儿童是否适宜入学应从其认知能力、学习能力、社会交往能力、性格人格养成、情绪情感发展等诸多方面来做全面、综合的评价及衡量。② 这与芬兰基础教育反对儿童提早入学的依据与理由如出一辙。当今，欧洲部分国家已出现儿童入学呈现早龄化的趋势，而芬兰人却依旧坚守着基础教育不躁进、反对儿童提前入学的理念，这反映了芬兰人坚持遵循教育规律尤其学生成长规律来开展学校教育的清晰思路。

（二）教育过程：注重"育生为人"

教师更为注重的是培育学生为人而非一味讲求学业成绩。保护并养成学生的独立人格、培养其自主探索世界的能力、让学生懂得如何正确与他人相处等都是"育生为人"的重要内容及组成。

1.培养独立人格而非事事包办代替

上文曾言，芬兰从学校到教师都本着"以生为本"的教育理念且将每名学生都视为国家之宝，但这绝不意味着教育对学生存有纵容与庇护。相反地，该国基础教育过程非常注重保护和养成学生的独立人格，包括培养其自立能力、自学能力等。

芬兰常年处于冰雪严寒之气候，但即使天气条件再恶劣，也从未见有家长为接送孩子而大排长龙的场面。一般情况下，中小学生会选择骑车或乘坐免费公交车的方式自行上下学，即便是小学低年级的学生也都自己独立出行。这一点让部分新移民家长们略感不适应，一位移居芬兰不久的西班

---

① 中华人民共和国教育部.教育部办公厅等四部门关于切实减轻中小学生课外负担开展校外培训机构专项治理行动的通知[EB/OL].[2018-02-22].http://www.moe.edu.cn/srcsite/A06/s3321/201802/t20180226_327752.html.
② 靳晓燕.儿童心理学专家、国家督学庞丽娟：孩子入学年龄应与身心发展相适宜[N].光明日报,2009-12-08(6).

牙学生母亲曾天天开车送孩子上学却被校长告知应让孩子同别的学生一样自己上学。[①] 可见芬兰学校十分重视培养儿童的自立能力。

自学能力是该国中小学校最为重视培养的学生独立性之一。教师在芬兰颇受欢迎且被认为是专业化水准很高的人士,家长们完全信任教师并认为孩子在学校已经接受了足够的、优质的教育。教师的主要任务就是在学校里教会孩子去自主地探索和学习,学生所有的学习任务包括课后作业几乎都在学校里独立完成。有别于我国较为常见的中小学生家庭作业由家长负责检查的情况,芬兰中小学老师不会给家长布置监督孩子功课的任务,因为几乎所有的作业在学校便已早早被完成了,而且家长们认为孩子在校接受的教育、完成的作业已足矣。因此,学习知识和完成作业对于芬兰学生来说是一件不需监督就应该独立完成的分内之事,家长亦完全不用承担督促或协助完成作业之责。这样不仅学生学得轻松愉快,更重要的是家校间的信任使学生养成了良好的自学心态与习惯。热爱学生却不事事包办庇护、重视培养和保护其独立性是芬兰学校教育实践的鲜明特点之一。

2. 主动探索世界优于被动理论灌输

爱因斯坦曾说:"人们把学校看成仅仅是把尽可能多的知识传递给成长中的一代的工具,这是不对的……它应该在青年人身上培养那种有益于公共福利的品质和能力。"[②]上文言及在芬兰教育被认为是推动社会改革、促进公民个人生活幸福的最佳途径,基础教育的重点在于使学生在主动探索世界的过程中养成良好的人格、性格以及生活习惯,而不在于单纯向学生灌输理论知识。

不同于我国上海地区学生的课业压力之大,芬兰学生的课时之短、假期之长与多数国家和地区相比都显得很是突出。该国基础教育阶段的学生课时数在参与 PISA 测试的国家和地区中是相对较少的:中学每周授课时数为30～35 小时,中小学校暑假则有两个半月时间。[③] 这个学生假期漫长而在校时间短的国家甚少有人热衷于课后辅导和周末补习。芬兰人崇尚"少即

---

① 阎安.解密芬兰"奇迹教育"[EB/OL].[2008-02-20]. http://news. xinhuanet. com/newscenter/2008-02/20/content_7633024. htm.

② [美]阿尔伯特·爱因斯坦. 爱因斯坦晚年文集[M]. 方在庆,等译. 海口:海南出版社,2000:33.

③ 陈之华. 芬兰教育全球第一的秘密[M]. 北京:中国青年出版社,2011:48.

是多"①的理念,他们认为依据基础教育阶段学生发展的特征及规律,与其让学生花时间啃书本不如鼓励他们在课堂内外自主地去探索和发现,中小学教师最重要的任务在于激发孩子探索世界以及独立思维的能力。

笔者曾对一所名为 Kaukajarui School 的芬兰学校进行过课堂观摩,发现芬兰中小学的课堂教学非常注重学生独立解决问题的能力尤其是动手能力的培养。比如,该校为全体初中生每周安排一次厨艺课,由专业的烹饪教师在专门的烹饪教室里授课,上课时间通常为上午最后一堂课,这种富有教育巧思的安排使得学生可以将自己的劳动成果作为午餐来与同伴共享,不仅避免了浪费食物,更让学生学会了分享。此外,该国中小学校的手工课也让人印象难忘。自 19 世纪起,手工课一直是芬兰中小学校的正式科目。受益于独立动手、探索创造的课程理念,芬兰的年轻人都知晓该如何编织手套、裁制衣裳等。上述课程的开设不仅使学生在探索创造的过程中习得了实用的生活常识与技能,促成了人格与性格的养成,还为其树立了未来独自面对生活所需的人生态度及价值观念。

假使爱因斯坦关于"教育等同于忘记在学校中所学的一切而后留下的东西"②之论断能够成立,那么芬兰基础教育能给学生留下的最为珍贵之物或许就是可伴之以终身的良好性格与习惯。

3.学会与人相处大过学习知识技能

"不让任何一个孩子掉队"是芬兰学校教育的基本原则之一。每位学生都会得到学校及老师的关注,教师对于那些有特殊学习需求和困难的学生则会给予更多的耐心和特别的照顾。自 20 世纪 70 年代开始,芬兰政府就让有特殊教育需要的孩子与普通学生一道在学校中共同学习和生活。③该国基础教育阶段全纳教育 40 余年的成功实施不仅源于教育系统内部的因素,还得益于来自外界包括广大家长的认同及支持。在芬期间,笔者还曾就普通学生家长对全纳教育的态度做了解与调查,结果发现芬兰家长非常愿意让自己的孩子多接触并帮助那些有特殊教育需要的孩子,不少家长认为这种特殊的同学间相处经历对于孩子的学习与成长来说是十分难得的体验

---

① 陆梓华.高中生回家作业不超 30 分钟——芬兰教育专家来沪传授经验:没排名没检查 低负担高质量[N].新民晚报,2013-01-08(7).

② [美]阿尔伯特·爱因斯坦.爱因斯坦晚年文集[M].方在庆,等译.海口:海南出版社,2000:37.

③ 刘英.芬兰:教育强国强民[M].广州:南方日报出版社,2011:41.

和宝贵的机会。

芬兰的全纳教育理念及其实践不仅切实提升并促进了基础教育公平，更重要的影响之一还在于教会了健全孩子去关爱并帮助有特殊学习和生活需求的同伴。该国中小学校十分注重有意识地让学生在同伴相处过程中培养一定的公德意识、责任感以及人际交往能力。在教师眼中，让孩子学会与人相处比学习知识技能更为重要，这从上文部分芬兰教师的使命陈述中也可知其一二。德育先于智育，情商的培育重于智力的开发，这是芬兰教育可为世人提供的有益经验。

（三）教育终点：不以成绩排名论人

除了全国统一的大学入学考试之外，芬兰中小学教育阶段没有任何统一的国家考试，教师可以自行设计和管理学生的测试。此外，该国法律明确规定，在学生六年级之前，不得以其成绩或等级来评断他们。[①]

芬兰学校不以统一考试和排名来评价学生的原因主要在于：每个学生都有自己的特点及潜能，教育要适应学生的个性发展需要并挖掘其潜能，而教师了解学生的最佳途径是日常教学及生活的过程而绝非考试和排名。[②]尽管芬兰基础教育如此不在意标准化测试与排名，该国学生却居然连续数次在 PISA 测试中展示了比不少世界主要发达国家更为出色的高水平学业成就。不仅如此，芬兰学生在取得 PISA 测试好成绩的同时还表现出的乐于学习的态度也引起世人高度瞩目。该现象背后有着其合理内核：芬兰基础教育追求的是理性地培育学生，中小学校对于学生的自我管理、情绪情感控制、性格习惯培养等的高度重视使学生收获了比成绩和排名更为重要的学习能力及态度，学生在掌握学习方法的同时也在享受学习带给身心的愉悦，这种教育带给人的改变与影响不仅是良性的更是可持续终身的。芬兰基础教育不以成绩排名论人的做法造就了喜爱且乐于学习、打算将来继续学习的学生，这也是该国基础教育最值得称道的显著成就之一。

"以生为本"与"回归教育原点"在教育逻辑上是顺承、一致的关系。以生为本为先，而后方能真正做到理性地回归教育原点。就微观层次的基础教育教学实践而论，只有从学校到教师皆视学生为本且将学生的发展和需

---

① 潘星华.萨尔博教授：芬兰教育不相信考试［EB/OL］.［2012-01-29］. http://www.chinanews.com/hb/2012/01-29/3626992.shtml.

② 潘星华.萨尔博教授：芬兰教育不相信考试［EB/OL］.［2012-01-29］. http://www.chinanews.com/hb/2012/01-29/3626992.shtml.

求作为一切活动之根本,才能顺应教育规律从而更好地促进学生的个体成长与发展。其实芬兰基础教育尤其是其中蕴含的核心理念最值得我们反思的恰恰是一个最原始的问题:教育是什么? 任何国家如若在基础教育改革之路上离该问题的正解越来越远,那么每迈一小步也许就要耗费更多的时间与心血去做补救。尽管芬兰政府已开始担忧该国 PISA 测试成绩下滑事宜并致力于推行新的改革举措,但这丝毫未曾影响其他国家的教育管理者和研究人员对于芬兰学校络绎不绝的造访和取经,一些欧美教育发达国家依旧对芬兰学校系统的诸多先进教育理念持续投以盛赞及效仿。简单、质朴却洋溢着爱和温暖,这是典型的芬兰民族性格,仿佛也是该国基础教育给异国造访者留下的浓厚回味。以生为本地回归教育原点,这是芬兰这一基础教育全球领先国家的成功经验之精髓,或许也是值得我们学校教育发展及改革学习的理念与改变的方向。

第二章　学生与其身心发展特征研究

就学校教育而论,促进和实现人的发展就必然要遵循学生的身心发展特征与规律;对于教师来说,开展教育教学活动的前提则在于能够做到潜心钻研以及真正地了解和理解学生。本书聚焦于中小学教师的职前培养问题,基于以生为本的立场来形成并树立科学合理的学生观用以引导实践是一名合格、称职教师所必不可少的基本特质。时代瞬息万变,中小学生的发展在顺应人的身心发展之基本规律的同时又呈现出当今时代学生群体所独有的特点。教师在观察、了解和分析学生的行为表现之时,必须清晰认识和理解学生的本质属性、其特有的时代特点以及各个阶段的学生所具有的身心发展特征等重要内容。因此在第二章中,本书将依据我国的基本国情和当前的时代发展特点,着重分析和阐述年龄在6~18岁的中小学生的本质属性、时代特点以及各年龄段学生的身心发展特征、各阶段学校教育的主要任务等相关问题,进而为教师与时俱进地建构正确的学生观提供基本理念与知识素材。

第一节　学生的本质属性与我国学生的时代特点

第一章的讨论已明确了教育区别于其他一切社会活动的本质属性在于其为一种培养人的活动,学校教育所培养的"人"即作为受教育者的学生。教师要形成并践行正确的学生观则必须首先认识和把握中小学生的本质属性以及当今时代学生发展的主要特点。

一、学生的本质属性

学生,英文为 student,《现代汉语词典》对"学生"的解释之一为"在学校读书的人"①,《柯林斯词典》对"student"的释义为:在中小学校、学院或大学接受课程学习的人②,可见在校的受教育者是学生的基本身份。而在不同国家学校教育系统的各自语境中,人们习惯以不同的称呼来指代中小学阶段的受教育者群体,我国通常称之为"学生",欧美一些国家(如芬兰等)则较常使用"孩子"(children)的表述。两种不同的称谓反映出其各自对于受教育者所具备属性关注的侧重点之不同。"学生"强调的是其作为学习者或受教育者的社会属性,"孩子"突出的则是其作为人尤其是未成年人的自然属性。中小学阶段的学生除了具备学习者的社会角色以及身心正处于发展和成长过程中的未成年人之自然属性这两项特有属性,必然还具备作为人应有的独立性和完整性等一般属性。

(一)学生是独立、完整的人

每一位学生不论其性别、年龄、民族或种族、发展水平及家庭社会经济地位如何,都是独立、完整的生命个体,在教育过程中,他们与教师一样都享有人格与地位上的平等,其还存有个体差异性和身心完整性等特征,这些都是学生作为人的最为基本之属性,也是教师在教育过程中必须树立和践行的基本观念。教育的原点是育人,建构以生为本、以人为本的教育观念才能在学校教育活动中调动并发挥学生的主观能动性、创造性等人之基本特性。

学生是有独立性的人,这一则意味着学生享有作为人该有的独立、平等人格及尊严,再则也直指个体差异性以及群体多样化为学生的基本特征。对作为受教育者的学生在教育过程中应享有怎样地位一问的理解与定义不同是现代教育学生观有别于传统教育的重要体现。长久以来,学生都被置于教育过程中受动、被动的客体地位,盲目的权威服从与机械的知识训练使得学生的主观能动性发挥受限并致使教育内化作用及影响发挥受限,究其原因还在于学生作为人的基本属性被无视或忽略。承认并尊重学生作为独立个体之存在是现代教育所提倡和遵从的学生观,在此观念的作用和影响

---

① 中国社会科学院语言研究所词典编辑室. 现代汉语词典[Z]. 北京:商务印书馆,1998:1428.

② Collins dictionary and thesaurus. [Z]. Glasgow:HarperCollins Publishers,2005:852.

下,学生的独立人格与尊严得以重视和保护,他们不再是被动接受教育的对象,而是自主参与到教育过程中来并积极发挥其独立性和能动性的教育教学主体。《中华人民共和国未成年人保护法》第一章第五条规定:保护未成年人的工作应当遵循"尊重未成年人的人格尊严"之原则①,《中华人民共和国义务教育法》第四章第二十九条规定"教师在教育教学中应当平等对待学生"②,说明国家已明确认可并给予学生享有独立平等人格与尊严以合法性。

每一位学生都是独立的个体,都有着不同的个性特征和发展水平及潜能。学生之间的个体差异是永恒且客观存在的,教育活动实施的前提是承认及关注其个体差异,基于此依据每个学生的现有发展水平、特长、兴趣及潜能等因素作综合考虑并提供满足其个体发展需求的教育。《中华人民共和国义务教育法》第四章第二十九条亦明确教师应当"关注学生的个体差异,因材施教,促进学生的充分发展"③。个性化作为现代教育的主要特征正是基于以学生为本的教育理念之倡导和实践而发展形成的,过于注重知识灌输和标准化考试的教育由于忽视学生的个性差异以及个体发展需要而日趋成为现今基础教育改革指向的靶面。以人为本的教育必然是面向"每一个人"的教育④,承认、尊重、保护并培育每位学生独一无二的个性是当今学校教育面临的挑战亦为改革的方向。

学生是具完整性的人,是生理和心理的统一体,认识并把握学生的这一本质属性就要求教育的内容不能只着眼于智育等某一方面,而是应该全面关注学生的"道德素质、科学文化素质、智能素质、身体素质、审美素质、劳动素质和心理素质"⑤等整体、协调的发展。应试教育的危害即在于没有将学生作为一个完整的人来予以认识和对待,进而陷入一味讲求以成绩和排名等为风向标的知识灌输及训练中,致使学生深陷过于沉重的学业负担而缺

---

①　中华人民共和国教育部. 中华人民共和国未成年保护法[EB/OL]. [2018-07-20]. http://www. moe. gov. cn/s78/A02/zfs _ left/s5911/moe _ 622/201001/t20100129 _ 3166. html.

②　中华人民共和国教育部. 中华人民共和国义务教育法[EB/OL]. [2018-07-20]. http://old. moe. gov. cn//publicfiles/business/htmlfiles/moe/moe_619/200606/15687. html.

③　中华人民共和国教育部. 中华人民共和国义务教育法[EB/OL]. [2018-07-20]. http://old. moe. gov. cn//publicfiles/business/htmlfiles/moe/moe_619/200606/15687. html.

④　鲁洁. 教育的原点:育人[J]. 华东师范大学学报(教育科学版),2008(12):20.

⑤　国家素质教育网. 素质教育的特点[EB/OL]. [2011-10-11]. http://www. chce. org. cn/news_info. asp?id=2650&BoardID=69.

乏独立思考及批判性思维能力、创新精神与创造力、良好的体质及人格等其他素养的系统培养。一个幸福的人必定是身心都健康且能和谐发展的完整的人，前文已言当今时代的学校教育应当以致力于促进学生全人格的塑造以及实现学生未来幸福美好人生为己任，其主要路径则在基于自觉于认识并把握将学生视为完整的人的前提下全方位地构建并实施旨在促成学生全面发展的包含德育、智育、体育、美育在内的教育教学体系。

（二）学生是身心正处成长发展中的人

中小学生最为突出的自然属性就是他们都是未成年人，换言之，其身心尚未成熟定型并仍处在成长发展变化的过程中，这就决定学生具备了发展的可能性与必要性。教育要了解和把握学生的个体发展水平及差异并帮助每位学生实现其各自的最佳发展。

学生是身心正处发展过程中的未成年人，因而具备很大的发展潜能和可塑性，学校教育要发现并了解学生的现有发展水平及其发展潜力，并力图为其提供有利于实现其全面发展的同时亦满足其个体发展需求的教育。由于学生仍处身心成长变化中，还有无限发展可能且其各自的现有发展水平、未来发展方向千差万别，学校和教师更不应以同一种标准来要求、衡量和评价所有学生。深入了解并自觉培养每位学生的兴趣、爱好及特长与潜质是当代教育对于学生个体发展的重要作用。当然，教育还需兼顾学生为人之完整性并妥善协调学生个性发展及全面发展间的关系，积极促进学生在"生理的和心理的、认知的和情感的、道德的和审美的"[1]等多方面的发展。

长期以来，人们似乎对于有关学校教育质量与学生发展水平之间存在正相关关系的论调已深信不疑。择校择班甚至择师近乎成为中国家长的群体行为，该现象的存在的确凸显了当前基础教育优质教育资源总量的短缺及其整体分布不均衡等现实问题的严峻，然而值得冷静后重作思考的问题则是孩子进入重点学校或名师所在班级是否必然意味其一定能取得更大的进步与发展。经济合作与发展组织对参与国家及地区的 PISA 测试结果进行分析后得出，在大多 OECD 成员国中同一所学校的不同学生间差距要远比不同学校的学生间差距大得多，而学生在跨校层面存在的差异则多由招生数量上的差异所导致[2]，这一结果颠覆了人们对名校名师的认可崇拜的刻

① 袁振国.当代教育学[M].北京:教育科学出版社,2010:79.
② [英]菲利普·阿迪,贾斯廷·狄龙.糟糕的教育:揭穿教育中的神话[M].杨光富主译.上海:华东师范大学出版社,2018:10.

板印象,并引发学校教育质量与学生发展水平间关联的深刻反思。学校教育无疑是影响学生身心发展的重要因素,但人的成长发展过程还受制于遗传、环境、家庭及个体经历等其他必然及偶然因素的综合影响和作用,因而尤显复杂。由此可知,学校教育更应平等公正地关注每一名学生的发展,理性认识并自觉遵循人的身心成长发展之作用发生机制及规律,充分了解学生的现有发展水平及发展潜质,并通过发挥学生在教育过程中的自主性和能动性来开发其身心发展潜能,从而合理地落实教育的发展性原则。

（三）学生是在校学习者

现代社会是学习型社会,终身学习乃是学习型社会的发展趋势并将成为一种常态,在此影响下,人人都可能是学习者。学生有别于社会其他的学习者之本质属性在于他们是系统地接受学校教育的人,也就是说他们是在校学习者。

在信息化社会中,互联网、大数据、人工智能等科技的兴起不断改变并冲击着传统的课堂教学模式以及教育传播方式,尤其是在线教育等的快速发展已经使传统学校的存在遭到质疑,并引发了新一轮关于"学校消亡论"和"去学校化"的争论。本书以为基础教育尤其是义务教育阶段,学校在很长一段时间内依旧会具有无以代之的价值承担和作用发挥,学校教育对学生知识、能力以及人格等的全面、系统的培养并非近年来国内外所时兴的"在家上学"等新型教育模式能相比和取代的。此外,由于义务教育拥有法律规定的强制性,《中华人民共和义务教育法》第一章第二条规定"义务教育是国家统一实施的所有儿童、少年必须接受的教育"①,我国教育部也已官方明确表态适龄儿童进学校接受教育既为权利也是义务,家长若不送孩子去学校上学便是与义务教育法相抵触的行为。② 足以见得,在家上学在我国的开展暂不具备合理性和合法性,因而还没有推广的价值与可能,中小学校在当今以及未来很长的一段时间内都会是孩子接受教育的主要场所,中小学生作为在校学习者的本质属性和基本身份不会改变。学校教育是在学校中由教师来开展的有目的、有计划、有组织、有体系地对学生身心施加影响的教育,这不仅确保了学生学习的系统性和有效性,也保证其能得到专业人员

---

① 中华人民共和国教育部. 中华人民共和国义务教育法[EB/OL]. [2018-07-21]. http://old. moe. gov. cn//publicfiles/business/htmlfiles/moe/moe_619/200606/15687. html.

② 教育部回应"在家上学":入学接受义务教育有强制性[EB/OL]. [2017-09-05]. http://news. xinmin. cn/domestic/2017/09/05/31260230. html.

引导下的全面和谐发展。综上所述,中小学生的学习相较于社会其他人员的学习而言更具强制性、统一性以及规范化、制度化等特征。

二、我国学生的时代特点

时代正在飞速发展,认识并研究现今学生的时代特点是教师了解及理解学生心理和行为的前提。当前的中小学生主要为 2000 年以后出生的孩子(被社会称为"00 后"),他们的发展在延传了传统中国中小学生的普遍特点之外还呈现出一些不同于以往学生的新特征。本书认为,现今我国中小学生的主要特点总体而言可表现在以下六个方面。

(一)学业成就较高,学习投入大

随着我国上海地区学生接连在 2009 年、2012 年两轮 PISA 测试中取得"双冠王"的成绩及荣誉,国际社会开始争相报道并认为中国学生的学业成就已经远远超越美国、德国、法国和英国等西方经济发达国家的同龄学生水平。美国使用消费者新闻与商业频道(CNBC)曾对 2012 年中国与美国学生的 PISA 测试成绩进行对比:美国学生仅得到数学 481 分、阅读 498 分、科学 497 分的成绩,与上海地区学生所取得的数学 613 分、阅读 570 分、科学 580 分的成绩形成鲜明反差,两国学生 PISA 测试成绩差距之大已使该家美国媒体做出"中国已有全世界最聪明学生"[①]的结论。我国基础教育阶段数学等科目教学的进度与难度都明显胜于包括欧美国家在内的一些国家和地区,学生在这些科目上所取得的学业成绩较突出。

然而,中国学生取得高学业成就的背后则是付出更多的学习时间和更大的学习投入。21 世纪教育研究院于 2018 年发布的《我国中小学生"减负"问题研究报告》中提出,我国中小学生在校学习时间长,校外补习时间"领跑"全球。[②] 学业竞争的压力已被提前至小学甚至学前教育阶段,小学生的书包重量平均不低于 2 千克,初中学生通常早晨 6 点起床并一直学习至下午 5 点,且多数学校还要求学生必须晚自习,周末休息对于中小学生来说也成为遥遥无期的一种奢侈。[③] 时任上海教委教研室主任王厥轩曾在其《中国

---

① Harjani A. This country has the world's smartest students[EB/OL]. [2013-12-03]. https://www.cnbc.com/2013/12/03/this-country-has-the-worlds-smartest-students.html.

② 李新玲. 我国中小学生课内外学习时间"领跑"全球[EB/OL]. [2018-03-01]. http://news.cyol.com/yuanchuang/2018-03/01/content_16982076.htm.

③ Beijing Review. Do children still have heavy schoolbags? [EB/OL]. [2018-07-22]. http://www.china.org.cn/english/SO-e/21766.htm.

教育绝不输给美国》一书中指出现在的学生已经严重缺乏自己可以支配的时间与空间,高中住校学生每天都在过早六点半起床、晚十点半睡下的半军事化管理的学习生活。① 可见从小学到高中阶段的学生们都为学习付出了大量时间和投入,因而担负着较大的压力。

(二)心理健康水平和内心幸福感待提升

中小学生减负问题多年来一直都是我国政府重视、社会各界关注的热点民生问题。2010 年,《国家中长期教育改革和发展规划纲要》(2010—2020年)中已特别指出:"过重的课业负担严重损害儿童少年身心健康",并明确要求"各级政府要把减负作为教育工作的重要任务"。② 然而数年已过,中小学生课内外学业负担沉重的状况却是有增无减。2018 年 7 月,教育部发布我国首份《中国义务教育质量检测报告》,其中提出我国学生的家庭作业时间过长,参加校外辅导比例较高,学生学习压力较大。③ 2016 年,中国青少年研究中心发布《从"90 后"到"00 后":中国少年儿童发展状况调查报告》,该报告依据 2005 年、2010 年和 2015 年对全国十大省市的三次"中国少年儿童发展状况"的调查数据综合分析而得出,其中指出"00 后"的学习负担较之"90 后"不但没有减轻反而愈发沉重,举例来说,"00 后"在学习日的睡眠时间不足 9 小时的高达 57%,较"90 后"增加 6.2%;"00 后"休息日睡眠不足9 小时的有 34.5%,较"90 后"高出 1.7%。④ 而根据 2017 年教育部出台《义务教育学校管理标准》的规定,家庭和学校要配合保证小学生每天睡眠时间达 10 小时,初中生达 9 小时⑤,足以见得现实情况离该标准的全面落实还有相当一段距离。

---

① 王厥轩. 中国教育绝不输给美国[M]. 深圳:海天出版社,2012:15.

② 中华人民共和国教育部. 国家中长期教育改革和发展规划纲要(2010—2020 年)[EB/OL]. [2010-07-29]. http://old. moe. gov. cn/publicfiles/business/htmlfiles/moe/info_list/201407/xxgk_171904. html.

③ 中华人民共和国教育部. 我国首份《中国义务教育质量监测报告》发布[EB/OL]. [2018-07-24]. http://www. moe. gov. cn/jyb_xwfb/gzdt_gzdt/s5987/201807/t20180724_343663. html.

④ 张旭东,孙宏艳,赵霞. 从"90 后"到"00 后":中国少年儿童发展状况调查报告[J]. 中国青年研究,2017(2):99.

⑤ 中华人民共和国教育部. 教育部关于印发《义务教育学校管理标准》的通知[EB/OL]. [2017-12-05]. http://www. moe. gov. cn/srcsite/A06/s3321/201712/t20171211_321026. html.

学业负担过重阻碍了学生身心的健康成长与发展,沉重的课内课外学业压力、长期缺乏睡眠、缺乏独处的空间及闲暇时间等问题的客观存在已造成中小学生内心焦虑与压抑,其心理问题亦日趋出现并逐渐增多。近年来多地出现的学生高考后撕书现象揭露了中学教育给部分学生带来的心理压抑与痛苦,不言而喻,学生通过撕毁书本来解压与发泄的行为更是教育和学校之痛。学业负担过重也使得中小学生的幸福感普遍不高。曾有一项关于中国孩子幸福指数过低原因的网络调查,其结果显示学生不幸福的原因排名第一为学业压力,第二则是父母急功近利的教育方式。① 身心健康尤其心理健康与幸福是学校和家庭都应当积极关注并努力帮助学生实现的因素,而对于学业成绩的过度看重与追求导致学生心理素质与内心幸福感等的培育或多或少地被忽略,中小学生的心理健康水平和内心幸福感都亟待被关注和提升。虽然已有地方教育行政部门意识到该问题的严重性并指出要针对中小学生非常累、非常苦的现状来制定学生幸福指数评价体系从而减轻其厌学情绪②,但提升学生幸福感的关键仍在于从制度层面确保学生能够真正得以减负并能获得有利于身心全面和谐发展的教育。

(三)生理成熟提前,心理成熟与生理成熟程度不相适应

学生的生理成熟年龄与社会的经济发展水平整体呈一种负相关的关系,即经济越发达,该国青少年的生理成熟期越早。当前,我国中小学生的生理成熟期呈现提前的总体趋势,据《人民日报》数据,我国约有 3 亿少年儿童,每年有 2000 万青少年进入性成熟期③,而与此同时,学生的心理成熟程度与其生理成熟程度不相适应的问题则更为突出。

根据相关研究数据显示,我国男生首次遗精年龄由 1980 年的 15.18 岁提前至 2013 年的 13.78 岁④;另据某项针对全国部分省市的抽样调查,我国城市地区女生的月经初潮平均年龄自 1985 年到 2000 年间从 13.09 岁提前

---

① 郭文斌. 幸福指数评价体系并不能治本[N]. 大众日报,2010-11-29(4).

② 中国网. 成都将制定学生幸福指数 减少中小学生厌学情绪[EB/OL]. [2010-11-29]. http://news.china.com.cn/rollnews/2010-11-29/content_5378237.htm.

③ 白剑锋,李海博. 让"青苹果"不再苦涩 性教育缺失是青少年成长的"短板"[N]. 人民日报,2016-9-2(19).

④ 周贤伟,王宁,李亚东,等. 中国 1980—2013 年青少年首次遗精年龄系统评价[J]. 中国公共卫生,2017(9):1408.

至 12.78 岁,农村地区女生则从 13.80 岁提前至 13.22 岁[1],另一调查数据则显示自 2010 年到 2017 年的八年间,我国女性初潮年龄平均提前了 1 岁[2],上述数据表明我国男生女生的生理成熟期均随时代的发展而不断提前。学生群体生理上呈现的这一总体变化与改革开放以来我国社会经济的快速发展所导致的人民生活水平提升直接有关,这一变化也表明我国居民健康状况和体质正日益提升并改善。就学生身心发展的规律而言,由于未成年人的生理发展和心理发展并不同步因而其身心发展具有不平衡性,一般而言心理成熟整体会晚于生理成熟,而中小学生性成熟期的提前到来使得学生的心理成熟程度与生理成熟程度更为不相适应。但无论学校抑或家庭与社会却鲜有采取一些切实有效的方式和手段来为学生开展普及心理健康咨询与教育、青春期性教育以及情感教育等,倘若学校和家庭对于青春期学生遇到的心理问题采取回避而不疏导的态度,则只会使学生所处的困惑、迷茫或叛逆阶段延长且不利于其心理成长与成熟。因而针对学生生理成熟提前的趋势,近年来国内有关加强中小学性教育以及将性教育开展时间提前的业内呼声越来越高。

（四）自我意识较强,追求自我价值与社会价值的统一

当代中小学生的自我意识较为强烈,同时他们也认同个人对于国家和社会的投入,总体上追求一种自我价值与社会价值的统一。根据中国青少年研究中心的《中国少年儿童发展状况调查报告》,"00 后"中有 55.8% 的人并不认为自己"会为班级或学校的荣誉放弃个人愿望"[3],这一方面体现了他们拥有并坚持着强烈的自我意识;另一方面,又有 85% 的人认同"对国家、人民有益的事,我会像对自己的事那样去做好"[4],这又说明他们能够接受并认同社会的主流价值观。

学生之所以拥有较强的自我意识与社会民主化进程的推进以及学校教

---

① 田琳. 1985—2000 年中国女生月经初潮年龄变化特征及原因分析[J]. 中国体育科技,2006(5):104.

② 中新网. CBN Data《中国女性生理健康白皮书》:低龄化成关键词[EB/OL]. [2017-08-24]. http://www.chinanews.com/jk/2017/08-24/8313018.shtml.

③ 张旭东,孙宏艳,赵霞. 从"90 后"到"00 后":中国少年儿童发展状况调查报告[J]. 中国青年研究,2017(2):101.

④ 张旭东,孙宏艳,赵霞. 从"90 后"到"00 后":中国少年儿童发展状况调查报告[J]. 中国青年研究,2017(2):101.

育平等民主程度的提升尤其是平等的师生关系构建有着密不可分的关联。在社会和学校中,未成年人的合法权益日益得到尊重与保护,其主体性自然会增强并提升。① 现在的中小学生大都有着平等、自主的意识,知晓并能够积极维护自身的权益,个人尊严的注重与捍卫、个体价值的追求与实现都为其所在意并关心的重要问题。除此之外,当代中小学生亦能积极关注国家和社会大事并热情投身于学校活动和社会公益事业,学生们对于社会主流价值认同感的建立与提升则与新时代以来我国社会主义核心价值观在基础教育领域的树立、推广及落实以及党中央将"立德树人"作为教育根本任务之定位的提出与实施有着较大关系。党的十八大提出了 24 字的社会主义核心价值观,党中央高瞻远瞩提出要强化教育引导并将社会主义核心价值观融入社会发展的各方面②,教育部于 2014 年公布《中小学生守则(征求意见稿)》③将社会主义核心价值观的内涵及精神充分渗透其中以便于学生易于理解并习得,此举有效促进了我国社会主流价值观在学校教育层面的推广与建立。此外,党的十八大提出"把立德树人作为教育的根本任务,培养德智体美全面发展的社会主义建设者和接班人"亦是为弘扬社会主义核心价值观④,并积极推动学校教育将对于学生有关社会主流价值培育的重视提至史无前例的新高度。

(五)独立人格和自立能力略为缺失

虽然当今时代中小学生的自我意识较强烈,但是他们的独立人格却仍然略为缺失。前文言现代教育之于人的发展的重要价值之一在于全人格的塑造,所谓人格也就是人的情绪、性格、气质、价值观念、道德品质等稳定心理特征的综合,独立的人格则是表现为能够独立思考、自主实践并能自我控制,亦即能够自己合理选择确定目标并不依赖于他人而依靠自身力量去实现。⑤ 一方面,中小学生拥有强烈的自尊感和自我价值实现的愿望;另一方

---

① 冯建军. 现代教育学基础[M]. 南京:南京师范大学出版社,2007:149.

② 黄坤明. 培育和践行社会主义核心价值观(认真学习宣传贯彻党的十九大精神)[N]. 人民日报,2017-11-17(6).

③ 中华人民共和国教育部. 关于对《中小学生守则(征求意见稿)》公开征求意见的公告[EB/OL]. [2017-08-01]. http://www. moe. cn/jyb_xwfb/s248/201408/t20140801_172638. html.

④ 郑晋鸣. 把立德树人作为教育的根本任务——"立德树人与教育的根本任务"理论研讨会内容摘登[N]. 光明日报,2015-07-24(7).

⑤ 谷建春. 误区与出路:学生独立人格培养论[J]. 现代大学教育,2002(1):99.

面,他们的独立意识、独立思考能力和自主、自制能力等都明显较为缺乏。至于个中原因,学校教育由于过于重视知识教学而忽略学生人格塑造因而难辞其咎,家庭教育更要承担其中很大一部分责任。社会进入"少子化"时代后,中国家长普遍过度保护和关爱孩子而忽略了家庭教育应该担负起对孩子独立性的培养。孩子由小至大几乎所有的重要选择与决定都是由家长代替其而做出的,顾明远先生亦指出我们的学生高考填报的志愿并不是自己的志愿,而是父母的志愿甚至于祖父母的志愿。[①] 而从学生持续发展的角度看,听从父母之命而读书必会随着学生自我意识的形成与发展而日趋成为其压抑及痛苦的根源。

除独立人格的缺失之外,学生的生活常识、生活自理以及自立能力都明显不足。这与中国家长尤其是城市地区家长几乎全权包办孩子除学习以外的一切事宜而极少给孩子锻炼的机会不无关系,也是源于学校很少开设真正能帮助学生积累独立生活技能的生活实践课。现实的情况是中小学生不仅缺乏独立生活能力,相当一部分学生的自学意识、态度、习惯和能力都亟待形成和提升。家长的监督与配合成为不少中小学生家庭作业能够完成的必要条件,一旦离开了家长的"陪读"与"监工",孩子就无法自觉自律地完成学习任务。在生活甚至学习上过于依赖家长势必加重学生独立意识的丧失以及独立性与自主性的缺乏,而从人的长远发展来看,独立人格与自立能力都是培养学生成为全面发展的人理应具备的也是其现在或将来为人处世所需的基础素养,家庭和学校当正视该问题并积极解决。

（六）以互联网为生活方式的"数字土著"

现在的中小学生多为"00后"并被称为"数字土著",也就是说他们出生在以互联网的广泛运用为代表的数字时代,其成长一直伴随着网络以及移动通信技术的使用,是名副其实的以互联网为基本生活方式的一代人,这是当今时代赋予中小学生的最为突出特点。

据2016年《中国少年儿童发展状况调查报告》对全国十省市的统计数据:"00后"学生有手机的占64.6%,个人有电脑的为29.1%,使用过电脑的为94.7%,上过网的共有88.7%,在信息获取的主要渠道方面,网络已仅次于电视而排名第二位。[②] 随着近年来我国居民生活质量与水平的提升,"00

---

① 顾明远.因材施教与教育公平[J].现代大学教育,2007(6):2.

② 张旭东,孙宏艳,赵霞.从"90后"到"00后":中国少年儿童发展状况调查报告[J].中国青年研究,2017(2):104.

后"接触、拥有和使用电脑、iPad 以及其他数码产品的比率大幅提升,这一则拓宽了中小学生的视野,使其能与时代和世界接轨并可快速高效掌握运用信息技术;二则也会使其过早地过于依赖网络而不利于健康生活习惯和方式的养成与保持。例如,"00 后"中有不少人因成为"手机低头族"已使尚未长成的身体过早地出现亚健康状况。由于网络对学生的吸引力持续大幅提升,在其闲暇时间的利用方面,上网已成为颇受广大中小学生欢迎的休闲活动,致使不少孩子直至就读大学也没有形成良好的运动兴趣与习惯,这一情况也导致我国学生的运动量普遍不足以及整体体质的下滑。国内有高校为了提升学生身体素质甚至应用运动 App 监督并强制要求每名学生每学期必须完成规定距离的长跑。① 以互联网为生活方式所导致的另一项风险在于学生的人生经验尚且不足,而参与网络社交则很可能将面对更多的网络诈骗或网络欺凌。近年来,越来越多的网络通信诈骗都将青少年列为其重点对象,而涉世未深的学生们较之成年人更易轻信他人。这一问题的解决需要学校、家庭和社会加强对学生的信息及网络安全教育以培养他们具备基本的网络风险防范意识与能力。

综上所述,我国中小学生具有以下时代特点:学业成就高且学习投入大,生理成熟期提前的同时心理成熟程度、心理健康以及幸福感皆有待提升,能追求自我价值和社会价值的统一但其独立人格和自立能力仍较为缺失,以互联网为其基本生活方式,等等。当今学生的这些特点是教师和学校教育必须自觉认识并把握的,也是教师建构起符合时代发展要求的学生观所应洞晓并理解的重要内容。

第二节 当代中小学生身心发展特征与主要教育任务

中小学生是年龄从 6、7 岁到 18 岁的人,根据心理学的经典划分方式,小学阶段自 6、7 岁到 11、12 岁是人的童年期,初中阶段从 11、12 岁到 14、15 岁为人的少年期,高中阶段相当于青年初期。本书亦将中小学生的身心发展划分为小学(童年期)、初中(少年期)和高中(青年初期)这三个阶段来逐一分析并阐述每一阶段的学生各自具备的主要特征,并结合各阶段学生身

---

① 中国新闻网. 云南一高校要求学生一学期跑 120 公里 不合格须重修体育[EB/OL]. [2017-09-01]. http://www.china.com.cn/news/2017/09/01/content_41515650.htm.

心发展特征和身心发展目标等来分析归纳该阶段学校教育的主要任务。

一、当代小学生(童年期)的身心发展特征与教育任务

据教育部于 2018 年 7 月发布的《2017 年全国教育事业发展统计公报》数据：我国共有小学在校生 1.00937 亿人，比 2016 年增加 180.69 万。[①] 我国如此庞大的小学生规模以及小学教育对于人一生发展的重要性都要求教师能充分发掘、掌握并顺应小学生的身心发展特征以落实好该阶段的教育目标与任务。

(一)当代小学生的身心发展特征

1. 小学生的生理发展特征

小学阶段的学生年龄为从 6、7 岁至 11、12 岁，此时儿童的发展整体进入一个相对平稳的时期，该时期学生身体生长的主要特点是较为缓慢和不明显。小学生的各种器官、肌肉和骨骼及其功能都处于正在生长发展的过程中，其身体各方面的生长未定型且还较为脆弱。直至 12 岁左右，儿童的大脑重量能达到几乎与成年人相当的水平[②]，但仍会处于进一步生长的过程中。小学生的上述生理发展特征决定其比成年人需要更长时间、更为充足的睡眠以获得骨骼和大脑等的健康成长，此外，他们需要参加一定的适宜、适量但绝不能过于剧烈的体育运动以促进心肺功能等的发展。

在小学阶段中后期，男女生理发展的速度和所处阶段方面的差异会逐渐明显。在人的身心发展规律作用下，男女生的成长过程存在其性别上的天然差异，女生的生理发育及成熟期整体上要早于男生；一般而言，女生 10 岁左右为开始发育的起点，之后她们会经历身高快速增长的阶段，这使得小学高年级阶段女生在身高、体重上会超越男生。[③] 而近年来，随着我国社会经济发展的速度与质量的提升，居民生活水平与质量也在同步改善，导致绝大多数女生的生理成熟期提前至临近小学毕业或小学高年级阶段。据多家网络媒体及商业数据统计机构于 2017 年公布的《中国女性生理健康白皮书》数据，在 2010 年到 2017 年的八年间，我国女性初潮平均年龄已由 13.8

---

① 中华人民共和国教育部. 2017 年全国教育事业发展统计公报[EB/OL]. [2018-07-19]. http://www.moe.gov.cn/jyb_sjzl/sjzl_fztjgb/201807/t20180719_343508.html.

② 叶澜. 教育概论[M]. 北京：人民教育出版社，1991：266.

③ 女生全面"碾压"男生　源于生理发育和成长环境差异[EB/OL]. [2017-09-29]. http://edu.people.com.cn/n1/2017/0929/c1053-29567037.html.

岁提前至 12.7 岁①;经济越发达的地区,女生的平均初潮年龄则更早,在部分一线城市和经济发达省份的城市地区,女生性成熟平均年龄早在 2000 年就已近 12 岁左右。② 上述数据说明不少女生在小学高年级和临近毕业阶段已经历生理发育和成熟的关键期,教师和学校应当把握并针对这一客观现实状况,为女生适当提前开展青春期健康教育并提供心理辅导咨询等以帮助其能更好地接受、了解和适应身体出现的新变化。

2. 小学生的心理发展特征

与生理发展总体呈现平缓稳定的状态所不同的是,小学生的心理成长发展的速度很快,在低年级阶段,他们具有较为明显的学前儿童心理特点,而在高年级阶段,学生们尤其女生已渐入青春发育期。③ 童年期的学生在情绪情感、道德认知、思维能力、自我意识以及人际交往等方面的发展上大体呈现出以下这些主要特点。

(1)情绪情感发展特征

小学生的情绪情感较为单纯,他们较容易因为周围人和环境的作用而影响自己的情绪,但其情绪状态的维持时间一般不会太久,另因小学生尤其低年级学生大都不懂得掩饰及隐藏自己的情感,教师比较容易能知晓其喜怒哀乐。此外,小学生在与成人交往过程中逐渐形成的对某一特定对象畏惧、亲近或崇拜的感情则能较稳定地保持。④ 教师应积极关注并谨慎对待小学生的情绪情感状态,并以亲切友善的态度来引导和矫正他们在情绪情感方面出现的问题。

(2)道德认知发展特征

童年期的道德认知亦会受到儿童情绪情感的影响,但其整体会从较为模糊状态向不断分化的方向发展并将经历较明显的转折与发展,学生会逐渐习得自觉以道德认知来评价和调试自身道德行为的能力,但是他们的道德认知和道德行为会存有差距并仍然无法实现一致,其道德认知还处于一种比较粗浅的水平。教师应该结合上述小学生道德认知的发展特征来身正

---

① 搜狐网. 2017 中国女性生理健康白皮书[EB/OL]. [2017-08-24]. http://www.sohu.com/a/166973698_99900352.

② 田琳. 1985—2000 年中国女生月经初潮年龄变化特征及原因分析[J]. 中国体育科技,2006(5):105.

③ 孙倩. 小学生心理发展特点及其辅导方案[J]. 科教文汇(下旬刊),2011(12):182.

④ 叶澜. 教育概论[M]. 北京:人民教育出版社,1991:267.

示范地承担起榜样作用,并根据各年龄段孩子的成长特点来落实其喜闻乐见、丰富多彩的思想品德教育并避免单一说教的德育开展方式。

（3）思维发展特征

小学生的思维能力由具象思维向抽象思维过渡和发展,但其依旧非常依赖于形象思维,随着学生年龄的增长以及日常教育教学的作用,其抽象逻辑思维将不断形成并发展,小学四年级左右为小学生从具象思维转向抽象思维的关键过渡期,对于上述童年期思维发展特征的了解有助于教师自觉"因时制宜"地引导学生的思维训练并积极促进其智力水平的提升。

（4）自我意识与人际交往发展特征

小学生的自我意识逐渐强化并明确,该阶段学生的自我意识多为建立在他人对自己评价的基础之上,教师、家长等儿童心目当中的权威人物对其的评价能较大地影响到他们,随着学生年龄的增长和社会交往水平的提升,好朋友和同学等同龄人的评价也将对其产生着日益重要的影响。小学生的人际交往对象主要包括家长、教师和同伴等,在童年期的早期,儿童非常信任并依赖教师、家长等权威人士,但随着其自我意识的逐渐强化,他们会越来越倾向于以独立的人格同家长、教师和同伴进行平等、民主的交流与沟通,这一点随着社会民主化以及教育民主化的推进有着日渐明显的趋势。由此可见,教师对于小学生尤其低年级的孩子有着非常强大且重要的影响,教师对于学生的一言一行都很可能会左右学生的自我评价以及自我意识的形式并将影响其社会性发展,因而教师更要平等地对待每一位孩子并给予他们充分的尊重与关爱,以助其正确地树立独立人格和自信心,并提升人际交往能力以及社会化程度。

（二）小学阶段的主要教育任务

小学是义务教育的起始阶段,是为学生实现身心全面发展和个性发展而打基础的重要时期,也是学生道德品质、思维模式、性格、行为习惯、学习兴趣与能力、公民素养等形成的关键期。小学教育为学生的人格、知识、能力、身体素质等各方面素养的养成奠定了重要基础,结合上文有关童年期学生的生理及心理发展特征,本书认为当前小学教育应尤其注重于实现道德良知与积极健康的人格、独立性与自主性、良好生活习惯和文明行为习惯、学习兴趣与学习力、良好体质与身心健康等学生身心发展的主要任务及目标。

1.培育道德良知与健全人格

"立德树人"是我国各级各类教育的根本任务,小学阶段德育是学校教育最为重要的组成内容之一,其对于学生健全人格的形成、良好道德品质的养成等都承担着不可或缺的功能。作为我国中小学德育工作的规范性文件,2017年由教育部印发的《中小学德育工作指南》依据小学阶段学生道德认知发展特点提出小学德育的总体目标在于"养成良好政治素质、道德品质、法治意识和行为习惯,形成积极健康的人格和良好心理品质"①,小学生的道德良知和健全人格的养成是该阶段学校教育的重要任务。

2.发展独立性与自主性

当学校教育体系因其所培养的学生较为缺乏独立人格、自主性和创造性而被社会所诟病之时,学校和教师更应清醒地认识到人一生的发展具有连续性,故应积极把握好学生独立性培养的关键期,小学教育便应当注重保护及培养儿童的独立性和自主性,包括发展儿童的独立思维能力、独立分析问题和解决问题的能力、独立学习习惯、情绪自控力以及自信心、意志力和耐性等,以训练孩子从小养成"自己的事必须自己负责"的自主意识、习惯和能力。

3.培养良好生活习惯和文明行为习惯

童年期是孩子行为各种习惯形成的关键期,由于从小养成的良好习惯将使学生终身受益,在小学阶段培养孩子形成良好的生活习惯和文明行为习惯要比文化知识的习得更为至关重要和意义深远,这也与现代教育应担负起的帮助学生为应对未来生活做准备的基本价值相契合。小学教育应一方面帮助学生养成良好的日常生活习惯以为将来成长为身心健康的人做准备,另一方面培养学生形成文明行为习惯以为促进学生个体的社会化发展打基础。

4.培养学习兴趣和学习力

小学阶段智育任务的核心在于培养学生对学习的兴趣以及逐渐形成学习力,换言之即要让学生热爱学习并学会学习。学习热情和兴趣的保持以及基本学习力的养成,不论对于学生今后的学业还是生活都是一笔极其宝贵的个人财富,因为懂得学习、擅长学习并能持续学习的人才能在现代社会中获得源源不断的自我提升和成长的机会与可能。知识教学的最大成就在于发展学生的态度、思维和能力,而并非暂时性的知识获取,小学阶段更应

---

① 中华人民共和国教育部.教育部关于印发《中小学德育工作指南》的通知[EB/OL].
[2017-08-22]. http://www. moe. gov. cn/srcsite/A06/s3325/201709/t20170904 _ 313128.
html.

对儿童学习兴趣和学习力的形成发挥启蒙教育作用。

5.发展良好体质及身心健康

童年期儿童的生理发展特点决定了小学教育必须帮助学生来获取良好的体质以及身心健康状态。正因如此,苏联著名教育实践家苏霍姆林斯基(B. A. Sukhomlinsky)曾说"关注儿童的健康,是教育者的最重要的工作"①。童年期孩子的身体成长尚未定型,处于生长发育过程中,学校和家庭应从学生的饮食营养及卫生、充足的睡眠、适当合理的体育锻炼、健康的生活习惯和学习习惯等多方面来全面关注并确保学生能拥有良好的体质与身心健康。

二、当代初中生(少年期)的身心发展特征与教育任务

初中阶段自 11、12 岁起到 14、15 岁为人的少年期。2017 年,我国共有初中 5.19 万所(其中含职业初中 15 所),初中在校生 4442.06 万人;改革开放 40 年来,全国初中毛入学率已由 1978 年的 66.4% 上升至 2017 年的103.5%。② 初中阶段为人的身心发展变化最为剧烈和旺盛的时期,因此心理学界称其为人的"第二次断乳期""第二次生长高峰"。③

(一)当代初中生的身心发展特征

1.初中生的生理发展特征

少年期开始,人的生长经历着自胎儿期至 1 岁以后的第二次生长发育高峰,学生的身高体重等体形的变化、生理机能的增强与发展、性发育及成熟等都是该阶段生理发展的主要特征。

(1)身高体重的快速增长

据我国教育部、原卫生部、科技部、国家民族事务委员会和国家体育总局五部委联合开展的"全国学生体质与健康调研"及其对全国 30 省市调研所得统计数据,2005 年我国初中阶段男生、女生身高和体重的中位数如表2-1所示。

---

① [苏]B. A.苏霍姆林斯基.给教师的建议[M].杜殿坤编译.北京:教育科学出版社,1984:389.

② 中华人民共和国教育部.2017 年全国教育事业发展统计公报[EB/OL].[2018-07-19].http://www.moe.gov.cn/jyb_sjzl/sjzl_fztjgb/201807/t20180719_343508.html.

③ 冯建军.现代教育学基础[M].南京:南京师范大学出版社,2007:147.

表 2-1　2005 年我国初中阶段男女生身高、体重中位数

年龄	身高/厘米				体重/千克			
	男生		女生		男生		女生	
	城市	农村	城市	农村	城市	农村	城市	农村
12	147.6	142.5	149.1	144.8	37.3	34.1	37.5	34.9
13	154.9	150.2	154.1	150.5	42.6	38.8	42.2	40
14	161.8	156.7	156.8	153.7	47.9	43.4	45.7	43.8
15	166.8	162.2	157.6	155.3	52.5	48.5	47.6	46.7

资料来源:马军,吴双胜,宋逸,等. 1985—2005 年中国 7～18 岁学生身高、体重变化趋势分析[J]. 北京大学学报(医学版),2010(3):320-321.

从表 2-1 可发现,初中生的身高体重变化显著,尤其男生在该阶段的身体生长速度要明显快于女生,城市和农村地区男生每年身高增长 5～8 厘米、体重增加 4～6 千克,女生的身高与体重增长的速度呈逐年递减状态。初中起始,不论城市还是农村地区女生的身高和体重都优于男生,但自该阶段中期起男生已基本超越女生并逐渐将差距拉大,该现象与男女生在生长发育过程存在时间上的差异有关。伴随着身高体重的增长,初中生的骨骼、肌肉也处在快速成长发育中。

(2)生理机能的增强与成熟

初中生的生理机能之发展提升主要表现在大脑和神经系统的发展成熟、心肺系统及功能的逐渐增强以及新陈代谢的速度提升等方面。少年期学生的神经系统发展日渐完善,其大脑重量接近成人水平,而且机能也已有显著提高,脑神经细胞的分化水平也已经达到成年人水平。[1] 初中生的心血管系统以及呼吸系统逐渐发展并趋于成熟,其心肺功能也逐步强大并接近成年人水平。依据我国教育部于 2014 年修订公布的《国家学生体质健康标准》,初三男生肺活量的良好水平为 3500 毫升,女生为 2650 毫升[2],这两项数值均已达成年人的正常水平。少年期的身高体重快速增长,学生新陈代

---

① 倪武林. 少年期学生身心发展的一些特点与教育问题[J]. 教学与研究,1980(1):77.

② 中华人民共和国教育部. 教育部关于印发《国家学生体质健康标准(2014 年修订)》的通知[EB/OL]. [2014-07-07]. http://www. moe. edu. cn/s78/A17/twys_left/moe_938/moe_792/s3273/201407/t20140708_171692. html.

谢旺盛且速度加快,他们的精力也较充沛①,而因为初中生的大脑和神经系统仍在继续发育的过程中,他们较为容易出现疲劳的感觉并无法坚持学习过长时间。

(3)性发育与成熟

少年期学生生理发展最显著的特征为性的发育与成熟。女性的发育时间早于男性,其性发育与成熟的结束时间也比男生早,上文提到女生的生理成熟期为小学高年级或临近小学毕业左右的年龄,其发育起点为10岁左右,而男生的发育起点则为12岁左右②,据相关统计数据,2013年我国男生生理成熟的平均年龄为13.78岁。③ 初中阶段是男生性发育与成熟的关键期,男女生在性发育和成熟方面存在的时间差异亦使女生在生理和心理上的成熟时间整体都早于男生。少年期男女生都正进入或已经完成性发育和成熟,他们的身体和心理都出现很大的变化,首先,男女生都逐渐形成并出现第二性征;其次,生理的剧变促使学生必须面对心理上从儿童向近乎成年人的转变,而其心理发展晚于并且还跟不上生理发展从而致使初中生生理发育与心理发展间存在彼此不协调、不平衡的特点。

2.初中生的心理发展特征

少年期学生生理上的剧变引发其心理上也产生一系列的重要变化,学生在思维发展与成熟、情绪情感过程与状态、自我意识、独立意识以及人际交往发展等多方面都形成了完全有别于童年期的重要变化与特征。

(1)思维发展特征

初中生的思维发展基本完成了由具体形象思维向抽象逻辑思维的过渡,抽象思维开始占据主导的优势地位④,但仍需要感性经验的支持,这就与童年期以具象思维为主的思维发展特征完全不同,初中生思维发展的这一特征是少年期认知发展的重要表现。我国心理学家林崇德教授认为初二是学生认知或思维发展的重要转折点,可能成为学生学习成绩分化和思想道

①　叶澜.教育概论[M].北京:人民教育出版社,1991:273.

②　女生全面"碾压"男生　源于生理发育和成长环境差异[EB/OL].[2017-09-29]. http://edu.people.com.cn/n1/2017/0929/c1053-29567037.html.

③　周贤伟,王宁,李亚东,等.中国1980—2013年青少年首次遗精年龄系统评价[J]. 中国公共卫生,2017(9):1408.

④　冯建军.现代教育学基础[M].南京:南京师范大学出版社,2007:148.

德变化的认知基础。① 此外,该阶段学生的独立思维、批判性思维、辩证思维以及发散思维的能力也明显得到发展。少年期学生以抽象逻辑思维为主导的心理发展特点以及其思维发展的转折时间点等为初中教育教学的开展提供了应当遵循和顺应的重要依据。

(2)情绪情感发展特征

初中生的情绪情感较小学生而言更趋于内隐性和连续化,学生开始懂得刻意试图掩饰并隐藏自己的情绪状态以不被外界发现其真实的内心世界。然而由于该阶段学生的情绪缺乏稳定性而且学生本身也很欠缺情绪自控能力,他们较容易会爆发喜怒哀乐等极端情绪状态。初中生的情感细腻且敏感,他们会因个体经历和外界评价而产生丰富的内心活动和情绪情感体验。鉴于初中生所具有的情绪情感发展特征,教师更应谨慎细心把握好与学生沟通交流的方式方法,使学生能尽可能顺利地度过心理上的过渡期。

(3)自我意识发展特征

初中生的自我意识和独立意识较小学阶段均得到很大的提升,他们不再如童年期那般非常信任和依赖家长、教师等权威人士对自己的评价,而是渴望自己能成长为成人并不再被当作儿童来对待,他们希望关注自己、认识自己并就未来的发展作规划从而形成简单的理想。少年期学生的自尊心得到了极大增强,这与他们对于自我的重视以及对他人评价的关注有关。概言之,少年的自我意识是建立在学生对自我关注和认识的基础上的。教师在该阶段采取一种朋友式的平等交流方式才有可能与学生建立起良好的沟通互动机制。

(4)独立意识发展特征

初中阶段的孩子开始进入通常所说的青春叛逆期,这与其自我意识的极大提升和独立意识的迅速萌发有关。由于初中生经历生理上的巨大变化与发展,他们渴望自己的内心跟外在一样都能成长为"大人",他们不愿意再受到来自家长和教师等周遭成人的过多干预和管制,并常常显示自己对于独立和平等的认同与坚持。然而由于心理的发展明显缓于生理发展且仍较不成熟,少年期学生可能常以激烈或冲动的情绪状态来摆脱或反对成人的干预,部分学生还有可能出现对任何事都批判反抗的偏激状态。教师和家长应理性认识并接受少年期学生独立意识萌发而带来的这些正常变化,适

---

① 林崇德,李庆安. 青少年期身心发展特点[J]. 北京师范大学学报(社会科学版),2005(1):51.

当调整自己与孩子的沟通交流方式,并在关注和尊重学生内心真实想法和需要的基础上对其加以适当引导和帮助。

(5)人际交往发展特征

在初中生的人际交往对象中,同伴已经开始超越家长教师等成年人而成为对其影响最大的群体,与同伴的友谊关系建立与维持成为初中生日常生活中最为重要的人际交往活动。在这一阶段,学生逐渐越来越在意同伴对自己的评价和态度,并非常愿意与同伴来分享自己的内心世界,而对家长教师开始保留和掩藏心声。有研究指出学生受同伴影响在大约 12～13 岁时达到最高峰,而后呈下降趋势[①],可见初中阶段的同伴交往对学生的影响之大。应认识到的是良好且具支持性的同伴关系不仅能给学生提供很好的认识和探索自我的机会,还能提升其心理适应力和社交能力。

(二)初中阶段的主要教育任务

初中生的身心变化发展飞速且巨大,该阶段学校教育责任重大并且任务艰巨,学校应当积极引导并帮助学生尽快适应和顺利度过少年期这一人生的转折期与关键期,结合学生心理发展特征与规律来促进其各种认知能力的提升与发展,并塑造及拓展学生的个性。本书认为初中阶段学校教育尤其应当培养学生具备现代公民意识和素养、科学精神和求知精神、创造思维以及分析问题和解决问题的能力、兴趣爱好及特长以及更好地适应自身身心变化发展等。

1. 形成现代公民的意识和素养

在我国,初中三年是九年义务教育的最后阶段,义务教育是旨在"提高全民族素质"[②]的强制性、普及性教育,当今时代背景下通过学校教育来提升民族素养的重要内容即在于培养学生具备公民意识和素养,这也是现代教育应承担的重要价值。教育部公布的《中小学德育工作指南》也指出初中学段德育工作开展的目标包括培养学生的公民意识以及养成学生热爱劳动、

---

① 林崇德,李庆安. 青少年期身心发展特点[J]. 北京师范大学学报(社会科学版),2005(1):54.

② 中华人民共和国教育部. 中华人民共和国未成年保护法[EB/OL]. [2018-07-20]. http://www. moe. gov. cn/s78/A02/zfs_left/s5911/moe_622/201001/t20100129_3166. html.

自主自立、意志坚强的生活态度等。① 因此,初中教育应履行培养学生具备现代公民意识以及含政治、法律、道德和文化在内的各种知识、规范和行为习惯等公民素养的基本职能。

2.培养科学精神和求知精神

学校教育的智育开展应着重关注学生有关知识与学习的态度、思维、习惯和能力等的养成,而不是知识的机械灌输与积累。我国物理家张双南教授曾提及"科学精神"大体涉及三项要素,即质疑的态度与精神、独立的思维及精神以及对于科学规律的坚守②;求知精神则为崇尚知识、追求知识以及探索知识的基本态度与精神。本书认为初中阶段培养学生养成科学精神和求知精神将有助引导其形成批判性思维、创造性思维和创新能力等素养,亦有利于学生习得理性思考和行动的能力。

3.培育创造性思维和分析问题、解决问题的能力

初中生的思维发展特点是由具象思维向抽象思维转变并逐渐由抽象逻辑思维占据思维的主导,该阶段教育教学应考虑社会对创新人才的需求并充分结合少年期思维发展的特点来系统地训练学生的思维与能力,具体来说就是要培养学生的创造性思维以及分析问题和解决问题的能力等素养。创造性思维是创新人才智力结构的核心;由于创新的过程就是发现问题、分析问题和解决问题的过程③,问题分析解决能力就是创新能力。初中教师要为学生营造民主、宽松的学习氛围,发挥学生的自主性并引导其勇于探索、思考和动手实践以逐步形成创新人才具备的基本素养。

4.发展并形成一定的兴趣爱好与特长

初中是学生开始自我发现和了解的关键期,也是其个性培养的重要时期,而不论是为接下来高中学段的选科规划打基础还是为未来人生和生活做准备,都需要学生拥有一定的兴趣爱好与特长。发展学生的兴趣与爱好还有利于丰富其精神生活,促使其更健康地利用好闲暇时间,并有助于陶冶学生的精神与情操。家长和教师都应鼓励并引导学生在认识和了解自己的基础上开阔视野、主动尝试各种活动,从而培养自身的兴趣和爱好并探索自

---

① 中华人民共和国教育部.教育部关于印发《中小学德育工作指南》的通知[EB/OL].[2017-08-22]. http://www. moe. cn/srcsite/A06/s3325/201709/t20170904 _ 313128. html.

② 张双南. 我们需要培养怎样的科学精神[N]. 新华日报,2017-05-09(15).

③ 王超. 创新能力,就是解决问题的能力[N]. 人民政协报,2018-04-18(11).

己的特长及潜质。

5. 适应生理和心理的发展与变化

初中阶段是学校开设青春期健康教育的时期,此举的意义当然在于帮助学生能够深入了解并尽快适应身心出现的变化以及顺利度过这一人生的转折期。青春期健康教育的开设方式不该限于授课或讲座等形式,而应是更加的多元化,比如切实有效的一对一心理辅导与咨询,家校通过合作来给予学生更多关心和必要帮助,以及多开设一些主题活动并让学生交流互助等。教育者应本着积极友好关切的态度来帮助学生较好适应身心变化,并帮助他们增强自我保护意识、树立正确的两性观念以及积累健康生活的常识与技能。

三、当代高中生(青年初期)的身心发展特征与教育任务

高中阶段即为青年期初期,其年龄跨度为从十四五岁到 18 岁。普通高中是广义基础教育的最后阶段,2017 年我国共有普通高中 1.36 万所,在校生 2374.55 万人。① 在经历少年期快速且剧烈的身心成长变化之后,青年期学生会进入生理和心理发展的相对平稳阶段。

(一)当代高中生的身心发展特征

1. 高中生的生理发展特征

高中生的生理发展总体进入缓慢平稳的增长及发展过程,其身高、体重和身体机能都已日趋发展成熟并达成年人的稳定水平。从表 2-2 可以发现,以 2005 年为例,我国高中阶段城市地区男生女生身高的年增长速度较少年期相比迅速减缓,其增长几乎都保持在年均 1 厘米之内;男生每年体重增长 1~2 千克,女生则保持在 1 千克之内。男生女生身高分别在各自 20 多岁和 19 岁左右达到稳定状态,体重则在男生 20 多岁、女生 18 岁时达到稳定。高中生的肌肉与骨骼也逐渐发展成熟并达成年人水平,其运动量明显提升。

表 2-2　2005 年我国高中阶段城市地区男女生身高、体重中位数

年龄	身高/厘米		体重/千克	
	男生	女生	男生	女生
16	169.4	158.6	55.8	48.9

① 中华人民共和国教育部. 2017 年全国教育事业发展统计公报[EB/OL]. [2018-07-19]. http://www.moe.gov.cn/jyb_sjzl/sjzl_fztjgb/201807/t20180719_343508.html.

续表

年龄	身高/厘米		体重/千克	
	男生	女生	男生	女生
17	170.8	159.1	57.6	49.8
18	171.1	159.2	58.5	50.2

资料来源:马军,吴双胜,宋逸,等. 1985—2005 年中国 7~18 岁学生身高、体重变化趋势分析[J]. 北京大学学报(医学版),2010(3):320-321.

高中生的身体机能包括大脑和神经系统、心肺系统等都逐步发展并接近或达到成年人水平。高中生的神经系统继续发育并且大脑的机能也在增强,他们的呼吸系统逐渐接近和达到成人水平,据《国家学生体质健康标准》高一至高三男生的肺活量良好水平分别为 3800、4000、4200 毫升,女生分别为 2750、2850、2950 毫升[①],以上数值均达成年人正常水平。

此外,青年初期随着性器官和机能的日渐发育成熟,学生身体逐步出现所谓的"第三特征",即男生女生的身体都逐步呈现出各自性别的气质、风度和体态特征,男生表现为体型高大健壮,女生则趋于骨盆变宽和体态丰满。

2.高中生的心理发展特征

随着生埋发展趋于成熟和稳定,高中阶段学生的心理发展也在迈向成熟与稳定。而相较于生理发展已近成人水平,高中生的心理仍然落后于生理发展,并且虽然其整体上日趋成熟但还伴有发展不平衡以及转折期动荡性等特点。高中生的思维、情绪情感、道德认知、自我意识和社会交往的发展分别呈现出下述这些主要特征。

(1)思维发展特征

上文提及初中生的抽象思维已得到充分发展但仍需要个体感性经验的支持,高中阶段学生的抽象逻辑思维则将初步完成由经验型水平向理论型水平的转化[②],这使得高中生的思维发展趋于成熟。随着知识学习的难度与强度的提升,学生的辩证思维在高中也得以发展并趋于占据优势地位,但仍

---

① 中华人民共和国教育部.教育部关于印发《国家学生体质健康标准(2014 年修订)》的通知[EB/OL]. [2014-07-07]. http://www.moe.edu.cn/s78/A17/twys_left/moe_938/moe_792/s3273/201407/t20140708_171692.html.

② 林崇德,李庆安. 青少年期身心发展特点[J]. 北京师范大学学报(社会科学版),2005(1):51.

未达到成熟水平。在青年初期的创造性思维发展趋势方面,有实证研究指出高中阶段学生的创造性思维发展较为平缓,并不存在随年级增长而显著提高的趋势。[①]

(2)情绪情感发展特征

高中生的情感很丰富细腻,他们的情绪情感状态较之少年期阶段要稳定和平缓很多,他们的情绪自控能力也比初中阶段有了明显的提高。青年初期,学生已逐渐能够做到"喜怒不形于色",他们懂得把自己的情绪情感控制好以不被他人所发现。有研究认为高中生的情绪发展随年级的增长呈波动上升趋势,男女生的情绪发展呈现出不同的倾向性,同为消极情绪体验,男生倾向于敌对、孤独和抑郁,而女生则倾向于悲哀、惧怕与焦虑[②],高中生的这一情绪特征与其直接面临的高考压力与学业负担不无关系。

(3)道德认知发展特征

高中生道德认知的发展逐步趋于成熟,学生的品德发展进入以自律为形式、遵守道德规范准则以及运用自身信念来调节道德行为的阶段[③],道德认知的成熟是学生社会性发展日趋成熟的主要表现。除此之外,学生的人生观、世界观等也已初步形成,他们日趋有意识和能力去承担起自身的责任。由于当前社会正处于转型期加之时代快速发展,多元化的价值与观念相互碰撞冲击,而高中生的心理尚未发展成熟,因此学校和教师需加强对学生道德素养的关注和培育。

(4)自我意识发展特征

青年初期学生的自我意识继续发展并增强,但是与少年期相比,他们已经逐渐开始具有较强的自我控制、定向与设计能力,自我体验也向深层发展。[④] 高中生的自我意识是指向内心世界而深入的,他们关心自己的个性与个性成长需要。虽然高中生的自尊心强烈而敏感,但他们不再如少年期那样会为了"自我"和"独立"而与成人对抗,而是逐步开始学习并尝试成人的沟通交往方式。高中生的自我评价能力也有了很大的提升,他们能清晰地

---

① 童秀英,沃建中. 高中生创造性思维发展特点的研究[J]. 心理发展与教育,2002(2):25.

② 王玉洁,徐曼.普通校高中生情绪发展特点的研究[M]//首届"健康杯"全国中小学心理健康教育研讨暨颁奖大会论文集. 北京:开明出版社,2002:268.

③ 林崇德,李庆安. 青少年期身心发展特点[J]. 北京师范大学学报(社会科学版),2005(1):56.

④ 叶澜. 教育概论[M]. 北京:人民教育出版社,1991:282.

认识到并承认自己的优点与不足，并基于此来建构更好的理想的自我。

(5)人际交往发展特征

青年初期，与同伴的友谊关系仍是学生人际交往关系的重要组成内容。高中生对待友谊的态度和观念更加成熟，在该阶段建立的友谊单纯、牢固并且往往较为良久。高中阶段随着身心发展的不断成熟与稳定，男女生之间会产生对异性的好感或爱慕之心，这是非常自然、正常且普遍的状况，家长和教师不能以粗暴高压的方式予以处理，假使这样做容易伤害学生的自尊心、自信心和本为纯洁的情感，亦不利于学生树立正确的爱情观和婚恋观。学校和家庭应该思考如何为学生因人而异地提供爱情教育和心理辅导，引导他们懂得现阶段的主要任务是为了实现自己的理想而学习，使其知晓爱情的维系需要责任与担当，但是其现阶段仍很难或无法对他人负责。

(二)高中阶段的主要教育任务

高中阶段对于学生的发展而言是一个特殊的转折期和过渡期，学生进入青年初期之后虽在生理上逐渐接近于成人，但其心理仍未发展成熟，高中教育应顺应学生的这一特点并为其日后进入高等教育机构和社会做充分准备。本书认为，当前高中教育应当着力于实现增强学生的公民意识及形成世界观、人生观和价值观，提升学生学习力，并使其树立终身学习的观念，帮助学生养成人际沟通能力及合作能力，引导学生形成职业理想以及健康积极的婚恋观。

1. 增强现代公民意识并形成正确的世界观、人生观和价值观

高中阶段仍为公民意识形成的重要阶段[①]，因此现代公民意识的提升和公民素养的培育仍是高中教育的重要内容。随着学生渐近年满 18 岁并将越来越多地参与社会及公民生活，高中阶段的公民教育开展亦是在为学生的未来生活做准备。高中生形成正确积极的世界观、人生观和价值观也是高中教育的重要任务所在。我国教育部也明确指出高中德育的目标包括"增强公民意识、社会责任感和民主法治观念"以及"初步形成正确的世界观、人生观和价值观"等。[②]

---

① 石中英. 关于当前我国普通高中教育任务的再认识[J]. 清华大学教育研究, 2015(1):11.

② 中华人民共和国教育部. 教育部关于印发《中小学德育工作指南》的通知[EB/OL]. [2017-08-22]. http://www. moe. gov. cn/srcsite/A06/s3325/201709/t20170904_313128. html.

2.提升学习力并树立终身学习观念

学生在完成高中阶段的学业后,部分进入高等教育机构继续学习,部分进入社会开始工作,而无论是深造还是工作,学习化社会都要求人能具备基本的学习能力和终身学习的观念与习惯。因此,高中阶段学校和教师应继续关注学生学习力的发展与提升,使其对学习能持有积极自主的态度、掌握科学合理的学习方法,并且学习效率、创新思维和能力都能有所改善提升。此外,终身学习观念的树立也是高中教育的任务。高中生直面高考的压力且学业生活紧张、学习投入大,他们易将高考视为学习的唯一目标,而忽略了跨入大学校门仅为人生新的开始以及学习对于人一生发展具有极其重要的价值。教师需要及时扭转学生对于学习的不当观念并引导其树立和保持乐于学习、准备经常学习的态度与习惯。

3.养成人际沟通与合作的能力

顾明远教授曾经指出我国高中生最缺乏的是尊重他人、与人沟通的能力。① 学校教育对于人的发展的两大功能之一在于促进人的社会化,缺乏人际沟通能力以及与他人合作的能力无疑是学生社会化程度较低的表现。这一现实问题值得高中教育反思和分析,学校和教师急需找到解决问题的方案。育人是任何阶段学校教育之根本,高中教育亦为如此,基础教育培养的学生存在与人沟通、合作方面的不足就会迫使大学和社会在之后投入更大的成本去矫正和补救且效果不一定好。为使学生能对未来人生做好准备,高中教育必须让学生正确处理好自己与他人的关系并逐渐习得如何与他人沟通相处及合作。

4. 能够规划并形成未来的职业理想

当前我国开展的新一轮高考改革要求学生自主选择感兴趣的科目来选考并与高考填报专业志愿相对接。这一新形势下,学生对于自己专业选择和职业生涯规划的时间被前移,学生的学习也因与个人兴趣、爱好及特长以及职业理想相结合而变得更具针对性。高中教育要引导学生规划并逐渐形成未来的职业理想,这将为该阶段学生学习提供积极的动力与方向。该阶段的理想形成必须是建立在学生个人兴趣、爱好及特长和潜质等基础之上的,职业理想的形成过程也离不开教师对每位学生的细心观察及了解和积极引导与帮助,这也是当前时代高中教师须担负的职责及面临的挑战。

---

① 顾明远.高中教育要反思,应该培养学生什么?[EB/OL].[2016-11-14].http://www.sohu.com/a/118940093_372418.

5.树立健康积极的婚恋观

高中阶段,男女生之间的相处较之前会出现新的变化,他们彼此之间可能出现的好感和爱慕之情都是人身心发展至该阶段的正常表现。长久以来,由于民族性格和传统文化中皆具有内敛及含蓄的特点,师生之间、亲子之间对于两性或爱情话题的探讨比较受限,教师和家长倾向于以权威的身份来尽快制止孩子对异性产生情感,其处理不当一则伤害了孩子的自尊与感情,二则可能影响他们与异性的正常相处。高中教育应当正视这一现象,并遵循学生身心发展特征及规律来帮助孩子树立起健康积极的婚恋观,既不粗暴打压他们原本纯粹美好的情感,也使其明白现阶段不具备恋爱的客观基础与现实条件,让他们回归自己的学生身份并形成更为成熟的与异性相处模式。

第三章　教师与其价值研究

本书的第一章以及第二章之所以就现代学校教育及其价值与理念、当代学生与其身心特征的有关问题进行讨论是为了帮助未来教师形成与建构开展教育实践活动所需要的基本教育观和学生观。在此基础上，作为一名教师还应探索并积累对于自身专业角色、素质能力要求及所从事工作的职责、价值和特点等的认识与思考并逐步内化为个人的专业意向、态度及情感以便引导专业行为选择和专业实践开展。换言之，身为教师即要对自身从事的工作有着清晰正确的认识及理解并树立基本的教师观。以往对于教师观的理论研究大多仅针对教师劳动特点与其应当体现的价值之论述直接展开，然而本书则认为，教师工作价值不仅体现在外界所期待教师承担起的角色及职责即教师主要角色的担负，还应涉及教师自身对于所从事工作或职业的内在看法、理解与体验，亦即教师个体的自我价值及其实现。如图 3-1 所示，本书第三章试图突破一元化的分析思路与框架，在明确教师应作为一种专业的基本定位基础上借由来自外部与内部的双重视角以形成对当代中小学教师及其所从事工作特点、价值等的基本认识。

概言之，对当今时代教师及其所从事工作价值的分析可以从外界的专业角色期待与定位以及内在的自我专业认同建构这两个视角来进行探索和发掘，把握时代发展脉搏及方向来思考和分析"外界及社会对于教师职能承担及行为规范有哪些要求与期望"以及"教师自身如何看待和理解其所从事的工作和专业"等基本问题才能在革故鼎新中构建起涵盖教师及其工作价值等核心内容的当代教师观。因此，本书第三章将在厘清教师

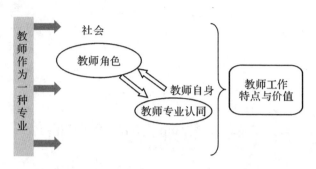

图 3-1 "教师与其价值研究"的分析思路

作为专业的基础上分别就教师角色以及教师专业认同的学理与实践问题作讨论,尤其将立足中国特色社会主义发展的新时代之当前基本国情,以及结合以人工智能在教育领域的应用等为代表的当今学校教育变革背景来分别反思教师角色转型以及教师专业认同重塑之问,以期能从外部社会和教师自身出发来多维审视现今时代背景下的教师工作特点及价值等问题。

第一节 教师作为一种专业与其价值

就理论上而论,教师所从事的是一种专门的职业即专业,教师应当作为一类专业人员——这两个基本判断是影响教师工作以及职前教师教育开展的重要逻辑起点。那么,究竟什么样的职业才能被称之为专业? 将教师作为一种专业的合法性体现在何处? 现实中的教师一职是否已经符合或具备专业的主要特征? 基于教师作为专业的立场,其主要价值体现在哪些层次和方面? 这些问题有待于进一步厘定及探明。

一、教师:作为一种专业

从专业的视角来理解教师工作与其主要价值,应当从对于"专业"内涵的界定及其主要特征的讨论开始。

(一)专业的内涵与主要特征

"专业"在中文语境中通常被理解为三种主要含义:第一,高校或中专学校中根据科学分工或生产部门的分工把学业分成的门类;第二,产业部门中根据产品生产的不同分工把学业分成的门类;第三,专门从事某种工作或职业的人。① 英文中的"profession"最早由拉丁语演化而来,其原义为公开表达自己的观点或信仰,该词日常的解释主要有:第一,需要特殊训练的工作;第二,供职或从事上述工作的人士;第三,信仰或信念的宣誓。② 本书所指"专业"与中文语境中的第三种含义以及英文理解中的第一、第二种表述有关,亦即认为所谓"专业"为专门的职业,是指一群人经过专门、特殊的教育或培训后掌握了精深、完善的知识能力从而从事着专门化的工作及活动。一种职业之所以为专业而非普通工作或一般的职业是因为它具备成为专业的条件或特征。

美国学者梅休(L. B. Mayhew)和福特(P. J. Ford)认为专业的特征应该涉及三大方面:首先,必须是学术性专业,要具备系统知识;其次,不仅要发展专业技能,更应具备一套为公众所接受的专业标准;最后,专业应具备为公众所广泛接受的权威性及完整性。③ 美国社会学家利伯曼(M. Lieberman)曾于 1956 年提出了迄今为止最受广泛认可与引用的八条专业特征:(1)范围明确,垄断从事社会不可或缺之工作;(2)运用高度的理智性技术;(3)需要长期的专业教育;(4)从业的个人或集体都具广泛自律性(autonomy);(5)在专业自律性范围内,直接负有做出判断和采取行动的责任;(6)以服务为动机并具非营利性;(7)形成综合性自治组织;(8)拥有应用方式具体化了的伦理纲领(code of ethics)。④ 利伯曼对专业特征的概括对于判断一种职业是否属于专业具有很好的区分及辨识作用,本书综合上述及其他有关专业特征的理解与界定,认为专业应当具备以下四个方面的主要特征:第一,承担起不可或缺的社会功能,同时具有不可替代性;第二,从事专业的人员必须经过长期、严格的专业教育与职前准备;第三,从业人员享有高度专业自主权并形成了专业自治组织和专业标准;第四,公众应普遍接纳并认可专业人员的权威性及其专业地位。

---

① 中国社会科学院语言研究所词典编辑室. 现代汉语词典[Z]. 北京:商务印书馆:1650.

② Collins dictionary and thesaurus[Z]. Glasgow:HarperCollins Publishers,2005:676.

③ Mayhew L. B., Ford P. J. Reform in graduate and professional education[M]. San Francisco:Jossey-Bass Publisher,1974:2.

④ 日本筑波大学教育学研究会.现代教育学基础[M]. 钟启泉译. 上海:上海教育出版社,1986:442-443.

（二）教师作为专业的合法性：法律及制度保障

回顾历史，自 20 世纪六七十年代以来，国际社会和部分西方发达国家就已开始陆续通过制定、颁布相关法律文件来确立并保障教师具备作为一种专业而存在的合法地位。1966 年，联合国教科文组织（UNESCO）与国际劳工组织（ILO）于法国巴黎通过并颁布《关于教师地位的建议》，其中明确指出教师所从事的是专门职业①，该文件是国际组织以官方文件形式对教师应为专业予以确定之首例，它对以后数十年间各国教师教育的开展产生了重大影响。自此以来，将教师视为一种专业逐渐在国际社会及各国家和地区达成共识。20 世纪 70 年代初，日本政府在其出台的《关于今后学校教育的综合扩充、整顿的基本措施》中强调教师职业需要极高的专门性并指出要推进教师的专业化进程。② 成立于 1985 年的美国霍姆斯小组（Holmes Group）自 20 世纪 80 年代起陆续在其发布的《明日之教师》《明日之学校》等一系列报告中申明教学应为专业且强调其应当从职业（occupation）转变为一种真正的专业（profession），并围绕该目标来推动改进教师教育及提高教师教学质量。③

事实上早在 20 世纪 80 年代，在我国倡导从法律上赋予我国教师以专业地位并明确其资格要求的呼声就已不断涌现，例如，顾明远先生于 1985 年就提出"教育要立法，要从法律上规定什么人能够当教师"④。我国于 1994 年起正式实施的《中华人民共和国教师法》首次正式明确赋予教师以专业的合法地位，其中规定"教师是履行教育教学职责的专业人员"⑤。其后于 1995 年颁布的《教师资格条例》、2000 年发布实施的《〈教师资格条例〉实施办法》则是基于教师作为专业而建立健全了国家教师资格制度，教师群体的专业化进程日趋得到政府的持续关注与大力推动。90 年代以来，将教师作为专业来予以定位已得到越来越多国家及政府的认可及重视，教师于法律

---

① 万勇译. 关于教师地位的建议[J]. 外国教育资料，1984（4）：4.

② 中央教育审议会. 今後における学校教育の総合的な拡充整備のための基本的な施策について（答申）[EB/OL]. [2018-02-04]. http://www. mext. go. jp/b_menu/shingi/chuuou/toushin/710601. htm.

③ 周钧. 霍姆斯小组与美国教师教育改革[J]. 比较教育研究，2003（11）：38.

④ 顾明远. 发展师范教育 培训在职教师[J]. 瞭望周刊，1985（25）：9.

⑤ 中华人民共和国教育部. 中华人民共和国教师法[EB/OL]. [2018-06-13]. http://old. moe. gov. cn/publicfiles/business/htmlfiles/moe/moe_619/200407/1314. html?authkey=6ow3j2.

和制度层面的专业地位逐渐得到确立和保障,基于此,世界范围内的教师专业化进程已被掀起并处在加速推进过程中。

　　(三)现实中的教师:专业抑或准专业?

　　我们以专业的四个方面的主要特征来对比现实中教师的工作,可以发现:首先,教师所从事的教育教学工作本身确实具有不可或缺的社会功能,但该群体的不可替代性在不少国家的民众心目中还未达成一种普遍共识,这也直接导致了在一些国家教师没有甚至远没有达到如医生、律师等专业人士同等的社会地位。经济合作与发展组织曾经就一些国家教师社会地位低的现象进行分析,认为其主要原因在于教师人数过多导致他们很难在公众心目中形成专业人士该有的崇高地位,教师队伍的女性化倾向较明显,而通常女性聚集的职业领域中工作人员的社会地位偏低等。① 本书认为上述原因仅为造成教师社会地位偏低现象的部分影响因素,教师的经济待遇、教师队伍的整体专业素质与水平都是可能影响人们眼中教师地位的主要原因。其次,不同国家对于是否把职前教师教育定为教师资格准入的基本条件要求不一,在部分国家中,接受职前教师教育是成为教师所必备的基本条件之一,但我国和一些国家对参加教师资格证书考试的对象未做必须为师范专业毕业的硬性规定与要求,我国应当意识到的是职前教师教育的开展与教师素质能力的养成以及教师专业地位的提升皆息息相关。再次,自20世纪90年代尤其是21世纪以来,越来越多国家将教师专业标准的制定与实施提上政府工作议程,例如我国教育部就于2012年发布了《小学教师专业标准(试行)》和《中学教师专业标准(试行)》,教师专业标准的颁布与实施对于教师群体专业资格的明确和专业地位的确保具有无以代之的重要功能,与此同时,教师专业自治组织的建立与其权威性和合法性的形成与建立仍面临诸多问题与挑战,教师的专业自主权亦受到来自学校教育利益相关主体以及社会等各方面的影响和冲击,这也是影响实然层面的教师是否能成为一种专业的主要因素。

　　概言之,就世界范围来论,现实中的教师一职因其总体上仍不满足专业的基本特征而暂且不能被称为专业或至多属于"准专业"的水平。当然,现代学校教育所需要的教师一定为具备专门精深的专业素质能力并拥有专业自主权和专业地位的教师,教师职业的专业性仍有待于进一步的形成和提

---

　　① 苏红,邵吉友. 教师专业地位:专业之辩与自觉之醒[J]. 当代教育科学,2009(11):36.

升,不少国家中小学教师群体的专业化进程亦亟待于加速驱动。

二、专业视域下的教师价值

2018 年初,我国发布自新中国成立以来党中央出台的第一份面向教师队伍建设的里程碑式政策文件——《关于全面深化新时代教师队伍建设改革的意见》,文件将教师工作的战略意义表达为三个主要层次:"传播知识、传播思想、传播真理","塑造灵魂、塑造生命、塑造人"以及"国家富强、民族振兴、人民幸福"。① 在将教师确立为专业的前提下,教师专业化进程得以推进和加快,国家与社会对于教师的角色职能承担和素质能力水平的要求均在不断地提高、丰富并细化。基于此,本书认为当代教师所开展的教书育人工作对于学生、社会和国家分别发挥如下几方面的重大价值与作用。

(一)对学生人格塑造与素质养成之价值

正如本书第一章所言,现代学校教育对人的发展之重要价值为其对生命即学生"生命质量和生命价值"的关注与提高,现代教育该项价值的实现依赖于教师对学生人格素质与素质养成等方面影响及作用的发挥。中小学教师的工作对象为身心正处成长发展过程中的未成年人,其基本的工作职责在于引领并促成学生的发展,尤其学生健全完善的人格塑造以及身心素质的全面养成,此亦为其首要价值之体现。教育要改善学生的生命质量就有赖于教师帮助学生做好充足准备以使其能过上幸福美好生活,其中学生全人格的养成对未来生活的影响要远比知识习得更为深刻并久远,因此教师对于学生发展主要价值之一应体现于其对学生健全完善人格的塑造方面。此外,学生生命价值的实现与提高即要能为社会和人类做出一定贡献②,而基础教育阶段的主要任务则在于帮助学生养成合格及良好公民所需的基本素养与能力,教师对于学生成为合格公民所必备的综合素质之培育及提升同样具有不可或缺的价值与作用。对学生个体发展包括人格塑造和素质养成等主要方面的价值及作用是由学校教育的本质与规律以及教师基本角色及职责承担所决定的,是对教师工作的质的规定性。

---

① 中华人民共和国教育部. 中共中央 国务院关于全面深化新时代教师队伍建设改革的意见[EB/OL]. [2018-01-20]. http://www. moe. edu. cn/s78/A10/A10＿zcwj/201801/t20180131＿326148. html.

② 顾明远. 互联网时代的未来教育[J].清华大学教育研究,2017(6):2.

（二）对知识及文化的传播与创新之价值

教育活动的基本要素包含了教育者、受教育者以及教育影响，教育影响即包括将教育者和受教育者联系到一起的中介之总和，而其中就涵盖了教材等在内的教学内容，教学内容本质上就是经过筛选和整理的人类知识和文化之精华，其经由教育教学活动的实施而得以传递、延承与拓新。布鲁纳曾说："教师不仅是知识的传播者，而且是模范。"①也就说教师在知识教学的过程中要承担起勇于挑战权威和探索真理的表率作用，从而使得学生能将学习作为求知探索的发现之旅，进而深刻体验到学科知识的奥妙与魅力。因而，教师不单是在传播知识和传承文化而已，而是极可能在创造性的教育教学工作开展过程中或身体力行或培养学生不断对知识和文化进行着改造和创新，进而促使人类知识和文明能够在传承过程中得以丰富和发展。

（三）对民族振兴与国家发展之价值

"国家发展希望在教育，办好教育希望在教师"②，近年来，我国政府基于国家发展的全局视角与战略高度，不断强调教师作为教育发展的第一资源的地位，更将"兴师"提升至"强国"高度的战略位置来予以极度重视。教育对民族和国家发展的重大价值亦即意味教师工作对民族振兴与国家发展具有重要价值，该项价值之发挥主要通过两方面来实现：其一，中小学教师培养的为未来社会的建设者与公民，其所培养的人之精神风貌与素质能力如何直接决定了未来社会、民族及国家的建设发展水平，因而教师主要通过承担培养人的教育本体功能来担负起其对于改变民族国家的未来及前途命运的使命和价值。其二，教师不仅在校培养并影响受教育者，其从事工作的特殊性还使得他们要对学校以外的社会承担起引领、示范的职责，故教师亦被誉为"社会的一面精神、文化、道德大旗"③，其对于社会、民族和国家的发展都具有示范导向作用，因而教师队伍的素质不仅关涉未来社会及国家建设者的素质水平，还直接影响着现时社会与国家的整体风貌，这两个方面皆使其肩负着对于民族振兴与国家发展的价值担当。

综上所述，基于教师应为专业的基本立场，本书认为教师对学生、社会

---

① ［美］布鲁纳.教育过程［M］.邵瑞珍译.北京：文化教育出版社，1982：97.

② 刘延东.国家发展希望在教育，办好教育希望在教师——在庆祝教师节暨全国教育系统先机集体和先进个人表彰大会上的讲话［EB/OL］.［2009-09-09］.http://old.moe.gov.cn//publicfiles/business/htmlfiles/moe/s4647/201010/108897.html.

③ 刘彦文，王颖.现代教师研究［M］.北京：知识产权出版社，2009：44.

以及国家依次起到人格塑造与素质养成、知识和文化传播与创新、民族振兴与国家发展的主要价值与作用。但上文所言及的仅是从宏观角度来整理和提取的教师价值的主要方面,教师工作的社会价值之体现应通过对教师角色与其职责的分析来把握和理解,此外,教师对其从事专业的看法与理解则涉及其教师专业对于教师个体的价值表现,因此,本章接下来的第二节与第三节将分别以教师角色、教师专业认同为主题词来进一步探究教师工作与其价值等问题。

第二节　教师角色及其在新时代的转型

教师角色关涉社会对教师在专业实践中所表现出的职能承担规范及专业行为模式之要求与期待。伴随时代变迁,社会所赋予教师行为模式规范的期望亦处在变化之中,因而教师角色在具备其本质属性之同时,还兼有鲜明的时代特征。反思并阐明教师角色的本质属性与时代发展特征等问题,为立足当今时代背景及把握社会与外界需求来认识教师工作价值与其特点的重要抓手,具有适应时代发展需要的研究价值及意义。而阐述教师角色的相关问题则始于其概念以及影响其定位的因素等学理问题之厘定与讨论。

一、教师角色的内涵与其定位之影响因素

（一）角色、教师角色的内涵

1. 角色的内涵

角色(role)作为一个概念,最初源自戏剧,即指演员在戏剧舞台上按照剧本规定所扮演的某一特定人物形象。在戏剧中,角色是超越个人而抽象化为的一种纯语言的概念,它独立于个人而存在,演员在舞台上的言行都必须符合剧本的要求,表现为一种"他我"。①

20 世纪初,美国社会学家米德(G. H. Mead)在研究个人如何成为社会组织中的一员时借用了"角色"的概念,并用来解释个人"自我"观念的形成过程,认为自我是在反思的基础上通过象征性互动和扮演从他人那里习得

---

① 奚从清. 角色论——个人与社会的互动[M]. 杭州:浙江大学出版社,2010:3.

的"角色"而发展起来的①,该观点反映出角色之于个体"自我"观念的内化和吸收,角色由此被引入社会学和社会心理学的研究领域。美国人类学家林顿(R. Linton)在对角色的解释中,将之与地位联系起来加以阐述,把在社会体系中占有特定位置(position)的个人的席位称为此人的地位(status),把个人必须履行的与其地位相匹配的权利和义务(称为角色规范)的总体称为此人的"角色"②,当个体要实现构成地位的权利和义务时,其就须扮演相应的角色。由此可见,角色和个体与在社会群体中所占据的地位有着密切的联系。然而,以上表述均未给出有关"角色"的清晰定义。

事实上,"角色"一词尚无适用于任意情境和研究领域的较为统一的定义,不同的研究领域对该词之及界定与理解各有侧重,本书主要基于社会学的视角来探讨角色的概念。社会学研究倾向于将角色等同于社会角色,主要侧重于从社会结构的角度来认识角色。比如,美国社会学家特纳(Jonathan H. Turner)指出,社会结构表现为一些明显不同的要素,即由位置组成的网络、相应的期望系统、按特定位置网络期望来行事的行为模式③,社会结构正是个体依据角色所进行的行为和互动来运行和保持的。这与美国学者蒂博特(J. W. Thibaut)和凯利(H. H. Kelley)关于角色概念的理解相一致,他们认为角色的概念可以从三方面来理解:首先,角色是社会中存在的对个体行为的期望系统,该个体在与其他个体的互动中占有一定的地位;其次,角色是占有一定地位的个体对自身的期望系统;最后,角色是占有一定地位的个体外显的、可观察的行为。④ 基于此,角色被定义为与个体所处社会地位及身份相符的权力及义务规范以及行为模式,是社会对具有特定身份之群体的行为期望并构成了社会群体或组织之基础。⑤

综合以上定义,可梳理归纳出有关于角色概念的几点要义。首先,角色作为一种行为模式,每一种社会角色都有与之相对应的一系列社会行为。其次,角色代表了一定的社会地位或身份,角色行为真实地反映出个体在群

---

① [美]乔治·赫伯特·米德. 心灵、自我与社会[M]. 霍桂桓译. 北京:北京联合出版公司,2013:169-181.

② [日]青井和夫.社会学原理[M]. 刘振英译. 北京:华夏出版社,2002:65.

③ [美]乔纳森·H.特纳.社会学理论的结构[M]. 邱泽奇,等译. 北京:华夏出版社,2001:332.

④ Thibaut J. W. , Kelly H. H. The social psychology of groups [M]. New York:Wiley, 1959:24.

⑤ 丁水木,张绪山.社会角色论[M].上海:上海社会科学院出版社,1992:28.

体生活和社会关系体系中所处的地位。最后,角色包含着一种社会期望,亦即角色承担者须按照社会所规定的行为规范、责任和义务去行动。① 因此,本书认为,角色为基于个体或某一群体在社会体系中所处的地位与身份而被社会所赋予并期望的应当表现出的行为模式,它充分反映了社会、组织及个人对其的期待。当然,角色承担的过程必然还涉及个体对其自身所应有行为模式与规范的认知、内化与建构等过程。角色在个人与社会互动及其关系连接中所具有的作用及影响使然,任何个人一旦进入社会便介入一定的社会关系体系,也就处于一定地位而肩负着某种社会角色。②

2. 教师角色的内涵

教师角色从属于职业角色,职业角色则为一类重要的社会角色。上文所讨论"角色"的概念亦即"社会角色",是社会组织或结构中的一个重要的构成部分,由于社会生活中交互行为和相互关系的复杂性,社会角色的类型也颇为多样。人类社会分工的细化产生了多样化的职业,也导致不同职业角色的生成。所谓职业角色(occupation role),是基于人们所从事的职业活动而被社会以及职业规范所赋予并期望其能够形成的行为模式。职业角色要求角色扮演者具备与其职业性质相匹配的素质能力并能够履行其相应的社会责任、义务和行为规范。职业角色一方面代表了社会在发展进程中对整个职业群体所提出的外界期望和要求,另一方面又将个体发展的目标整合至社会发展的需要,个体通过职业角色的扮演来实现自身价值并获得物质利益与精神满足。③ 随着人类社会的发展和科学技术的驱动,生产力水平日益提升,社会分工也愈来愈细,职业的类别、内部构成以及外部关系等则更趋丰富。相应地,职业角色的构成及要素也随社会发展进程和职业变迁而产生嬗变,与此同时,职业角色承担者在这一过程中并非被动地接受这些变化,其通过工作职能承担以及与社会的沟通互动来对变化本身与其目标及要求等要素进行着不断的认识、调适和内化。

作为教师角色的承担主体,教师本身享有多重的社会地位。本书中的教师角色为教师专业角色(teacher's professional role),即仅以职业角色为切入口来探讨教师的角色承担问题及教师角色的定义具备职业角色的一般属性。我国《教育大词典》中指出"教师角色"是"教师与其社会地位、身份相

---

① 朱智贤.心理学大词典[Z].北京:北京师范大学出版社,1989:348.

② 赵立伯.教师论[M].北京:教育科学出版社,1992:30.

③ 秦启文,周永康.角色学导论[M].北京:中国社会科学出版社,2011:245.

联系的被期望的行为"。① 美国教育社会学家比德韦尔（C. W. Bidwell）则认为教师角色应包括三种含义即教师的外显行为、教师群体的社会地位以及外界各方对教师的期望。② 本书认为，教师角色是社会及外界受教师在社会中所处特殊地位及其专属身份等因素影响而形成的对于教师工作职能承担以及专业行为表现的期待与要求。

　　在社会系统中，教师角色同其他社会角色一起构成了社会群体或组织的基础，并深受社会系统中各种复杂因素的作用和影响而不断形成与发展。由于教育活动复杂性的作用，教师角色并非作为单一的构成而存在，而是具有复合性的特征即包含着多种相互关联的角色并可被视为"角色丛"的范畴。作为从业人员的教师为遵守职业规范以承担起专业角色，就必须获取并具备相应的专业素质能力，换言之，社会在赋予教师群体或个体以角色承担及期望的同时也对其提出了素质能力要求。教师角色的建构与发展对于"教师作为一种专业"以及"教师作为一类专业人员"之进程的推进及加速均发挥着积极的影响及作用，且其势必随时代变迁发展和教育改革推行而产生转变与更新。当教师角色定位的多元化及复合性日趋形成之同时，作为角色承担者的教师所应具备的专业素养及所持有的专业水平的要求越来越高。

　　（二）教师角色定位的影响因素

　　"角色"为外界或社会对于角色承担者的行为模式期待及要求，而"定位"本质上则为一动态过程而非静止状态③，角色定位（role definition）事关角色承担主体之外的外部环境对其应具备的行为模式以及功能担负的认识、设计、建构及确立。教师角色定位具有动态性和发展性的特点，集中表现于不同时期的教师角色承担呈现出截然不同的特征与取向。影响教师角色定位的诸要素主要关涉社会不同领域及阶层的组织或个体对教师专业行为及表现的期待与要求。本书将聚焦国家及政府层面、社会与民众层面以及学校教育领域这三方面来讨论影响教师角色定位的有关因素。

　　1. 国家及政府因素

　　国家及政府对于教师角色的期望是出于一种宏观国家发展战略层面的考量，一般通过政府出台相关的法律法规、政策及改革举措来予以落实。政

---

①　顾明远. 教育大词典·上（增订合编本）[Z].上海：上海教育出版社,1998:724.

②　马和民,高旭平. 教育社会学研究[M].上海：上海教育出版社,1998:355-356.

③　张爱琴,谢利民. 教师角色定位的本质透视[J].教育评论,2002(5):41.

府从国家利益的战略角度来定位教师角色,其影响兼具稳定性与时效性。就其稳定性而言,以我国为例,《中华人民共和国教师法》第一章第三条规定:"教师是履行教育教学职责的专业人员,承担教书育人,培养社会主义事业建设者和接班人、提高民族素质的使命。"①这是我国政府对各级各类学校教师所应担负角色的总体、基本定位,具有较强的延续性和稳定性。就其时效性来说,在某一时期内,出于国家发展战略重心的转移或基于特殊时期发展的具体需要,国家会制定并发布相关法规政策以对当下教师的思想转变、角色承担、素质能力要求等即刻产生影响,进而驱使教师角色的定位随之改变。举例来论,为加快推进教育现代化建设尤其是教育信息化的发展,近年以来政府相继出台了《教育信息化"十三五"规划》《教育信息化2.0行动计划》等一系列相关政策文件,其中,2018年4月颁布的《教育信息化2.0行动计划》特别强调要"大力提升教师信息素养"以及"推动教师更新观念、重塑角色、提升素养、增强能力"②等,可见政府时下对于教师信息技术应用能力之重视正在促使教师必须肩负起能将信息技术整合至教育教学的新型教师这一专业角色。概言之,国家政策层面对于教育事业的引导与规划必将切实影响一线教育教学工作的开展,作为一线教育工作者的中小学教师必然要通过专业实践的开展和专业素养的提升来重塑自身所承担的角色,从而积极回应并深入贯彻国家所推行的政策方针及改革举措。

2. 社会及民众因素

教育是一项关乎每个家庭、每位公民的民生工程,社会与公众立足各自需求会对教育产生不同的理解及期待,而教师由于其身为教育者的身份承担,无疑会吸引并获得公众更多的关注与期望。《关于全面深化新时代教师队伍建设改革的意见》中提及教师是"教育发展的第一资源""人民幸福的重要基石"③,足以见得教师在民众生活中所发挥的重要价值与特殊功能。同

---

① 中华人民共和国教育部. 中华人民共和国教师法[EB/OL]. [2018-06-13]. http://old. moe. gov. cn/publicfiles/business/htmlfiles/moe/moe_619/200407/1314. html?authkey=6ow3j2.

② 中华人民共和国教育部.教育部关于印发《教育信息化2.0行动计划》的通知[EB/OL]. [2018-04-18]. http://www. moe. gov. cn/srcsite/A16/s3342/201804/t20180425_334188. html.

③ 中华人民共和国教育部. 中共中央 国务院关于全面深化新时代教师队伍建设改革的意见[EB/OL]. [2018-01-20]. http://www. moe. edu. cn/s78/A10/A10_zcwj/201801/t20180131_326148. html.

年 3 月,李克强总理在政府工作报告中着重指出要"发展公平而有质量的教育"①,兼具公平与质量的教育正是当前我国民众所需要和向往的教育,而达成这一目标的前提条件在于优质师资的数量充足与分布均衡之实现。换言之,社会及公众对于优秀教师的需求已日渐迫切,在此背景下社会各界正对教师身担角色投以前所未有之高的关注度与期望值。社会及民众对于教师角色的理解及期待所涉因素众多,不仅与认知层次及水平有关,更事关不同群体、家庭及个体的切身利益即其各自旨在通过接受教育来达成何种目标。近年来尽管以竞争性与应试导向为特征的学校教育已广为社会及世人所诟病,然而家长和学生在面临较大升学压力的考验下仍很可能以"考高分""升名校"作为主要标准来简单量化比较教师的劳动价值,并较易忽略教师对于学生人格及身心素质等的培养与影响。于是乎,不少人理想中的教师角色与能够适应其自身教育需要的教师角色很可能是对立及冲突的。而作为学校教育的直接利益相关主体,民众所持有的教师角色认知或多或少地会影响教师专业实践的开展,因此,从制度改革、实践创新、舆论宣传等多种途径来引导民众树立科学合理的教育观念并逐步积累对教师角色的理性认知,才能更好地集社会各界力量来共同推动学校教育事业的发展,并助力教师塑造更符合社会和时代发展需要的专业角色。

3. 学校教育的因素

学校教育对教师角色定位的影响发挥,主要经由微观层面的学校教育教学实践以及宏观层面的学校教育改革这两种主要路径来实现。学校是教师履行其专业角色的专门机构与场所,每所学校各自不同的办学理念及特色、培养模式、规章制度、历史传统、组织文化等因素相互交织作用在引领教育教学实践的同时亦在推动教师角色的建构与发展。倘若学校注重通过教育来塑造学生的健全完善人格,那么教师工作的育人性在其角色定位中将被突显并强调;而假使仅把成绩和升学率视作评价教育质量之单一指标,如是学校则较容易倾向于将知识传播者确立为教师所应承担的主要专业角色。此外,宏观层面的学校教育改革亦会影响教师角色之定位。以我国当前的基础教育改革来说,新课标和新一轮高考改革的落实与推广,"互联网+"背景下以信息技术为载体的慕课、翻转课堂、微课程以及混合式教学等

---

① 中华人民共和国教育部. 李克强在政府工作报告中指出:发展公平而有质量的教育 [EB/OL]. [2018-03-06]. http://www. moe. gov. cn/jyb_xwfb/s6052/moe_838/201803/ t20180306_328864. html.

新型教学模式的开展与普及,基础教育国际化的深入推进等种种学校教育领域之变革热点已深刻影响中小学校的培养目标、教育内容、教学手段、评价内容及方式等诸多要素的转变与调整,伴之而来的必然是教师角色的转型与重塑,否则上述方面的变革均无法得以落实,由此学校教育改革亦会倒逼教师角色的调整与重构。

二、新时代背景下的教师角色之转型

教师角色带有明显的时代烙印,其内涵和特征会随时代发展需求之变化而产生调整与转变。当今时代,各国之间激烈的综合国力竞争归根结底还在于人才的竞争[①],优秀人才的培养则有赖于教育体制的改革与创新,顺应知识经济时代和信息化社会的要求来推动教育领域改革已势在必行,越来越多国家将教育尤其是基础教育竞争力的提升作为积蓄国家综合竞争力的重要战略举措。

2017 年,习近平总书记在党的十九大报告中明确指出我国已经进入中国特色社会主义发展的新时代,社会的主要矛盾已经转化为人民日益增长的美好生活需要与不平衡不充分的发展之间的矛盾。[②] 迈向新时代至今,我国教育的主要矛盾也已经转化为人民群众要求享受高质量教育的迫切需要与优质教育资源供给短缺且发展不平衡不充分之现实间的矛盾。[③] "公平"一直以来都被作为基础教育发展与改革的主题与目标,而在新时代的特定背景下,让每个孩子都能享有"公平兼具质量"的教育则成为学校教育改革及实践的新目标和新任务。

面对新时代我国社会尤其是教育主要矛盾的转变,基础教育领域改革业已进入全面深化阶段:培养目标方面,深入贯彻党的十八大以来以"立德树人"作为学校教育根本任务的思路与方针,立足遵循教育的本质及规律来培养并促进学生德智体美的全面发展尤其强调教育"育人"功能的发挥;学科方面,随着 STEAM 教育、创客教育等跨学科教育理念与模式自国外引入及在中小学校的陆续推广,原先单一学科教学所造成的知识割裂及知识碎片化等困局将可能在某种程度上得以摆脱,学生的知识结构、思维方式及学习态度等有望通过多学科融合的教育模式得到改善;课程设置上,当前基础

---

① 张要松. 最贵的依然是人才[N]. 人民日报(海外版),2017-12-05(5).
② 习近平在中国共产党第十九次全国代表大会上的报告[EB/OL]. [2017-10-28]. http://cpc. people. com. cn/n1/2017/1028/c64094-29613660-2. html.
③ 钟秉林. 扎根中国大地 推进强师兴国[J]. 中国高等教育,2018(Z1):1.

教育课程改革直指学生核心素养亦即"文化基础、自主发展、社会参与"①三方面所涉及素养的培育与提升,于 2018 年秋季起执行的《普通高中课程方案和语文等学科课程标准(2017 年版)》亦将着力发展学生核心素养作为其基本原则,新课标的实行将促使学生为适应未来生活和社会发展而形成并提升个人所必需的品格与能力;教学模式方面,新技术革命和产业革命已引发基础教育课堂的革命,信息技术与学校教学逐步走向深度融合,以慕课、翻转课堂、微课程、混合式教学等为代表的互联网新型教学模式正在中小学课堂得到普及和推广,其不仅颠覆了传统的课堂教学模式,亦使学生获取知识渠道以及学习方式发生了根本转变;考试招生方面,国务院于 2014 年印发的《关于深化考试招生制度改革的实施意见》设定了"积极推进分类考试、综合评价、多元录取的考试招生模式"②的总目标,同年开始试点推行的新一轮高考改革正在对学校教育教学工作的方方面面产生颠覆于以往的变革性影响;除上述方面的变革以外,基础教育还正在从"互联网＋教育"时期过渡至全新的"人工智能＋教育"阶段,人工智能技术对学校教育的快速渗入及应用将改变培养目标、学生学习方式和教育评价方式等人才培养模式的诸多要素,例如应用大数据可记录并追踪学生学习表现及特点,从而有利于把握学生特点以实现个性化的教学等。

毋庸置疑,新时代我国基础教育领域改革的力度之大及成效之显著已有目共睹。学校教育改革也导致教师的工作职能及其角色定位与承担发生了巨大转变。前文言及教师是教育发展的第一资源,而当前我国优秀师资总量不足且数量上分布不均衡的问题仍较为突出,加强教师队伍建设以改善师资质量是缓解我国新时代教育主要矛盾以及推进当前基础教育改革进程的根本途径,国家和政府正切实加大对教师队伍建设的重视力度,并将其视为一项"重大政治任务和根本性民生工程"③来予以关注及落实。教师成长为基础教育改革首要推动力的前提条件在于其能认识、理解并担负起时代、社会及学校教育对其提出的专业角色转型的要求。基于此,在新时代背

---

①　核心素养研究课题组. 中国学生发展核心素养[J]. 中国教育学刊,2016(10):1.

②　中华人民共和国教育部. 国务院关于深化考试招生制度改革的实施意见[EB/OL]. [2014-09-03]. http://www. moe. gov. cn/jyb_xxgk/moe_1777/moe_1778/201409/t20140904_174543. html.

③　中华人民共和国教育部. 中共中央 国务院关于全面深化新时代教师队伍建设改革的意见[EB/OL]. [2018-01-20]. http://www. moe. edu. cn/s78/A10/A10_zcwj/201801/t20180131_326148. html.

景下,中小学教师应当顺应并实现哪些方面的专业角色转型?本书基于把握和分析新时代的主要特征以及近年来基础教育改革的热点与动向,从而归纳提炼出新时代背景下教师角色应实现由知识传授者向学生学习的引导者及合作者、由单一科目任教者向跨学科资源整合者、由信息技术一般应用者向将信息技术深度融合至教育教学的实践者、由教育变革执行者向影响学校发展的领导者这四方面的转型。下文作逐一阐述。

（一）由知识传授者转向学生学习的引导者及合作者

知识经济时代及信息化社会背景下,知识来源渠道和传播方式不断被拓展,知识增长及更新速度的加快正迫使教师面对一系列的新问题。学生学习方式以及知识获取途径日益增多,课堂和学校不再是仅有的知识学习场所,教师传统的知识权威地位受到前所未有的冲击。然而即便如此,由于学生身心发展尚未成熟并缺乏社会经验及自控能力,致使其在面对如何甄别和筛选庞杂的知识及信息等问题时必须得到正确的价值引导,在此过程中教师需要发挥引导者的重要作用。此外,海量知识以及知识的零散性及碎片化等现实状况还增加了学生知识储备的系统性和连贯性的形成难度。总而言之,时代发展至今,教师与学生之间再也无法受限于单向的教与学之关系,如何在尊重学生学习主体性的同时兼顾教师引导作用的发挥已成教师必将解决之惑,适当调整位置以突破其传统角色定位为新时代所赋予教师的新课题。

新时代人才培养理念及方式完全有别于建立在教师知识权威基础上的传统人才培养模式,培养具有创新精神与创造力、学习力等基本素养的创新型人才成为教育变革的使命与目标。创新人才培养的核心理念在于充分尊重、保护并发挥学生的主体性和独立性,被动的知识灌输已无益于激发学生主动探索知识的热情与兴趣,相比之下,探究性学习、合作式学习等新型教学方式的兴起则可帮助学生在掌握学习自主权和选择权的同时体验并收获主动探索和思考的乐趣与意义。在以学生为主体的教育教学实践中,教师不再以原有知识权威之身份而高高在上,其角色承担将逐渐转向学生学习的引导者与合作者。

学生学习的引导者及合作者的角色承担要求教师在教学过程中能够处理并协调好以下主要事宜:其一,尊重并保护学生在学习中的主体地位,给予学生独立自主的学习空间和学习机会,为学生提供可以进行自主学习的媒介,以"导"代"教"。其二,利用自身在知识、经验和能力等方面的资源及优势来为学生创设适宜的学习情境,懂得在课堂教学中及时捕捉和合理运用生成性学习的机会。其三,充分激发并调动学生学习的积极性和自主性,可设计情境教学以唤起学生的好奇心和求知欲,并使其沉浸于主动探索的饱满情绪状态中以养成创新精神和创造力。[①]　其四,在探究性学习和合作式学习的过程中成为学生的引导者和合作者,一方面基于对学生个体差异性的把握来设计满足不同学生具体需求的学习情境及策略,另一方面又通过师生、生生间的协调合作来共同达成学习目标及任务。

(二)由单一科目任教者转向跨学科资源整合者

在传统的分科教学体系中,教师各司其职地执教单一科目。迈向新时代以来,在宏观层面,政府越来越重视学生核心素养的培养以及综合素质的评价并通过推广落实新一轮的高考改革来践行素质教育的精神及要求;于微观领域,中小学校开始从国外引进并推广 STEAM 教育、创客教育等新型跨学科教育模式。在此背景下,中小学教学中的学科渗透与融合日趋增强,学科之间的壁垒逐渐被打破,教师角色由此也亟待从原来的单一科目任教者转向跨学科教学资源的整合者。

本书第一章曾提及的于 2016 年发布的《中国学生发展核心素养总体框架》将人文底蕴、科学精神、学会学习、健康生活、责任担当、实践创新[②]等六项要素确立为学生发展的核心素养,核心素养框架及要素的研发与应用皆旨在提升学生的综合素质亦即培养全面发展的人,其重要组成内容即为学生的跨领域、跨学科素养。例如,"学会学习"素养所涉及的终身学习的意识及能力、数字化生存能力等以及"责任担当"素养所包含的公民意识与素养、跨文化交流与国际理解能力[③]等均由跨学科的知识及能力所构成。由此,学生核心素养的培养必然涉及各学科资源的整合尤其是跨学科教育资源的利用,这将迫使教师重组其原有知识结构并须涉猎任教学科以外的跨学科知识来满足学生核心素质培育的需要。此外,2014 年起试点启动的新一轮高考改革的初衷即在通过素质教育的开展来培养全面发展的人,考核与评价方式的变革倒逼高中培养理念与实践的全面转变,教师需掌握及运用跨学科知识及信息,才能有的放矢地引导学生发掘其学科兴趣与潜力并帮助其设计其职业生涯规划。除此之外,近年来 STEAM 教育、创客教育等跨学科

---

①　申继亮. 新世纪教师角色重塑[M]. 北京:北京师范大学出版社,2006:13.

②　核心素养研究课题组. 中国学生发展核心素养[J]. 中国教育学刊,2016(10):1.

③　核心素养研究课题组. 中国学生发展核心素养[J]. 中国教育学刊,2016(10):2-3.

教育理念与模式在中小学校的实施与推广亦在加速驱动跨学科教育成为未来学校教学常态之可能。其中,STEAM 教育基于将科学、技术、工程、艺术和数学的学科知识进行充分融合的理念,通过让学生动手参与生活实践项目来学习学科知识和跨学科知识,构建和实施符合我国国情的 STEAM 教育体系,首先就需要提升教师的跨学科教育教学能力。综上所述,当前宏观及微观层面的基础教育变革都要求教师能够承担跨学科教学的新型工作职能并担负起跨学科资源整合者的专业角色。

承担跨学科资源整合者之角色首先要求树立跨学科意识和创新意识,即能有意识地摆脱单一学科任教者的传统角色之局限,并对跨学科教学的内涵与价值形成基本认识及积极态度。基于此,及时学习与补充跨学科、跨领域的知识和资讯以及探索并建构不同学科知识之间的相互间联系是教师将跨学科知识及资源恰当地整合至教育教学中的前提。需作说明的是,教师对不同学科知识之间的整合应建立在知识价值平等的基础之上,而不是将一种学科知识简单理解为另一学科知识的"铺垫"或"陪衬"。换言之,"跨学科资源整合者"之角色承担的重点和难点在于如何增进并实现不同学科知识在学生培养过程中的深度融合。另外,教师还应具备跨学科教学能力,即能在基于一定项目或情境的教学中通过整合不同学科来设计及开发跨学科学习的主题、设置跨学科主题的单元教学活动或项目、创设配套的相应情境,从而引导学生学习。不同学科任课教师在跨学科教学开展过程中的同事间合作亦值得被推崇,其最终目标为培养学生的创新精神与创造力、分析与解决问题的能力以及促进学生认知的整体性发展,从而使其能适应未来社会发展之需要。

(三)由信息技术一般应用者转向将信息技术深度融合至教育教学的实践者

教育信息化是教育现代化的重要内涵和基本特征,其主要目标在于培养具备计算思维和信息素养的新型人才以及提升信息技术在教育教学领域的应用水平与效果。教师在教育信息化的推进过程中发挥着不可或缺的作用。信息技术最初被应用于学校教育领域之时,仅被作为教学手段及方式的补充及改进工具,教师多承担的是信息技术一般使用者的角色,亦即教师主导教学的设计及落实过程,而仅简单地借助或利用信息技术来支持配合其工作开展,这种单向应用关系"未能真正触及教育系统的结构性变革"①。自迈入新时代以来,国家和政府倡导以教育信息化推动教育现代化的整体进程,并强调提升中小学教师信息素养,简单应用信息技术来配合教育教学工作已不能满足教育改革和学校教育教学实践的需要,教师急需转型成为将信息技术深度融合至教育教学的实践者。

党的十八大以来,政府已相继颁布一系列的政策文件并启动相关工程以推动中小学教师信息技术应用能力的提升。2013 年 10 月,教育部颁布《关于实施全国中小学教师信息技术应用能力提升工程的意见》,并在全国范围启动该项工程,将"促进信息技术与教育教学融合取得新突破"作为提升工程的总目标。② 作为规范和引领学校教师信息技术应用的国家层面最高准则,教育部于 2014 年印发的《中小学教师信息技术应用能力标准(试行)》中提出了教师应用信息技术优化课堂教学的能力之基本要求以及应用信息技术转变学习方式的能力之发展性要求,并将信息技术应用能力划分为技术素养、计划与准备、组织与管理、评估与诊断、学习与发展等五个维度。③ 同年印发的《中小学教师信息技术应用能力测评指南》将应用信息技术优化课堂教学能力、应用信息技术转变学生学习方式能力、应用信息技术促进教师专业发展能力等三方面能力作为中小学教师信心技术应用能力的主要测评内容。④ 2016 年,教育部又在其颁布的《教育信息化"十三五"规划》中特别针对教师专门提出"深化信息技术与教育教学的融合发展"之主要任务。⑤

由上述文件可清晰获知,教师将信息技术深度融合至教育教学的能力首先体现在其可以运用信息技术来优化课堂教学的资源、过程与结构;其次

---

① 何克抗. 如何实现信息技术与学科教学的深度融合[J]. 教育研究,2017(10):89.

② 中华人民共和国教育部. 教育部关于实施全国中小学教师信息技术应用能力提升工程的意见[EB/OL]. [2013-10-28]. http://old. moe. gov. cn/publicfiles/business/htmlfiles/moe/s7034/201311/xxgk_159042. html.

③ 中华人民共和国教育部. 教育部办公厅关于印发《中小学教师信息技术应用能力标准(试行)》的通知[EB/OL]. [2014-05-27]. http://old. moe. gov. cn/publicfiles/business/htmlfiles/moe/s6991/201406/170123. html.

④ 中国教育信息化网. 关于印发《中小学教师信息技术应用能力测评指南》的通知[EB/OL]. [2014-07-30]. http://www. ict. edu. cn/laws/new/n20140730_15951. shtml.

⑤ 中华人民共和国教育部. 教育部关于印发《教育信息化"十三五"规划》的通知[EB/OL]. [2016-06-07]. http://www. moe. gov. cn/srcsite/A16/s3342/201606/t20160622_269367. html.

表现于能自觉把握信息化社会的时代背景及特征来主动探索人才培养模式以及学生学习方式之变革,并致力于培育具备计算思维和信息素养的新时代人才;再次则反映在懂得利用信息技术来构建并维护专业资源网络以支持和促进自身的专业发展与成长。教师要在专业实践开展中反复尝试以积累经验,从而形成上述能力并逐渐承担起"将信息技术深度融合至教育教学的实践者"之角色。其一,要为学生创设信息化的教学环境和学习环境,引导并支持学生在此环境中进行自主、合作式以及探究性的学习,从而使其充分感受并体验到何为个性化学习。其二,把激发学生学习热情与兴趣、质疑精神和问题意识以及提升其学习力作为主要目的,探索及实现数字化教育资源在教学过程中的合理开发与利用。其三,利用信息技术来即时追踪和系统分析学生的学习行为、表现及结果等,进而致力于实现以学生发展为主要内容的个性化评价。

（四）由教育变革执行者转向影响学校发展的领导者

上文言及要解决新时代我国教育的主要矛盾就急需扩充优质教育资源,尤其重在建成优秀师资队伍。时代和社会发展至今,对何谓优秀教师已形成不同于以往的答案。在过去,教师更多的是以执行者的角色来亲历和参与教育变革的过程,而随着全球范围教师专业化运动的兴起及其对我国影响之增进,教师在专业领域的影响力发挥越来越多地被寄予厚望,优秀教师被认为是那些具备一定领导力的教师领导者(teacher leader)。

教师领导力(teacher leadership)即教师为实现学校教育的某一目标而对学校中的人和事务发挥吸引或影响的能力。[1] 教师领导力形成的合理性在于学校教育的专门性以及教师工作的专业性,亦即不论在课堂、班级抑或是学校的诸多事务中,教师都应以其专业人士的身份在决策制定和执行的各项环节中起到无以代之的功能与影响。然而依照传统的学校管理理论以及过去很长历史时期内的学校管理实践,教师鲜有能够直接参与学校层面决策制定的机会,其在学校教育变革中主要扮演接受上级指令的执行者之角色,如此一来既没有尊重和发挥教师的专业人员身份,也未能调动教师的能动性和参与性,因而必然致使推动改革所需的向心力、凝聚力及执行力在无形中分散及流失。时代发展至今,自上而下的学校决策制定过程日渐凸显其易偏离一线教学需求之弊端。教师参与并影响学校层面的决策制定不

---

[1]　周晓静,郭宁生. 教师领导力[M]. 北京:北京师范大学出版社,2014:13.

仅有利于基于专业经验来弥补学校管理者在决策设计过程中可能出现的疏漏与缺失,还可以增强教师在教育变革中的参与度以及在学校建设发展中的主人翁意识,进而将有益于聚集和积累学校教育变革的助推力之合力。因此,教师须从教育变革的执行者之原有角色转变至主动影响学校发展的领导者的新型角色。

教师有关影响学校教育发展的领导者之角色担负,主要凭借教师的专业权力以及非权力性要素所共同形成的教师在学校群体活动中的影响力①来实现,胜任该角色则意味着教师能着手落实以下几方面的主要工作:第一,主动探索并自觉满足教育改革之需求,教师领导者应是有着丰富教育教学实践经验的专家型教师,其能够自觉于探索和达到学校教育改革之于日常专业实践开展的具体要求与任务。第二,组建教师专业发展共同体,教师领导者为业务素质精良的教师,其能够发挥行业引领者的作用并带领其他教师积极开展同事间交流与合作、促成同事间的教学经验分享及反思,并将个体的知识及能力有效转化推广成师资群体的共享经验与智慧。第三,参与并影响学校改革与发展的内部决策制定,即在丰富的专业资源及经验的支持下献言献策以为学校内部决策制定提供专业咨询及建议,以切实影响及引领学校整体的变革与发展。

以上论及的新时代我国教师角色所涉及的主要方面转型完全不意味着对教师的"育人"之基本角色定位的忽略或否定。事实上,从迈入新时代以来,随着国家将"立德树人"确立为学校教育的根本任务,教师作为育人者或学生引路人的角色承担及职能发挥亦已被提至史无前例的高度,教师工作的育人性功能必然会随时代发展而日益彰显其无以替代之特性。

上文所论述的学生学习引导者及合作者、跨学科资源整合者以及将信息技术深度整合至教育教学的实践者这三项新时代教师所需胜任的新型专业角色,多为针对教师有关"教书"即知识教学的本职工作而提出的,影响学校发展的领导者则是超越教师"教书育人"的基本职能担负的角色承担,其为当今时代对优秀教师所提出的更高标准与要求。透过对上述四大方面教师角色转型的分析,可以获悉新时代教师工作在目标、任务及其开展方式等方面的主要转变,亦可明确新时代教师工作的价值与意义相较于以往的显著变化。真正促成教师实现这些方面的角色转型则需要职前教师教育、入职及职后培训的配合与衔接,尤其职前培养更要适时更新扭转人才培养的

① 周晓静,郭宁生.教师领导力[M].北京:北京师范大学出版社,2014:1.

目标及理念、有效调整及改善人才培养模式与要素，以将师范生造就成为能够胜任新时代发展的优秀教师。

第三节 教师专业认同及其在教育变革中的重塑

教师专业认同涉及教师自身对于所从事专业的整体认识、理解及看法。作为教师专业行为选择以及专业实践开展的重要内在动力机制，教师专业认同对于推动教师个体专业发展与成长以及促进学校教育教学水平提升而言，皆具颇为重要的作用及价值。本章第二节之所以探讨教师角色与其转型的有关问题是为以外在的社会需求为视角来认识及把握教师工作的特性与价值，第三节从学理和实践的双重层面来讨论教师专业认同问题，则是意在基于教师个体的立场与自身角度来探究和分析教师工作及其特征与价值。本节内容将首先着力于厘清教师专业认同的内涵，并对影响其建构与发展的内外部因素进行阐释，而后充分结合学校教育变革的大环境来反思当前的教师究竟应该如何看待和理解自身所从事的工作。

一、教师专业认同的概念、价值与影响因素

（一）认同、专业认同的内涵

认同，英文为 identity，源自拉丁文 idem，其本意原为相同或者同一。语义学对于"认同"一词的理解涉及以下几个层次：身份、本身或者本体；特有的感觉；同一性、相同及一致；个性和特征。[①] "认同"一词最初出现在心理学研究领域是由精神分析学派代表人物弗洛伊德（Sigmund Freud）所提出的，他认为认同是个体与他人、群体或被模仿人物在情感上、心理上趋同的过程。[②] 心理学研究有关"认同"的权威定义符合且支持了弗洛伊德的这一理解，例如《心理学大辞典》即将"认同"定义为个体将他人或群体的态度观念、行为方式、价值标准等经由模仿、内化而逐渐与他人或群体趋于一致的心理过程。[③] 当然，心理学不同分支学科的研究亦对"认同"一词持有不同认识，比如美国社会心理学家阿伦森（Elliot Aronson）就侧重于把握社会影响对于

---

① 陆谷孙. 英汉大词典（上）[Z]. 上海：上海译文出版社，1989：1601.
② 车文博. 弗洛伊德主义原著选辑[M]. 沈阳：辽宁人民出版社，1988：375.
③ 林崇德，等. 心理学大辞典[Z]. 上海：上海教育出版社，2003：347.

个体心理的影响,并认为"认同"是个人出于希望自身能成为与影响施加者一样的人而对这种社会影响的反应或反击。① 美国社会学家米德(Herbert George Mead)基于社会学研究提出"认同"是个人融入社会团体并与团体成员交往活动中所发生的主体选择与社会关系的互动过程②,可见社会学对于认同的理解更为强调人的社会性属性以及人与社会的互动。综合上述不同学科领域对于"认同"的界定,本书认为认同是个人在融入群体或社会的过程中将他人、群体或社会的情感态度、价值观念、行为意向等不断内化并逐渐与其趋于一致的过程,亦即认同是个体被社会所趋同化的过程并经由个体意识与外界环境的互动而形成。

职业认同(career identity)、专业认同(professional identity)均为心理学研究术语。有国外研究认为"职业认同"为职业现实的建构也就是正在进行的个体与情境的解释过程③,另有研究指出"职业认同"是由"需要、形象、感觉、价值、角色模型、先前经验和行为倾向的无意识整体"所共同创造的并会影响个体的职业信念、能力以及行为等因素。④ 需要指出的是,本书之所以采用"专业认同"的表述而非"职业认同",是出于对教师应作为一种不可替代的专门职业而存在的明确与强调。依据"认同"的内涵并结合上述对于"职业认同"的概念界定,可以推导并得出所谓"专业认同"是指从事专门职业的个体基于对专业生活的体验与理解以及与外界环境的互动而开展的专业价值内化与专业意向构建之动态过程,专业认同主要关涉个体对所从事专业的态度、情感、认识、理解及看法等要素并会影响个体的专业素质能力以及专业行为及实践。

(二)教师专业认同的内涵与构成要素

1. 教师专业认同的内涵

学界现有关于"教师专业认同"(teacher professional identity)的概念界

---

① ［美］阿伦森. 社会心理学入门［M］. 郑日昌、张朱江、林宗基译校. 北京:群众出版社,1985:35-36.

② 孟樊.后现代的认同政治［M］.台北:扬智文化事业出版公司,2001:312.

③ Goodson, I. F. & Cole, A. L. Exploring the teacher's professional knowledge:Constructing identity and community［J］. Teacher Education Quarterly, 1994, 21(1):85-105.

④ Korthagen, F. A. J. In search of the essence of a good teacher:Towards a more holistic approach in teacher education. ［J］. Teaching and Teacher Education, 2004, 20(1):77-97.

定大多以心理学或社会学为基本视角。在从心理学角度来予以概念界定的研究中,部分学者将教师专业认同与自我认同、角色、自我感知等概念联系起来,认为其为教师个体对于自身专业的感知亦即一种自我主观感受,并指出教师是一种高度自我涉入的职业,教师的专业认同就是教师个体关于身为教师的概念。① 此类概念主要强调教师对于所从事专业以及所承担角色的自我感受、理解与认知。社会学领域的相关研究则认为教师专业认同并非一成不变的,而是动态、发展的概念,其不仅关乎个体自身对于其专业的认知,更涉及个体与环境相互作用的结果。基于此,教师专业认同被认为是非稳固或单一的实体,是对自己与他人及环境等因素的交互过程。此外,还有研究认为"教师专业认同"本身即为教师这一专业逐步迈向社会化、专业化和成熟化的发展过程,是教师个体与社会文化相接触而逐渐学习成为一名教师的过程,也是教师通过教学实践而对自身工作价值与意义不断积累、反思以及建构的过程。② 本书认为,教师专业认同是教师个体与内外部环境互动中所逐渐形成的对自身专业的理解、态度情感以及看法,是教师个体通过吸纳外界环境期望而完成意识形成、价值内化及个人自我意向建构③的过程。

2. 教师专业认同的构成要素

有研究提出教师认同的三因素模式并将其区分为个人的、集体的和相互的三大因素,每项因素又包含认知、情感、社会以及行为这四个方面。④ 另有国外学者认为教师职业认同结构可归纳为含七项维度的三大方面要素:情感方面(教学中的内在满足感、群体归属感、教学责任感、从教学中获得回报)、专业知识技能(拥有教学知识和技能、和学习者分享经验)、认知方面。⑤ 国内学者对于教师专业认同的结构划分则更倾向于以"知情意行"作为其基本划分维度,已有研究所得出的教师专业认同构成要素通常涉及专业角色

① Kelchterman G. Telling dreams: A commentary to newman from a European context[J]. International Journal of Educational Research,2000,33:209-211.

② 李彦花. 中学教师专业认同研究[D]. 重庆:西南大学,2009:30.

③ 翟艳,张英梅. 教师专业认同的现实反思与建构发展[J]. 当代教育科学,2013(14):26.

④ Brickson S. The impact of identity orientation on individual and organizational outcomes in demographically diverse settings [J]. Academy of Identity of Management Review,2000, 25(1): 82-101.

⑤ Starr S. , Haley H-L. , Mazor K. M. Initial testing of an instrument to measure teacher identity in physician[J]. Teaching and Learning in Medicine,2006, 18(2): 117-125.

认知、专业价值认知、专业态度或情感、专业意志、专业期待以及专业行为倾向等其中的几项。

结合国内外相关研究的观点与结论,本书认为教师专业认同的构成要素涵盖了教师自身基于对其所从事专业的体验、理解与反思而不断形成的专业认知、专业态度、专业信念以及专业行为倾向这四项主要内容。依据上述构成要素,教师专业认同所包含的主体内容涉及以下几问的回答。专业认知:教师应承担何种角色,我是一名怎样的教师;专业态度:我对于所从事工作和学生的基本态度与情感如何;专业信念:我作为一名教师的使命感与价值追求是什么;专业行为倾向:我会如何承担好教师的工作与职责。教师专业认知涉及教师对于教育以及自身专业角色等的基本认识、感知与理解,是构成教师专业认同的基础;专业态度则是有关教师在专业实践中所表现的对于教育教学工作与学生的情感和态度;专业信念为教师在专业活动所形成并确立的使命坚守、价值确信与理想追求;专业行为倾向即教师在履行其工作职能过程中所形成并具有的个体行为选择意向。如图 3-2 所示,以上四项要素相互作用、相辅相成并构成了教师专业认同的整体框架与体系。

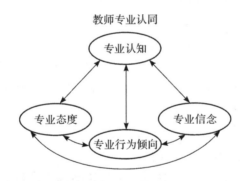

图 3-2　教师专业认同的构成及要素

(三)教师专业认同的价值

教师专业认同对于教师个体以及学校教育皆具重要价值及意义,具体如下所述。

首先,教师专业认同的建构与其水平的提升亦为教师专业自我形成及强化的过程,而专业自我则是确保教师自觉实现专业发展及成长的不可或缺之内在要素[1],因此教师专业认同通过影响专业自我的生成来决定着专业

---

① 连榕. 教师专业发展[M]. 北京:高等教育出版社,2007:14.

发展的成效以及专业素质能力的改善。

其次,教师专业认同为教师专业行为和实践提供重要的内在动力,教师所持专业认同水平的高低往往在很大程度上影响着学校教育教学质量乃至基础教育改革的成效。

再次,教师专业认同的形成将有助于教师职业幸福感的提升,教师持续获得对自身所从事工作积极肯定的感受、体验、态度及看法,便有可能减缓职业倦怠感并更为深切地体会到身为教师的价值感、成就感及幸福感之所在。

最后,教师整体专业认同水平将影响校园精神及文化氛围的营造,由于专业认同水平关涉教师对于工作和组织的归属感与认同感的程度,教师专业认同整体水平较高的学校其向心力和凝聚力较强,亦更有可能建构并营造良好的校园文化及氛围。

(四)教师专业认同建构的影响因素

教师专业认同的形成、建构与发展受到了主客观、内外部等多重因素的影响,下文将就外部环境和教师自身这两大层面所涉及因素分别作讨论。

1. 影响教师专业认同建构的外部因素

教师专业认同的形成、建构与发展过程中必然会受到多种多样的外部环境因素的影响与作用,此处不作全面赘述。本书认为,国家层面的教师整体专业地位、社会领域的教师角色需求以及学校内部对于教师的管理体制与文化等则是影响教师专业认同建构的外部因素中较为关键的几项基本要素。

(1)国家:教师群体的专业地位

"教师作为一种专业"早已成为众所公认的理论命题,自20世纪八九十年代以来各国教师专业化进程的加速推进业已使教师专业地位总体上得到了很大的提升。然而,须正视的现实情况在于不少国家教师专业地位的稳固建立仍有待付诸时间与努力,教师群体并未如其他专业人士一样在民众心目中占据不可替代的重要位置。一些国家和地区所存在的教师经济地位不高之问题正日益凸显并逐渐成为无法吸引优秀青年人才从教的主要原因。而无论是社会及民众对于教师或教育行业的主观态度,抑或是教师经济待遇等现实问题,都是能够直接或间接影响教师对于自身专业态度与看法的重要因素。从《关于全面深化新时代教师队伍建设改革意见》中可看出我国政府已充分认识并把握营造尊师重教的社会风气以及提高教师待遇等手段之于帮助广大教师提升成就感和幸福感的意义及作用,而只有教师真正成为让人羡慕的职业亦即教师专业地位得以建立并完善,才能使教师个体达到"在岗位上有幸福感、事业上有成就感、社会上有荣誉感"①等良好的专业认同水平。令人振奋的是,近年来我国政府基于战略远见及高度,已陆续制定出台多项重磅政策举措以全方位地改善教师专业地位,如 2017 年出台的《关于深化教育体制机制改革的意见》就明确规定要"确保教师平均工资水平不低于或高于当地公务员的平均工资水平"②,可见国家和政府落实具体举措以确保教师经济待遇及地位提升已指日可待。这一系列政策举措的推广必将促进教师专业地位的提升,从而有利于提高广大教师的专业认同水平。

(2)社会:教师角色的需求

人类社会飞速发展的今天,教育领域改革亦在不断地推陈出新,社会及民众对于教育质量和教师角色承担的要求越来越高。在此背景下,教师仅为知识传授者的传统角色定位再也无法适应时代和社会发展的需要,教师必须面对和肩负起的是包含一系列相互关联角色在内的理想专业角色丛,诸如学生价值引导者以及学习合作者、学生职业生涯引导与规划者、信息及资源整合者、学校利益主体的沟通协调者等角色,皆为今时今日的社会所期待教师能够胜任的新型角色。外界对于教师工作职能承担以及专业行为模式的要求与期望会影响教师对于自身专业的理解与看法,尤其将改变其专业认知。教师的专业认知关涉教师对于教育本质、价值及基本规律等的认识与理解,且包含教师对于应然以及实然层面的专业角色之判断与观点。影响教师角色认知生成的重要依据即在于时代与社会对于教师角色的需求,教师对"我应当承担起何种教师角色"一问的理解与作答取决于其对特定时代及社会背景下教师角色的接受度与认同度如何。而只有教师的专业角色认知与时代及社会赋予教师群体的角色期待实现对接与融合,方能使专业角色的要求为教师所理解、接受、内化并进而得以落实。

---

① 中华人民共和国教育部. 中共中央 国务院关于全面深化新时代教师队伍建设改革的意见[EB/OL]. [2018-01-20]. http://www. moe. edu. cn/s78/A10/A10_zcwj/201801/t20180131_326148. html.

② 中华人民共和国中央人民政府.中共中央办公厅 国务院办公厅印发《关于深化教育体制机制改革的意见》[EB/OL]. [2017-09-24]. http://www. gov. cn/xinwen/2017-09/24/content_5227267. html.

　　(3)学校:教师管理制度及文化

　　上文提及,教师专业认同是教师个体在专业生活中将外界对于其的要求与期望进行思考、理解、内化以及自我意向建构的过程。一所学校的教师管理制度与教师的专业实践开展和专业发展规划紧密相关,其确立并提供了教师角色承担、工作责任以及素质能力结构的具体规格及要求,为影响教师专业认同形成与发展的重要外部因素。学校的教师管理制度亦即以学校的实际需要来制定的有关教师管理的规程体制,主要包括了教师的聘任与晋升制度、考核及评价制度、薪酬与福利制度、专业发展与培训制度以及师德师风规范及监督制度等。以人为本的学校教师管理制度注重通过考察和激励教师的工作态度、专业投入以及教学感受来满足教师的专业精神需要。教师从事的是传播知识与思想、塑造人格及灵魂的特殊工作,人格的尊重以及精神的激励与褒奖是学校对教师工作予以认可的重要手段,并有助于教师逐渐养成对于工作专注、投入的良好态度。与"情"有关的正面激励措施诸如对与业绩挂钩的薪酬、对教师精神的鼓励与支持、提供专业发展与职业晋升的机会①等都是帮助教师提升其专业认同水平的有效途径。此外,与教师管理制度有关的制度文化亦为影响教师专业认同建构与发展的外在要素,和谐、民主的制度文化将利于增强教师的组织认同感,并会增进教师对教育教学的价值理解及其对工作和学生的情感投入,还将有助于坚定教师的专业信念,因而将促进教师专业认同整体水平的提升。

　　2. 影响教师专业认同建构的内部因素

　　教师专业认同是教师为主体的关于从事专业的自我感受与认同,对其发生影响的教师个体层面因素复杂繁多,故而无法一一列举,下文特选取教师的个人职业动机以及教师素质能力水平等与专业认同最为密切相关的两项内部因素来进行分析。

　　(1)教师个人的职业动机

　　职业动机即影响选择投身于教师专业的心理状态及过程,它是影响教师专业认同形成的初始因素。心理学将动机按其来源分为内部动机和外部动机,内部动机是指个体对所从事的活动本身有兴趣而产生的动机,内部动机的具备将使个体在活动中获得直接满足且在从事活动时不需外力作用的

---

　　①　陈华轩.学校教师管理制度的个案研究[D].济南:山东师范大学,2008:43.

推动①；外部动机则是指由个体所从事的活动以外的刺激诱发所产生的动机②，亦即个体参与活动并不能获得直接满足，但在过程中可以体验到活动以外的刺激。包含内部动机和外部动机在内的职业动机的形成受到个体自身经历、所接受的教育及外部环境等诸多因素的影响，因而并非一经生成就稳固不变，而是具有一定的动态性、可塑性及发展性。举例来说，有学生最初选择就读师范专业并非由自身兴趣、爱好或理想等内部动机层面因素所致，而经过职前培养阶段的系统专业训练则能够对教师专业进行充分的了解和深入的体验，并有可能投入并热爱教育事业。教师个人所持不同的职业动机会影响其对专业价值的理解与接受程度，并为教师的使命坚守和理想追求提供内在动力。职前教师教育对于引导未来教师树立并保有正确合理的职业动机以促进其提高专业认同水平负有不可推卸的责任。

（2）教师专业素质能力及水平

教师个体所持有的素质能力水平也是影响教师专业认同的重要内部因素之一。具备较高素质能力水平的教师才有可能有效发挥其专业素养，并不断激发自身潜能以适应并满足教育教学工作的需要，而专业实践的成功开展则使教师收获并积累对于专业的良好感受与体验，并增进其实现对于教育的价值确信、使命守护与理想追求。换言之，具备精深专业素养的教师才更有可能达到较高的专业认同水平。教师专业素质能力的习得始于职前教育阶段的培养，关注并契合基础教育发展及改革需要的职前教师教育培养模式，方能帮助师范生养成未来工作所需的素质能力，并在将来入职后实现"学有所用"。不少教师在走上教育岗位初期较难适应工作任务与要求，更深切体会到自身严重缺乏实践知识与技能，这暴露了职前教师培养存在实践性不强的软肋与通病，若该问题得不到妥善解决，则易使新教师因难以胜任工作而产生一定挫败感，亦不利于其专业认同水平的提高，因此职前教师教育须回应并满足学校教育的需要，来培养师范生获取从事教职所必需的专业素养，进而助其专业认同的形成与建构。

二、教育变革中的教师专业认同之重塑

学校教育变革与中小学教师专业认同的建构与发展之间存在着相辅相成的密切联系：一方面，教师作为教育变革的先行者，须责无旁贷地面对和

---

① 时蓉华.社会心理学词典[Z]. 成都：四川人民出版社，1988：104-105.

② 时蓉华.社会心理学词典[Z]. 成都：四川人民出版社，1988：115.

适应改革为其角色承担、职能担负、专业发展等所带来的转变与挑战,而教育教学工作的目标、内容与方式及手段等因改革而产生的新变化将迫使教师调整对于专业的理解与看法并重构专业行为意向;另一方面,正如前文所提及的教师专业认同为教师专业行为和实践提供着重要的内在驱动力,教师专业认同亦为影响教育变革成效的要素之一,专业认同的形成及建构将促进教师更好地理解和接受教育变革的思想及目标,并将其转化为引导专业实践开展与专业发展活动的内在精神支持及动力。上文言及自迈入新时代以来我国学校教育领域的改革浪潮汹涌迭起,那么,教育变革的背景中教师究竟该如何准确看待并理解自身的工作或专业才能推动改革迈向纵深?对该问之回应是本书以学校教育变革为背景,来思考教师专业认同重塑问题的出发点。

学校教育改革的全面展开正在促使其对基础教育实践以及教师工作开展的各个方面产生着实质性的影响,而不同领域及主题的改革或政策热点会对客观层面的教师专业实践提出不同的具体要求并将影响主观层面的教师专业认同发生不尽相同的调整及变化。教师专业认同的形成与建构是一受制于多重因素影响作用的复杂、变动过程,而当前学校教育改革工作则是纷繁复杂且千头万绪,笼统地就学校教育改革整体概况来探讨教师专业认同及其重塑的问题,操作性较低,从而降低了研究开展的可能性与意义,选取并立足现今学校教育改革中较具代表性的某项热点议题才能有针对性地深入探讨教育改革对于教师专业认同建构与发展的影响与要求。

纵观当前的基础教育领域变革,人工智能之于教育领域的快速运用及渗透,无疑已广受世人所瞩目,且其将给未来基础教育发展理念及实践开展带来极大的转变与创新。国务院于 2017 年 7 月印发的《新一代人工智能发展规划》中提出要"利用智能技术推动人才培养模式、教学方法改革"以及"推动人工智能在教学、管理、资源建设等全流程应用"①,该文基于把握当前及未来人工智能势不可挡的发展态势与其在教育领域即将掀起的深刻变革,为新时代我国智能教育体系的建构明晰了发展思路。毋庸置疑,人工智能(artificial intelligence,简称 AI)的开发和运用正在极大地影响着基础教育理念与实践的发展及创新,并集中表现于:其一,人工智能时代的来临已

---

① 中华人民共和国教育部. 国务院关于印发新一代人工智能发展规划的通知[EB/OL]. [2017-07-08]. http://www. moe. cn/s78/A16/s5886/xtp_left/s5895/201708/t20170830_312730. html.

使学校教育目标日趋转向注重于培养具备有关信息安全与责任的伦理道德及能力、计算思维和信息素养、创新思维与创造力、学习力以及运用人工智能分析和解决问题的能力等素养的智能化时代合格公民。其二,学校教学内容将随着人工智能课程的开设而逐步纳入编程教育,教育部于 2018 年初公布的《普通高中课程方案和语文等学科课程标准(2017 年版)》中已正式将"人工智能初步"等内容列入课程标准并将于 2018 年秋起实施①,我国第一本中学人工智能教材《人工智能基础(高中版)》的问世更支持并助力了编程教育在中小学校的开展与推广。其三,智能技术的介入与应用将使课堂教学模式发生颠覆传统的变化,比如借助人工智能技术,以模拟教师的思维与经验来为学生组织及实施个性化知识教学的"智能教学系统"(intelligence tutoring system,简称 ITS),将为广大师生提供人机交互的全新课堂体验。其四,人工智能还将改变中小学教学评价与监测的方法及手段,智能化的教学监测与评价系统将实时记录学生的学业表现及行为特征,从而帮助教师实现对于学生学习行为等的即时跟踪以及形成性评价。概言之,人工智能正在悄然渗透至基础教育领域,并即将引发新一轮的学校教育教学革命。

　　未来人工智能与教育的深度融合将迫使教师直面及应对巨大的考验与挑战。传统的学生学习方式受到冲击,教师须懂得利用并整合课堂上下和学校内外资源来帮助学生实现自主性、探究式、个性化的智能学习;教师的专业角色将经历重大转型,"AI＋教育"背景下学校和社会对教师的要求会不断提升,未来教师在与人工智能分工协作的同时,须重构并强化自身角色承担以突显作为专业人员的存在价值,并促进学生的全面和谐发展;教师的专业发展面临重重考验,部分基础性、重复性的教师工作诸如批改试卷和作业、发现及诊断学生的学习障碍与问题、评估并改善学生的心理素质、引导与协助学生制定生涯规划②等,在未来均可由 AI 支持完成,因此即便教师无法被人工智能取代,但懂得运用人工智能的教师终将替代那些不会使用人工智能的教师,信息素养的提高已成为教师专业发展的当务之急。总而言之,人工智能的应用正在倒逼基础教育领域开展广泛并深刻的改革,亦将引发教师对于自身所从事工作的整体看法即教师专业认同发生有别于以往的

---

　　①　中华人民共和国教育部.教育部关于印发《普通高中课程方案和语文等学科课程标准(2017 年版)》的通知[EB/OL].[2018-01-05].http://www.moe.gov.cn/srcsite/A26/s8001/201801/t20180115_324647.html.

　　②　余胜泉.人工智能教师的未来角色[J].开放教育研究,2018(1):16-28.

转变与重塑,以使其不断提升"AI+"时代的工作价值,并能更好顺应、满足基础教育改革需求。教师专业认同是教师专业行为形成以及专业实践开展的重要内在动力机制,其建构与改善不但事关学校教育改革,而且牵涉教师专业发展成效,因而结合人工智能介入学校教育的背景来分析和探讨教师专业认同重塑的问题具有合乎时宜的实践价值与理论意义。

教师专业认同的构成要素即专业认知尤其是专业角色认知、专业态度、专业信念及专业行为倾向将随人工智能在教育领域的快速渗入而亟待被重新塑造,这种内在转变的发生将激发教师在探索"AI+"时代教师角色定位的过程中推进自身专业角色转型和专业素养重建。

(一)教师角色认知:知识权威的削弱与价值引导之强化

当前,"专家系统"(expert system)是在教育领域应用最为活跃及广泛的人工智能核心技术之一,借助"专家系统"等程序系统及技术让互联网计算机系统承担起教师角色的ITS即智能教学系统已经可以实现依据学生的现有知识水平、认知特点及学习需要来智能地为其提供模拟真人一对一教学指导的任务及目标①,由此可见,人工智能技术业已可能在中小学教学过程中扮演教师的角色并履行其知识传授的职责,亦将导致教师作为知识传授者的身份及地位逐步被削弱。人工智能时代,学生的知识水平不再被作为衡量学校教育质量的唯一标准,所谓"好学校"将会是教师可发挥自身优势及价值并能通过与人工智能的分工、协调及合作来培育学生的信息素养、创新思维和创造力等以使其更好适应未来社会之学校。据此,有学者已断言未来教师的工作形态不会以教书为重,其责任也不再是知识灌输②;人工智能在学校教学中的普及化将客观上迫使教师们重新思索并理清其专业角色定位的问题。此外,当今时代人类知识更新及创造周期不断缩短以及学生知识获得途径多样化等现实因素亦导致传统学校的知识垄断地位以及教师的知识权威性日渐被瓦解。一方面,自进入互联网时代以来,知识更新速度已呈几何级数提升,这给教师个体的知识获取与储备带来前所未有的压力,自觉于践行终身学习理念以持续更新自身知识结构成为教师胜任其职的必要条件。另一方面,互联网资源以及包括智能检索技术在内的人工智能技术已拓宽了学生的知识来源渠道并改变其知识学习方式,知识传递的

---

① 徐陶冶,姜学军. 浅谈基于专家系统的人工智能在教育领域中的应用[J]. 科技信息,2011(11):55.

② 赵勇. 未来,我们如何做教师? [J]. 中国德育,2017(11):49.

过程不再局限于课堂教学的范畴,况且已为常态的非正式学习之边界也被一再扩展。可以预见,未来教师的知识权威地位亦将随着人工智能的兴起以及机器人时代的到来而日趋受到强烈冲击与撼动。教师究竟该如何调整及转变自身角色认知以顺应"AI+教育"的学校教育发展趋势?

　　回答该问则须首先回归学校教育本质的探讨。无论时代变迁与社会发展,学校教育"育人"的本质始终不会改变,现代学校教育"以生为本"的核心价值理念也不会改变。可以断定在智能化时代背景下,"立德树人"的教育主题与任务将更受推崇与重视,而教育的如是功能承担无法由作为工具的人工智能取代有精神和情感的教师来实现,其根本仍在于通过教师对学生的交流沟通及引导来帮助其形成并树立正确的价值观、人生观和世界观。教师须自觉接受、适应并担负起对学生进行价值引导的重要职责与角色,该角色承担的主要实践路径为:首先,由于个体价值精神的建构并非外塑而主要是基于个体自我认知及确认来实现的①,教师要本着以学生为中心的理念来引导学生在探索自己、认识自己的过程中逐步形成独立自我,进而促进其个体价值观念及理性的发展,这是学校教育帮助学生形成独立自主的心理品质以适应未来社会的重要前提;其次,教师应以促进学生的人格塑造与完善为己任,并通过情感交流、责任教育及意志教育等手段来培养学生形成对社会、国家以及世界的关怀、责任担当及信念与精神,这不但是学校教育培养学生拥有良好个性及人格以实现未来幸福人生所需,也是让学生养成现代公民意识与素养以成为未来时代合格公民的要求;再次,教师还要依据各年龄段学生的思维发展特点及规律来引导其形成在学习和生活中与人工智能和谐共生的价值观念与理性思维,使其充分理解作为技术与工具的人工智能即使再蓬勃发展也终究无法代替人类的学习与创新,这是学生能够形成正确的学习态度与动机以进一步提升自主学习能力和创造力的主观条件。

　　(二)教师专业态度:人性回归与师生关系之重构

　　"AI+"时代的来临使人类对未来的焦虑接踵而至,人们开始陷入何种职业即将被自动化和机器人所淘汰的激烈争辩中。《麦肯锡季刊》于2016年发布针对美国逾2000种工作在当前及将来被机器所取代之可能性的"美

---

　　①　刘铁芳.自我认识的提升与个体价值精神的超越——论当代教育中的价值引导[J].高等教育研究,2006(12):13.

国各类工作自动化技术潜力调查"(The technical potential for automation in the US)结果,显示管理与人才培养是最难以通过自动化技术来完成的工作,更指出医疗与教育行业因人际互动的重要性而迄今仍为自动化潜力最低的职业。[①] 换言之,教师无法被人工智能和机器人所取代的直接原因在于其与学生人际沟通的不可替代性。人工智能虽然可以帮助教师完成大量重复性、基础性的琐碎工作,却无法代替教师实现对学生的情感交流与人文关怀。教育的本真意蕴在于经由教师与学生的情感交流与心灵沟通来帮助每位学生成就更好的自己,此即不为时代变迁和科技进步所改变的定律。在科技与信息产业迅猛发展的时代,教育对于人性回归的需求更为迫切,教师就更有必要在调整对工作和学生情感态度的过程中自觉于回归与学生间人和人的平等关系,并在教育教学实践中充分融入给予学生的尊重、理解与关爱。在秉持将学生视作独立、平等的人的专业态度之前提下,教师可充分利用与学生的情感交互作用,以帮助学生解决在学习和心理发展过程中所遇到的困难和问题,而这将有利于彰显及强化智能化时代的教师专业属性。一则,人工智能虽可实现模拟专家的一对一教学,并完成学生的学情诊断与评估,但并无法如教师能够走进学生内心世界以了解其真实的学习体验与感受、学习态度、学习兴趣及理想等。教师基于师生间的沟通交流来认识和把握每位学生的学习心理因素并致力于为其提供个性化的学习心理辅导,才能促成学生在快乐中学习以及在学习中成长。再则,社会的高速运转以及科学技术的日新月异已使未成年人面对压力剧增且时间被前移,学生的心理问题及障碍不容学校和教师所忽视,未来教师的精力将要更多倾注至对学生心理的关注、呵护与引导方面,教师亦可以理性参考并分析人工智能技术对学生的心理测评结果来做好学生的情绪情感调节和心理问题疏导工作,从而提升学生的心理健康水平和内心幸福指数。

人工智能在教育教学中的普及以及教师对待学生情感态度亟待转变等因素共同作用将促使教师审视和思考师生关系的全新定位与建构,师生关系之重构亦为未来教师专业态度转变的主要表现。"AI+"时代,人工智能技术可使教师原本繁重的工作压力得以部分释放,教师的工作重心之一将

---

① Chui M., Manyika J., Miremadi M. Where machines could replace humans-and where they can't (yet) [EB/OL]. [2018-08-13]. https://www.mckinsey.com/business-functions/digital-mckinsey/our-insights/where-machines-could-replace-humans-and-where-they-cant-yet.

逐渐转移至"健康稳定、和谐友爱的师生关系"①之建构上来。这种新型师生关系的形成对教师提出的要求为:一是面对自身,教师不再以知识权威或教学中心的传统地位而高高在上,而是将时间和精力转向潜心思考,并实践如何协助和引导学生实现全面发展和个性发展;二是对待学生,教师要理解及回归师生关系的本质并能将学生视作平等、独立的人来予以尊重、爱护和对待,且以学生的身心发展作为工作开展的中心。基于上述前提,教师开展与学生间的对话及交流应旨在关心、了解并适应学生的个体发展需求以及促进其当前及未来的更好发展。除了上述专业态度的调整与转变之外,教师能够认识并理解其人际沟通能力提升的迫切性亦为新型师生关系建构之必备要素。技术和机器日渐充斥着人类生活的方方面面,人们将不可避免地与人工智能频繁打交道,那么人与人之间的关系是否将就此逐渐疏远或淡漠? 至少可以笃定"AI+"时代的学校需要的是能拉近与学生的距离并能与学生进行有效沟通的优秀教师,教师首先能在主观上认识到人际沟通能力的重要作用,才能在新型师生关系建构过程中发挥其专业影响及价值。

（三）教师专业信念:关注生命及对教育本真的坚守

教师专业信念即教师依据自身选择和认同的教育教学观念及理念而建立的对于所从事工作的使命感、价值认同感及理想追求,其形成始于教师对教育及其价值的认识与理解。目前人们普遍达成的共识是人工智能时代的学校不会消亡而且教师也无法被取代,这主要源自确信教育和教师工作在未来社会还将对人的发展发挥不可或缺的价值及作用。有关教育具备知识和技能传授作用的陈旧观念早已无法契合时代和社会发展需求,并日益暴露其过于片面和窄化之弊端。人工智能可模拟人类完成知识教学与学习辅导的时代已来临,学校教育要发展和创新就应结合 AI 时代背景来深思并明确教育对于人的发展主要有哪些至关重要的价值承担。本书认为,无论未来社会人工智能将如何崛起与兴盛,现代学校教育对于学生个体发展的价值都应当集中体现于培养学生为应对未来生活做准备、塑造人格、习得现代公民意识与素养以及获取自主学习态度及能力这四个方面。其一,学校和教师培养学生为未来生活做充分准备就要帮助学生具备正确处理与自己、与他人、与机器、与社会以及与自然间关系的思维和能力,使学生获得未来独立生活和适应社会所需的态度、习惯、常识及技能等,还应引导其树立正

---

① 苏令银.论人工智能时代的师生关系[J].开放教育研究,2018(4):28.

确的职业观并形成未来职业理想;其二,不同阶段的学校教育还应充分运用各种教育资源和手段,全方位地塑造学生的人格以助其能在"AI+"时代成长为身心健康和谐发展的完整的人;其三,中小学校要将现代公民意识及素养纳入学校的育人目标中,以培养任由科技或机器兴衰都始终能坚守良知、道德和社会责任的智能化时代合格公民;其四,学校智育目标应转向学生学习兴趣与习惯、自学态度及能力、创新精神与创造力等的培育及终身学习理念的树立等方面,并彻底摒除传统的以知识积累为教学目标的固化思维。

正如前文所言,学校教育价值取向应转向对于生命即学生的"生命质量和生命价值"的关注,学校与教师工作皆要围绕学生"生命质量"和"生命价值"的改善而展开,"关注生命"取向的教育价值之内化必将改变教师对于所从事专业的价值确信,并将促使其以守持教育本真的专业信念作为引导教育教育工作和专业发展实践的精神驱动力。生命质量和生命价值的提升是教育的终极目标,对于生命的关注就是教育的本真之所在。① 能够坚守教育本真的教师是深谙主体性、发展性、个性化等现代教育基本特征并能身体力行来适应和满足学生个体发展需要的教师。英国物理学家斯蒂芬·霍金(Stephen Hawking)生前曾数次提醒人们要警惕人工智能的过度发展,并预言假设人类不对人工智能加以控制将可能导致自身的灭绝。② 霍金的人工智能威胁论是否太过悲观姑且不论,其至少可警醒世人在智能化时代更要谨防技术的异化与人性的物化,教育可获得的启示在于要重归并坚守对于完全有别于机器的人的生命的关怀。教师秉承人文主义精神并转向认识和坚守关注生命之教育本真,才有永不枯竭的精神动力来了解和发掘学生的个体特点与差异,并对学生投入更多的价值引导和人文关怀,进而造就兼顾自我价值实现及服务人类社会的和谐发展的现代人。

(四)教师专业行为倾向:混合式教学常态化与人机结合思维之构建

互联网技术的发展已推动融合"线上+线下"的混合式教学的逐步兴起。人工智能技术的开发与运用不仅加快了混合式教学成为未来学校常态教学模式的进度,还将丰富混合式教学的内涵并拓展其外延。混合式教学(blending teaching)是采取"线上"加"线下"的教学方式并通过整合传统和数字化的教学资源及技术来满足学生个体学习需要的新型教学模式。人工

---

① 张艳红,许海元. 教育本真与生命教育[J]. 教育学术月刊,2009(1):33.
② 霍金:人工智能的全面发展可能导致人类的灭绝[EB/OL]. [2014-12-04]. http://culture. people. com. cn/n/2014/1204/c22219-26147518. html.

智能介入教育的重要表征在于其有效支持并推进了混合式教学的发展：首先，云计算、大数据等智能技术的不断成熟和完善将有利于更为精准地描绘并记录学生学习行为数据，从而为智能化时代个性化的混合式教学开展提供有力技术支撑。① 其次，在掌握学生学习数据的前提下，未来人工智能的技术与方法将被更多地运用到如根据学生知识水平差异和兴趣爱好来有针对性地为其推荐适宜的学习方案、学习内容及资源等领域②，这将突显并增强混合式教学的个性化与灵活性等特点。最后，人工智能与课堂教学的深度融合将加速包含课堂内外及融合现实与虚拟环境的智慧课堂的构建，这将有助于让学生体验多样化、智能化的混合式学习，从而激发其学习兴趣并提升其创新思维与创造力。未来混合式教学的常态化一方面分解了教师原先应承担的相当部分教学工作，另一方面又对教师提出要与人工智能相互协作并通过深度整合课堂教学与在线学习来承担起学生学习的引导者与合作者之角色的新课题和新任务。智能化时代的教师怎样才能履行好教学工作职责？本书以为，混合式教学迅速普及和常态化的未来发展趋势将要求教师建构人机结合的思维模式以引领其专业决策制定和专业行为选择。

已有研究指出，人机结合的思维体系是人类未来思维方式的重要转变方式。③ 不言而喻，这是人工智能和机器不可逆的发展态势以其对人类生产与生活各领域全面渗透所导致的必然结果。人机结合的思维将统合计算机的信息及数据处理优势以及人脑具有的经验积累、价值分辨和理性思维等特点，来帮助人类能够突破个体认知所及范围之极限并能应对超乎个体认知领域以外的事件或变化。针对未来教师而论，人机结合的思维能力和水平是与其专业行为选择及倾向最为紧密相系的因素：第一，教育要回归到人并要关注生命的根本要义，已从本质上决定了未来学校教学要以促进学生个体发展的实现作为一切活动开展的起点和归宿，未来教师将要通过整合一切人与技术的资源优势以为学生提供适合其自身的混合式教学，从而促进其成长发展，亦即混合式教学的落实以及未来学校的价值承担皆须依托教师人机结合的思维模式构建来予以实现。第二，混合式教学常态化背景下，教师计算思维及信息素养的提升与完善将成为未来时代教师专业发展

① 戴永辉，徐波，陈海建. 人工智能对混合式教学的促进及生态链构建[J]. 现代远程教育研究，2018(2)：26.

② 余胜泉. 人工智能教师的未来角色[J]. 开放教育研究，2018(1)：23-25.

③ 余胜泉. 人工智能教师的未来角色[J]. 开放教育研究，2018(1)：27.

的重点,影响其专业发展实践之成效的主观因素在于教师本人是否真正拥有人机结合的基本意识与思维方式,就该意义而言,能够形成人机结合思维模式的教师才能在"AI+"时代获取源源不断的专业学习精神动力与专业水平提升的机会及可能。第三,人机结合的思维模式作用下,教师才有可能更为从容地应对人工智能时代社会的飞速运转与变化,并能适当将工作任务分配由人工智能承担,从而有效缓解工作压力,这将助益教师获取更多的时间和精力以用于引导学生个体发展以及提升自身专业水平。

人工智能来势汹汹且其发展已成无法逆转的现实与趋势,本书认为,教师须在正视且接受这一事实之基础上客观理智地思考及协调好人与人工智能之间的关系,并经由强化自身价值引导者的角色承担、构建平等和谐的新型师生关系、坚守关注生命的教育本真以及自觉形成人机结合的思维模式等主观层面的专业认知转变和专业价值追求,来维护并提升未来时代教师工作的不可替代性,并且适应和满足智能化社会的学校教育发展改革需要。

教师专业认同的形成及建构是受到内外部多元因素影响的动态的、发展性的复杂过程,人工智能与未来教育的深度融合将为驱动教师专业认同转变注入动力,也给教师提出要突破自身原有认识经验来迅速连接至"AI+"时代的难题。必须承认的是,从根源上看,教师专业认同的建构是教师借助内部力量即基于对个体专业经验的理解与判断来由内及外做出的转变与发展,然而,由于基础教育社会参与性的日益增进以及智能化背景下未来教育变革已为大势所趋,除教师本人以外的学校组织、教师培养及培训机构、教育行政管理部门等皆有必要以理念价值和制度文化等为视角来思考并共同致力于促进智能化时代教师专业认同的转变与建构。由此,教师专业认同重塑的推动与实现不仅依赖于教师一方的努力,还需要中小学校的协助与配合、涵盖职前入职及职后的教师教育的引导和培育以及政府部门的关注与投入,这是本研究所持基本立场,亦为讨论问题的逻辑起点之所在。

第四章　教师教育人才培养目标研究

　　培养目标的确立属于人才培养模式及活动的顶层设计,是任何人才培养活动开展的必要前提。教师教育的实施同样始于人才培养目标的设置与确立,教师教育人才培养目标是引领职前教师教育落实以及评价教师教育人才培养质量的重要依据。教师教育有别于大学所开展的其他学科或专业教育,从第三章的讨论中可获悉其应是一种特殊且专门的专业训练与准备,因此,主动关注并自觉回应中小学教育教学的现实发展需求应是大学确立教师教育培养目标的基本价值取向,否则职前教师教育就会难免沦落至"由一群不懂基础教育的人在为基础教育培养师资"的尴尬境地。由此可作如是推断:当前教师教育人才培养目标设置的诸项影响因素中,最不容忽视的要素为基础教育的现实发展需要和改革需求。

　　在探索并反思如何有效提升教师培养人才培养质量的过程中,世界一流大学的教师教育经验无疑有利于我们开阔眼界、思路并获得借鉴、启发。美国作为全球高等教育及教师教育发达国家,其拥有的一大批世界一流大学参与教师教育人才培养并致力于造就高专业素养、高学历水平的未来教师。关注并了解美国一流大学的教师教育人才培养目标设置,不仅有助于我们更好地加强培养兼具高水平理论素养和实践能力的师资,亦有益于在当前"双一流"建设背景下全面推进教师教育的学科建设与理论研究。此外,鉴于基础教育改革需求对于职前教师培养的重要价值及意义,把握当前时代背景下我国基础教育领域的改革热点,进一步探讨教师教育人才培养目标的重构,有助于作为职前教师培养机构的各类师范院校和综合性大学等更具针对性地培养真正符合基础教育现实及改革需要的合格、称职的师资人才。

第一节　教师教育人才培养目标概述

职前教师培养起步于教师教育人才培养目标的设立,清晰、合理、科学的教师教育人才培养目标为人才培养活动的开展提供了明确的方向、规格和依据。对于作为当今时代承担职前教师职能的主要机构——大学而言,只有依据人才培养目标的整体理念与要求,才能进一步推动诸如构建和细化教师素质能力结构、建立及完善教师教育课程体系和内容、选择与采纳教学方法及手段、调整和优化师范专业学生的评价管理方式及制度等培养活动过程与环节的落实。明确的教师教育人才培养目标是教师教育人才培养之核心要素。

一、大学的人才培养目标与其设置

一切行动和实践始于目标的确定且其过程受之牵引。现代大学的基本职能承担包括了人才培养、科学研究及社会服务,其中又以人才培养即教学为其核心职能。由于目标的价值及其重要性,人才培养目标不但是大学人才培养活动的出发点和归宿,更是其核心要素之一,目标设置得科学合理可行与否直接影响并在一定程度上决定了大学能否培养出满足时代及社会发展需求的优秀人才。何谓人才培养目标? 本书以为,大学的人才培养目标是旨在培养学生于将来承担起何种专业角色或社会角色的基本定位以及与之相适应的最为起码的素质能力要求之统合。鉴于人才培养目标的价值及功能,其被认为是大学人才培养的"规格与标准"。①

关于培养目标应当如何设置这一问题的理解,国内外不同学者持有不同的观点。英国哲学家、教育理论家怀特海(Alfred N. Whitehead)认为,教育要造就既有文化又掌握专门知识的人才,专业知识奠定其起步的基础,而文化则将其引往深奥高远之境。② 此观点鲜明,并直指教育过程要协调解决所谓"文化"和"专门知识"间的复杂关系。美国课程理论专家泰勒(Ralph W. Tyler)则认为培养目标的三项来源分别为对学生的研究、对当代社会生

---

① 眭依凡. 关于大学人才培养问题的思考[J]. 教育发展研究,2006(3):30
② [英] 怀特海. 教育的目的[M]. 徐汝舟译. 北京:生活·读书·新知三联书店,2014:1.

活的研究以及学科专家的建议。^① 由此可见，培养目标设置的基本原则为满足学生个体发展的需要，并且切合社会整体发展以及适应学科专业领域内部发展的需要。而除培养学生具备知识、能力等素养之外的考量，国内专家和学者亦强调大学培养目标的设置应结合社会各领域的发展和大学自身定位及优势。如钟秉林教授认为大学应结合国家及地方经济社会发展需求以及学校人才培养的优势与特色来确立学术型抑或应用型的人才培养目标定位。^② 眭依凡教授认为，大学人才培养必须适应社会发展需要并且要以大学的定位作为确定培养目标的重要依据。^③ 而这主要是由于大学的人才培养活动为受制于外部及内部因素共同影响及作用的必然结果。一方面，一所大学培养的学生能否赢得就业市场及社会的认可与口碑能在很大程度说明人才培养质量的优劣，大学绝不可能如同象牙塔里闭门造车般地培养学生，须自觉关注并适应国家及地方经济社会发展的需求。另一方面，人才培养质量的确保与提升，与大学自身的办学传统、优势及特色息息相关，结合大学的定位来走特色化的人才培养之路是提高及改进培养质量的重要路径。

培养目标是引领人才培养活动的基本要求及总体理念，目标设置得清晰明确才能为后续人才培养诸项环节提供标准和依据。大学的不同学历层次以及不同学科专业对人才培养的具体目标要求必然存在千丝万缕的差别，但构成培养目标主要内容的几方面要素则基本是一致的，结合当前时代背景，本书认为这些要素主要涉及以下方面：作为一国公民所需的情感态度、价值观、精神、伦理道德、知识及能力，作为全球化时代世界公民所需的观念、态度、常识以及能力，本专业的知识能力要求，适应未来生活及工作的身心素质、道德情操、知识及技能等。事实上，大学有关培养目标内容的表述多为简洁且精炼的而非细碎或具体的，通常表达为"培养学生成为……的人"，此处的"人"即为专业角色抑或社会角色，而此类表述的深层要义及角色的实际承担都指向胜任角色所需的基本素质能力之获得与具备。必须说明的是，由于培养目标本身为高度凝练的人才培养依据及规格，培养目标所涉及的素质能力要求仅为最为基本的及具统领性的基础素养，其不同于已被细化并具操作性的可供课程设计所参照的完整的知识能力体系。

① ［美］拉尔夫·泰勒. 课程与教学的基本原理［M］. 施良方译. 北京：人民教育出版社，1994：18.
② 钟秉林. 大学人才培养要研究新问题 应对新挑战［J］. 中国大学教学，2013(7)：6.
③ 眭依凡. 关于大学人才培养问题的思考［J］. 教育发展研究，2006(3)：30.

二、教师教育人才培养目标与其设置

据上文有关人才培养目标的理解,可以推导得出教师教育人才培养目标即开展职前教师教育的大学培养师范专业学生担负起的专业角色及支持角色胜任的最为起码的素质能力要求之统合。明确的教师教育人才培养目标之设立关涉大学对于时代及社会赋予教师群体之角色要求的积极回应,也是影响师范生习得、提升专业素质能力以及检验其效果的重要参照标准。

影响师范生培养目标设定的来源因素首先当为教师为一种专门职业所要求的与师范生主修学科(即未来任教学科)及教育教学专业相关的专业知识能力,教师教育人才培养目标的设置必须契合学科专业的知识逻辑和发展需要。其次,大学还应积极关注并结合基础教育对于教师角色的期待和要求。针对此应守持的一个基本立场是,大学开展师范生人才培养活动的直接目的是为中小学校输送合格、称职的师资,所以基础教育的现实发展需要和改革动向趋势给教师角色承担所带来的变革与挑战是作为教师培养机构的大学必须正视并接受的影响教师教育人才培养目标设置的重要因素。再次,根据大学的办学定位和教师教育传统及优势来"因校制宜"地制定培养目标才能有利于促进多样化类型的师资人才之培养。在我国,部属师范大学、地方师范院校、综合性大学等都享有实施职前教师培养的合法地位与资格,而不同类型高校的办学定位及优势迥然不同,如何植根于大学的定位和传统来灵活、特色化地培养不同类型和水平的中小学校所需要的师资是教师教育机构应致力于解决并突破的主要难题。再次,大学在设置教师教育人才培养目标之时还应适当兼顾并考虑到时代及公众对于教师群体肩负责任的迫切愿望及要求。人类社会在进入全球化、互联网时代后,国际化、信息化、人工智能、大数据等时代因素对教师工作的影响与冲击已是势不可挡,由此决定了大学要将这些与时代背景及特征密切相关的因素整合并吸纳到师范生培养目标的设置中来。最后,随着民众对于享有优质教育资源的愿望日益迫切,其总体对教师群体素养及能力要求也在逐渐提升,大学显然无法漠视这一现状或避开对之回应。以上几方面是影响大学教师教育人才培养目标设置的主要来源因素,一国的政治、经济、科学技术及文化等诸领域的发展以及国际大环境及背景因素等也可能会影响大学人才培养目标的制定,教师教育人才培养目标设置当然也不例外,如图4-1所示。

本书第三章的第二节之所以专门就教师角色以及我国新时代背景下教师应转向的新型专业角色承担作系统的讨论,即出于教师角色定位之于教

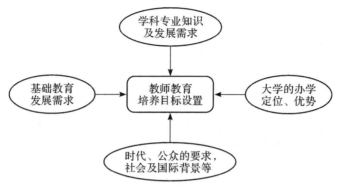

图 4-1 教师教育人才培养目标设置的影响因素

师工作开展和职前教师教育落实的重要价值及意义。当今时代,职前教师教育人才培养目标所涉及的教师角色定位必然为包含多重专业角色在内的复合型角色定位,诸如学科专家、教育教学专家、教师领导者、研究型教师等培养目标的总体定位都可进一步分解为数重专业角色,且每一角色之承担都须具备特定的专业素质能力。基于此,培养目标的确定即是对师范生应有的素质能力做整体的结构性要求与安排。当前,不少大学开展职前教师培养所存在的一种通病为对学生师范性的培育和训练较为匮乏,致使师范生的实践性知识及技能掌握不足以应付未来教学工作所需。已从事教职的师范专业毕业生对该问题有着更为感同身受的体会。笔者曾参与一项以地方师范大学毕业的中学教师为调查对象、主题为对母校开展教师教育满意程度的问卷调查,共发放 432 份问卷,收回有效问卷 341 份,其中认为对教学及教育课程非常有帮助的仅占 17.48%,足以说明地方师大开展教育教学类课程的质量有待提升。[1] 另据北京师范大学某课题组开展的一项对 3000多名中小学教师的问卷调查,目前其最想学习课程为"与教学方法、技能有关的知识"高达 56.1%[2],可见大学为师范专业学生提供的专业训练与准备还非常不够。这一事实之所以产生与教师教育人才培养目标设置存在一定问题不无关联。教师教育是一种专业的职前准备及训练,其培养目标的制定必须基于教师专业素质能力结构与其形成的逻辑与理性,而不能简单借鉴或移植其他学科或专业的人才培养理念及思路。

---

① 以上数据来源于眭依凡教授主持的全国教科规划国家一般课题"地方师范大学的使命与教师教育模式改革研究"(项目编号:BIA080022)的部分调研之结果。

② 顾明远,檀传宝. 2004:中国教育发展报告——变革中的教师与教师教育[M]. 北京:北京师范大学出版社,2004:146.

第二节　美国一流大学教师教育人才培养目标设置

　　《关于全面深化新时代教师队伍建设改革的意见》中提及"实施教师教育振兴行动计划,建立以师范院校为主体、高水平非师范院校参与的中国特色师范教育体系",并特别指出"支持高水平综合大学开展教师教育""创新教师培养形态,突出教师教育特色,重点培养教育硕士"等。① 由此可知,党中央在高度重视高素质教师培养问题的同时,充分认可并支持高水平综合大学参与担负起包括教育硕士培养的职前教师教育重任。教育硕士的设置与培养旨在造就同时具备高学历水平和高专业素养的优秀、骨干师资,本书致力于探索"学科教学专家"等高目标定位的师资人才素质能力结构与其培养途径,关注教育硕士等高学历层次、高专业素养的职前教师教育人才培养这一目标与本研究的目标定位有着较好的适切性,因而本研究颇具可行性与价值。

　　纵观域外,一大批致力于高水平科学研究、高层次人才培养的世界一流研究型大学早已在教师教育领域尤其是培养兼具高学历水平和高专业素质的师资方面发挥着巨大的行业引领作用及影响。毋庸置疑,世界顶尖研究型大学的职前教师教育经验可为新时代我国教师队伍建设的改革思路与实践举措提供可资借鉴的启发与省思。美国是全球率先设立教育硕士(即教育硕士专业学位②)的国家,哈佛大学自 1936 年首开教育硕士专业学位②并培养至今已逾 80 载。美国一流研究型大学教师教育专业教育硕士培养理念与实践经验对我国高水平综合大学以及师范院校的高学历、高素质师范人才培养颇具重要参考价值。

　　本章第一节已提及目标具有作为任何组织及个体活动开展的起点与归宿而存在的重要性。就大学的任何学科专业而论,培养目标的设置与定位能否契合大学办学定位与方向、遵循专业内在知识结构逻辑、满足学生个体发展需求、适应社会经济建设需要等,都将影响并最终决定人才培养的质量与成效。大学人才培养的诸项要素中,培养目标的作用与价值无疑不容小

---

　　①　中华人民共和国教育部. 中共中央 国务院关于全面深化新时代教师队伍建设改革的意见[EB/OL]. [2018-01-20]. http://www. moe. edu. cn/s78/A10/A10_zcwj/201801/t20180131_326148. html.

　　②　杨秀莲. 美国高校教育硕士培养的实践性特征解析[J]. 外国教育研究,2016(8):52.

觑。教师教育人才培养目标设置是否清晰、合理、科学不但直接事关师范生专业素养的有效习得与改善,更将间接影响一国基础教育师资队伍水平以及学校教育质量。本节特选取美国一流大学的教育硕士培养目标为研究对象来深入了解并系统探究国外大学高学历、高素质教师教育人才培养目标设置与素质能力要求,有助于从立足顶端、掌握全局的视角来深入发掘并审视他国职前教师教育经验及问题。

一、美国一流大学教师教育人才培养目标设置概况

据最新一轮即 2018 年度 QS 世界大学排名之教育学学科排行情况,共有 4 所美国大学跻身全球大学教育学排名前十行列,依次为:哈佛大学(第 2 位)、斯坦福大学(第 3 位)、加州大学伯克利分校(第 8 位)、加州大学洛杉矶分校(第 10 位)[①],以上 4 所大学私立、公立参半,哈佛大学创校最早已有 382 年历史,最"年轻"的加大洛杉矶分校业已建校近百年。作为历史底蕴和学术声誉兼具的全球顶尖研究型大学,4 所高校教育学学科实力均属世界一流水平,其教育院系都设置了包含各级各类教育,涉及教育管理者、教师、教学研究人员等各类教育教学人才培养的教育硕士学位。以上 4 所大学教育硕士层次的培养目标设置情况完全能够代表并反映美国一流大学高学历、高专业素养师资人才培养目标的整体概况。

由于本书关注教师培养问题,故将目光投向 4 校教师教育专业(teacher education program)即有关中小学教师培养的教育硕士设置状况。4 所大学教师教育专业教育硕士的学制、专业及方向、培养目标定位以及素质能力总体要求如表 4-1 所示。

表 4-1　4 所美国一流大学教师教育人才培养目标概况(教育硕士为例)

大学	学制	专业及方向	培养目标定位	素质能力总体要求
哈佛大学	1 年全日制	职业生涯中期数学与科学专业、教学与课程专业	城市中学教师领导者	专业知识及技能、影响并领导全校整体发展的能力、与同事及学校教育利益相关者的沟通协调合作能力、专业学习与发展能力等

---

① QS World University Rankings by Subject 2018-Education. https://www.topuniversities. com/university-rankings/university-subject-rankings/2018/education-training,2018-03-10.

续表

大学	学制	专业及方向	培养目标定位	素质能力总体要求
斯坦福大学	1年全日制	小学教育专业、中学教育专业	教师领导者	教育视野以及对教育教学行业的理解力、学科知识、教育教学技能等
加州大学伯克利分校	1.5年全日制	小学教育专业、中学教育专业（包括英语、数学、科学教育方向）	追求公平与卓越的城市公立学校教师	学科知识和专业知识、专业技能、研究知识与能力、与学校社群的合作协调能力等
加州大学洛杉矶分校	2年全日制	小学教育专业、中学教育专业（包括数学、科学、社会科学教育方向）	推进社会公正的城市教师	批判思维能力、教学方法与技能、推进社会公正、教育公平所需的理解力、知识和技能等

资料来源：哈佛大学教育研究院，斯坦福大学教育研究院，加州大学伯克利分校教育研究院，加州大学洛杉矶分校 X 中心（Center X）的官方网站.

（一）哈佛大学：“城市中学教师领导者”的培养目标定位

哈佛大学教育研究院所有专业的教育硕士培养均为一年制集中学习项目，其中教师教育专业的开设是为培养未来的城市中学教师。该院认为教师有能力领导组织社会变革、改变城市公立学校以及改善公民生活，据此提出教师教育专业教育硕士的培养目标为造就美国城市公立中学的教师领导者（teacher-leader）。[①]

本书据哈佛教育研究院网站对于“何为教师领导者”的举例说明[②]做进一步提炼归纳，认为其需要掌握如下数项基本素质能力，即精深的专业知识与技能、自主研发和设计任教学科全校课程的能力、通过教学帮助学生实现跨越文化及一切无形障碍的理解沟通的技能、影响并领导实现学校整体性成功的能力、与校外机构在内的学校教育利益相关者积极协调沟通的能力、引导开展同事间相互合作以促成专业发展的能力，等等。

（二）斯坦福大学：“教师领导者”的培养目标定位

斯坦福大学教师教育专业的教育硕士学制为 1 年。与哈佛所不同的

[①] Harvard Graduate School of Education. Masters' program teacher education program[EB/OL]. [2018-01-22]. https://www.gse.harvard.edu/masters/tep.

[②] Harvard Graduate School of Education. Masters' program teacher education program[EB/OL]. [2018-01-22]. https://www.gse.harvard.edu/masters/tep.

是,该校同时培养小学教育及中学教育专业的教育硕士;与哈佛相一致的则是,该校也将培养目标定位于"教师领导者"。① 斯坦福大学教育研究院认为所谓"教师领导者"是应能共享美国社会一系列核心价值包括致力于实现社会公正、理解多样化学生群体的特长与其不同需求、努力为全体学生提供公平、优质教育的教师。②

该校强调师范专业硕士生应有的基本素质能力有:将教学视为一种脑力劳动和富有爱心专业的理解力;精深的学科知识以及开展有效教学实践的技能;基于对教育所处社会文化背景的理解所形成的教育视野和有关教育社会功能的见解;等等。③ 此外,该校还强调硕士生要能够创设公平、成功的学校及课堂实践,并与不同学生合作以助其达到较高的知识、学术和社会化水平。④

（三）加大伯克利分校:"追求公平与卓越的城市公立学校教师"的培养目标

加州大学伯克利分校将教育硕士层次教师教育专业命名为"伯克利追求公平与卓越的教育者"(Berkeley Educators for Equity and Excellence)项目,简称 BE3 项目。此举源于伯克利坚持身为公立大学应以致力于实现公共利益为己任,关键在于通过质疑和批判来进行知识创新、拓展资源分配以及培养追求公平与卓越的杰出教育者来改善教育质量。⑤

"追求公平与卓越的教育者"是伯克利教师教育专业教育硕士培养目标的集中体现。该校教育研究院力图将学生培养成为投身于提供注重公平且

---

① Stanford Graduate School of Education. Stanford teacher education program［EB/OL］.［2018-02-01］. https://ed. stanford. edu/step.

② Stanford Graduate School of Education. Stanford teacher education program. Elementary handbook. 2017-2018［EB/OL］.［2018-02-02］. https://ed. stanford. edu/sites/default/files/step/page/step_elementary_handbook_2017-2018_1. pdf.

③ Stanford Graduate School of Education. Stanford teacher education program. Elementary Handbook. 2017-2018［EB/OL］.［2018-02-02］. https://ed. stanford. edu/sites/default/files/step/page/step_elementary_handbook_2017-2018_1. pdf.

④ Stanford Graduate School of Education. Stanford teacher education program. Elementary Handbook. 2017-2018［EB/OL］.［2018-02-02］. https://ed. stanford. edu/sites/default/files/step/page/step_elementary_handbook_2017-2018_1. pdf.

⑤ Berkeley Graduate School of Education. Berkeley educators for equity and excellence (BE3)［EB/OL］.［2018-02-02］. https://gse. berkeley. edu/teacher-ed.

优质教育的中小学教师事业,从而改善美国城市地区公立学校教育质量。学生经由 1 年半时间的学习,将被培养成为具备以下素质能力的城市公立学校教师:强烈的社会正义和公平倾向的基础知识及专业技能,学科知识及专业知识,开展高水准、注重公平的教学实践的能力,研究知识与能力,同学校社群紧密合作的能力,等等。[①]

(四)加大洛杉矶分校:"为社会公正而从教的城市教师"的培养目标定位

加州大学洛杉矶分校因实行 2 年制的教育硕士学制而成为 4 校教育硕士培养周期最长的大学。洛杉矶分校 X 中心开设了小学教育和包括数学、科学及社会科学方向在内的中学教育专业,其目标在于培养为社会公正而从教的城市地区教师。[②]

洛杉矶分校教育硕士培养目标定位存在鲜明的价值倾向,而相较于作为一名师范硕士生所应具备的基本素质能力,该校更为强调的是让学生获取诸如在城市学校尤其在低收入社群背景的学校中落实社会公正、关爱学生、教学平等所需的敬业精神、技能以及适应力;此外,注重通过硕士阶段学习培养师范生的批判思维能力,反思与文化背景相关的教学法的能力,与种族、文化以及身份观念等抗争的认识及理解力,识别并对抗学术和生活领域中一切社会不平等现象所需的技能、价值观念和洞察力等专业素养。[③]

二、教师角色丛:美国一流大学教师教育人才培养目标的剖析

以上 4 所美国一流研究型大学提出的"教师领导者""追求公平与卓越的教师""为社会公正而从教的教师"等培养目标整体定位都可做进一步的教师角色分解和细化,它们同为承担职前教师教育职能的大学为教育硕士生专门设定并期待其胜任的教师角色丛。

"角色丛"(role-set)作为一个社会学研究术语,最早由美国著名社会学

---

①　Berkeley Graduate School of Education. Berkeley educators for equity and excellence (BE3)[EB/OL]. [2018-02-02]. https://gse. berkeley. edu/teacher-ed.

②　UCLA Teacher Education Program. Two-year graduate program[EB/OL]. [2018-02-02]. https://centerx. gseis. ucla. edu/teacher-education/masters-and-credential-programs/two-year-graduate-program/.

③　UCLA Teacher Education Program. Two-year graduate program[EB/OL]. [2018-02-02]. https://centerx. gseis. ucla. edu/teacher-education/masters-and-credential-programs/two-year-graduate-program/.

家罗伯特·默顿(Robert Meriton)于 1957 年提出,默顿认为每一社会地位都包含了一个角色序列,因此人处在一定社会地位就必然承担各种角色及角色丛。[①] 由于教师作为一种专门职业所处的特殊社会地位,教师必须担负起某一特定时空条件下社会赋予其的一系列相互关联的多重角色即教师角色丛。4 所大学教育硕士培养目标实际上囊括了多种应然层面的教师角色,每一种角色承担的前提是师范生具备相应的素质能力。虽然 4 校教师教育专业教育硕士培养目标设置各有侧重、各具特色,但显而易见的是 4 校教育硕士培养目标表述中存在诸如"公平""公正""卓越""成功"等共同关键词。进一步探索 4 所大学教育硕士培养目标定位和师范生基本素质能力要求后,可发掘正如伯克利以"追求公平与卓越的教育者"来做专业命名一般,其他 3 校在培养目标设置中同样突出并强调致力公平、追求卓越。"致力公平"和"追求卓越"同为 4 校教育硕士培养目标的基本价值取向,两者相辅相成、相互补充并一同影响作为培养目标的教师角色丛之建构。

为深入剖析 4 所研究型大学培养目标教师角色丛的构成及特点,研究将着重思考并讨论"致力公平""追求卓越"两大价值取向各自紧密关联的主要教师角色及其对应的具体素质能力要求。考虑到"致力公平"与"追求卓越"本身及其各自影响的教师角色承担皆为相互影响、不可剥离的关系,往往某一种教师角色的承担在践行致力公平的同时也达到了追求卓越的效果,下文仅仅是从每种教师角色的侧重性及其职能发挥角度来做划分的。要特别提及的是,从 4 校培养目标的基本定位可知多数大学意在为美国城市地区中小学校培养及输送合格、称职教师,因而在分解教师角色丛及探讨每一种具体角色时均可适当附之以"服务于美国城市学校"这一背景性前提。

(一)"致力公平"的教师角色

公平(equity),是美国国家与社会传统核心价值观的重要组成,也是 4 所研究型大学教育硕士培养目标表述中的高频词汇之一。美国是多民族、多种族国家,中小学校教师面对的受教育者群体因其种族、语言文化背景和家庭社会经济地位等的千差万别而呈现多样化特征。这些背景因素决定了"致力公平"的价值取向之于教师教育人才培养目标设定的必要性与重要

---

① [美]罗伯特·默顿. 社会理论和社会结构[M]. 唐少杰,齐心,等译.南京:译林出版社,2008:53.

性。本书通过对 4 所研究型大学教育硕士培养目标的分析认为以致力公平为导向主要关涉以下两个教师角色的承担。

1. 适应多样化学生群体学习需求的教育者

基于美国中小学生群体的构成及其特点,教师要真正做到一视同仁地对待所有学生,就必须了解、适应并能满足不同种族、阶层、文化和语言背景的学生的学习需求,否则为全体学生提供公平而有质量的教育仅为空谈。成为致力公平的教师首先要求师范专业硕士生通过职前培养逐步习得并最终胜任"适应多样化学生群体学习需求的教育者"这一重要角色。

为培养硕士生能在将来的教师职业生涯中满足多样化的学生群体学习需要,4 所研究型大学对师范生的专业态度、专业知识和专业能力提出要求如下[①]:专业态度方面,为多样化的学生群体提供公平的教育之态度(斯坦福大学、加大洛杉矶分校),致力于让 K-12 教育阶段的学生实现教育结果公平的态度(加大伯克利分校),等等;专业知识与能力方面:了解并识别多样化学生群体的特长和学习需求的知识(斯坦福大学),为种族、文化和语言背景多样化的孩子提供公平且优质的教学之技能(哈佛大学、加大伯克利分校、加大洛杉矶分校),帮助各种各样的学生实现个体发展的能力(斯坦福大学),通过教学帮助学生实现跨越文化和一切无形障碍沟通的技能(哈佛大学),等。换言之,4 所大学不仅从专业态度上要求师范硕士生必须秉持教育教学公平的基本理念和精神,而且还明确了师范生要积累为种族、阶层、文化和语言背景迥异的学生提供有针对性的教学策略以助其实现跨文化理解沟通和增强个体发展的专业知识和能力,此即作为适应不同学生学习需要的教育者必备的专业素质能力。

2. 促进和维护社会公正的践行者

公正(justice)兼有公平、正义之意,为 4 校教育硕士培养目标表述中数次出现词汇,加州大学洛杉矶分校提出"为社会公正而从教的教师"这一培养目标更是将"公正"提至非同一般的高度。适应多样化学生学习需求的教育者是针对教师本职工作即教书育人的角色分配,促进和维护社会公正的践行者则更多是基于教师工作的育人层面以及教师作为社会人而设定的又一项角色要求。

---

① 笔者注:此处以及下文有关 4 所大学教育硕士培养目标中对师范生素质能力要求的资料均来自哈佛大学教育研究院、斯坦福大学教育研究院、加州大学伯克利分校教育研究院、加州大学洛杉矶分校 X 中心的官方网站。

为使师范专业硕士生能担负起促进并维护社会公正的践行者之角色并履行其职,4 所大学在培养目标中提及的相关素质能力有:为了社会公正而从事教育工作的专业信念(斯坦福大学、加大洛杉矶分校),与种族、文化和身份观念抗争的基本意识(加大洛杉矶分校),识别并了解城市学校课堂中不同种族、阶层和权力背景的孩子间的关系(哈佛大学),在城市学校促进社会公正、反对种族歧视的专业精神与能力(加大洛杉矶分校),有效预防学生间的微暴力和文化背景所致纷争的立场与能力(加大伯克利分校),识别并对抗学术及生活领域任何社会不平等现象所需技能、价值观和洞察力(加大洛杉矶分校),等等。上述素质能力的习得是准教师们能本着公正的基本立场和专业信念来处理好与学生关系、学生间关系以及教师个体与社会关系的前提,亦为担负起促进并维护社会公正践行者之角色的前提。

(二)"追求卓越"的教师角色

卓越(excellence),是 4 所美国一流研究型大学教育硕士培养目标表述中另一高频词汇。"追求卓越"的价值取向具体表现为贯彻在 4 校教育硕士培养全过程的高标准、严要求,包括在培养目标设置环节的高要求、高定位,例如哈佛大学和斯坦福大学一致提出了"教师领导者"的培养目标定位。以 4 校培养目标设置情况为据,本研究思考并得出追求卓越为导向的教师角色主要包括以下 4 种。

1. 持有教育理念的专业实践者

作为专业人员,教师所从事的教学工作具有极强的实践性,故而哈佛大学教育研究院将教师定义为"专业的实践者"。[1] 职前教师教育解决的核心问题是大学要为师范生配备哪些从事教学实践工作所需专业素养的问题,教师教育人才培养目标也应是基于该问之回答而设置的。理念为实践之先导,4 所大学在注重为师范专业硕士生配备专业素质能力使其成为专业实践者的同时,还重视让其形成一定的教育观念和理念,以便在未来更好地胜任教育教学工作,这完全契合 4 校"追求卓越"的培养目标价值取向。

4 所大学强调教育硕士生应形成并拥有的教育观念或理念有:对教学工作是一种脑力工作和富有爱心的专业的基本认识(斯坦福大学),一定的教育视野及对教育社会功能的理解(斯坦福大学),懂得并能通过教育对学生

---

① Harvard Graduate School of Education. Masters' program teacher education program[EB/OL]. [2018-01-22]. https://www.gse.harvard.edu/masters/tep.

产生真实、持续的影响(哈佛大学),对教师作为"转型中的专业人员"的基本认识和理解(加大洛杉矶分校),等等。也就是说4校关注师范硕士生对有关教育和教师工作的本质、功能和影响等的理解与认识。拥有先进的教育理念是确保教师开展优质教学的重要前提,有教育理念的专业实践者则是追求卓越的教师应承担起的重要角色。

2. 善于反思的研究者

教师成为研究者作为一种教师教育理念正在影响着越来越多国家职前教师教育机构的人才培养活动。在基础教育全球领先的芬兰,造就研究型专业人员是大学教师教育人才培养目标的基本定位。4所美国一流研究型大学拥有卓越的科技研发和高层次人才培养实力,深受世人瞩目,培养教育硕士生成为"善于反思的研究者"不仅契合其办学定位和优势,也吻合追求卓越的价值取向。

4校大学培养目标表述中有关该角色的素质能力要求有:对待教学工作的反思精神(哈佛大学),质疑、批判思维和问题解决能力(斯坦福大学、加大洛杉矶分校),致力于开展教学研究、反思和质疑及相关能力(斯坦福大学、加大伯克利分校),有关学生发展和教师学习的研究知识和能力(加大伯克利分校),理论整合到实践中的能力(斯坦福大学),研究方法整合到教学实践中的能力(哈佛大学),反思与文化背景相关教学法的能力(加大洛杉矶分校),等等。可见,4校注重养成师范专业硕士生的反思精神和质疑、批判思维能力,并重视培养其具备将研究思维、知识和方法整合至教学实践中的意识与能力。教育硕士的培养周期短暂仅为1~2年,对硕士生研究思维和能力的训练要远比知识灌输更具价值和意义,承担好"善于反思的研究者"的角色便可为未来开展优质教学注入源源不断的动能。

3. 影响学校整体发展的领导者

教师作为领导者的核心影响力发挥,不可能仅局限于课堂和班级的场域,而是应当更多地体现在专业地引领全校乃至教育行业的发展等方面。今时今日,时代和社会对教师提出了诸如具备一定领导力这样新的更高的要求,新时代的教师角色担负与职能承担早已超越了课堂和班级的范畴。追求卓越的教师是能影响并推动学校整体发展的领导型教师,这也是4校教育硕士培养目标所强调的。

4校提及的相关素质能力要求有:推动学校教育和社会更好发展的前沿知识和技能(加大伯克利分校),通过课堂和班级实践来影响学校整体成功的能力(哈佛大学),开发、设计全校性课程的技能(哈佛大学),创设公平、成功的学校和课堂教学实践的能力(斯坦福大学),能在课堂内外发挥领导力才能(斯坦福大学),持续的专业发展能力以引导城市学校和教学实践的转型(加大洛杉矶分校),有社会视野并立志于为公立学校营造民主的公共环境(加大洛杉矶分校),等等。依据上述素质能力要求,能够影响并引导学校整体发展的教师须拥有一定的教育视野和专业追求以及相关的专业知识、教学技能、领导力和专业发展能力等专业素养。而就教师专业发展阶段论和教师专业成长规律来论,上述素养不可能单纯依靠职前培养来习得,而是需要入职后通过长期的教育教学实践以及个体专业学习成长来逐步获得并提升。

4.同事及学校利益相关者的合作者

基础教育的开展需要全社会的关注和参与,基于此,教师与同事、家长、学校社群等学校教育利益相关者的沟通、协调、合作能力尤为重要,这也是我国和其他国家在教师专业标准中明确提出的教师专业素养。追求卓越的教师应当集结各方力量和参与来为促进学生发展的教育教学服务。同事及学校利益相关者的合作者是当今时代的教师需要承担的重要角色,亦为 4 校教育硕士培养目标所涵盖的内容。

4 所大学培养目标中涉及该角色承担的素质能力要求为:与学校教育有关的个体、机构和社群协调、合作能力(斯坦福大学),引导开展同事间相互合作以促成专业发展的能力(哈佛大学),跨组织和社群的合作能力(加大洛杉矶分校),与校外机构协调、合作以共同开发课程的能力(哈佛大学),等等。上述素质能力的具备是承担"同事及学校利益相关者的合作者"角色的前提,当然胜任该角色除拥有精深的专业素养外,还要求教师有着良好的表达沟通能力、协调能力等人际交往能力和基本的社交素养。

概言之,作为 4 所美国一流研究型大学教育硕士培养目标的以致力公平、追求卓越为导向的教师角色丛,主要由适应多样化学生群体学习需求的教育者、促进和维护社会公正的践行者、有教育理念的专业实践者、善于反思的研究者、影响学校整体发展的领导者、同事及学校利益相关者的合作者这 6 种教师角色构成。

三、美国一流大学教师教育人才培养目标的借鉴与启示

本节以"角色丛"的概念来解读 4 所大学教育硕士培养目标,不仅是考虑借用其角色集合之意来剖析 4 校培养目标的要义,还有出于对角色丛包含角色之间存在相互关联、相互影响之内涵特征的采纳与推演。研究提出

的 6 种教师角色之间存在十分密切的关联。其中,教育者、实践者和研究者同属针对教师工作的基本职责而设定的专业角色,三种角色相互促进、相辅相成,另外,三者在某种程度上还存在着专业水平逐级递进的关系,满足学生学习需求的教育者是维系日常教学工作需要的基本角色承担,善于反思的研究者则是三者中相对来说对专业素养要求最高的角色承担;维护社会公正的践行者、同事及学校利益相关者的合作者则是可能超越教师任教课堂和班级的角色担当,二者是大学依据当前时代背景和美国社会现实需要将教师置于学校、学校社群乃至社会等更广阔的场域中所给予的角色分配;推动学校整体发展的领导者无疑是须具备最高专业素养要求的教师角色,其余 5 种专业角色的承担都将积极助力该角色的胜任。

自 1997 年我国首次招收教育硕士并培养至今已历经 20 余年,该专业学位的人才培养为中小学师资队伍的专业素质的改善和学历水平的提升发挥了积极的助推作用。《关于全面深化新时代教师队伍建设改革的意见》为开展教师教育的高水平综合大学明确提出了"重点培养教育硕士"的基本任务以及"造就学科知识扎实、专业能力突出、教育情怀深厚的高素质复合型教师"的培养要求。[①] 如何根据该文件的任务安排与总体要求来对教育硕士人才培养做清晰合理的目标定位以优化师范生知识结构、改善课程结构与教学实践体系、构建师范生综合素质评价系统,进而有效地提升教师教育质量是大学应致力于思考并解决的关键问题。

本书认为,美国一流研究型大学教育硕士培养目标的设置可为我们提供如下方面的重要借鉴及启示。

(一)顺应基础教育现实发展需求以构建理想教师角色丛

教师教育人才培养目标设置首先关涉大学要培养师范专业学生胜任什么样的专业角色,这里所指"专业角色"并非某项单一角色,而是复合型角色亦即由数重主要专业角色所构成的教师角色丛,只有科学合理地构建一个理想教师角色丛,才能进一步明确角色承担所需的素质能力要求,从而为人才培养活动的开展提供可依据的规格与标准。如何构建这一理想的教师角色丛? 4 所美国大学的经验可提供的启发是关注并回应基础教育对于教师角色的期待与要求。根据 4 校教育硕士培养目标表述,本书认为影响和成

---

① 中华人民共和国教育部. 中共中央 国务院关于全面深化新时代教师队伍建设改革的意见［EB/OL］.［2018-02-01］. http://www. moe. gov. cn/s78/A10/moe_601/201801/t20180131_326148. html.

就多样化的中小学生的个体发展、推动并促进中小学校的整体发展与改革几乎是本文分析提炼的 6 种教师角色存在的核心专业价值及意义所在,这反映了 4 所大学持有清晰的培养目标制定思路。毋庸置疑,包括教育硕士培养在内的职前教师教育都旨在为基础教育输送合格、称职的师资,因而大学须自觉关注并顺应基础教育的现实发展需求和改革趋势,并以此为据来确立理想的教师角色丛,进而制定明确合理的教育硕士培养目标。

（二）结合大学办学定位与优势有针对性地确立培养目标

大学自身的办学定位、传统及优势是任何专业人才培养目标设置的重要依据。4 所美国高校的教育硕士培养目标定位既反映了美国大学教育硕士培养的共性,也折射出每所大学各自所持的不同办学理念与定位。哈佛大学为美国首开教育专业硕士培养先河,该校教育研究院坚持将"造就教育领域领导者及为改善学生机遇、成就与成功而创造知识"[①]作为其核心使命,学院所有专业的人才培养目标都围绕该项核心使命来制定,"城市中学教师领导者"的教育硕士培养目标也是基于此而确立的高要求、高定位。加利福尼亚大学多年来坚守其身为公立大学的责任担当,并始终致力于服务及推动加州地区的经济建设与社会进步,加大伯克利分校和洛杉矶分校的教育硕士培养目标均突显了推进和维护加州地区教育公平和社会公正的价值取向,这显然与加大总校的整体办学定位密切相关。虽然教育硕士培养目标的设置受到来自国家及社会诸多共通因素的影响,但大学只有依据自身办学定位及开展教师教育的传统与经验来"因校制宜"地确立培养目标,才能构建特色化的师资人才培养模式以满足不同区域学校教育多样化的师资需求。

（三）高层次师资人才培养目标须兼顾和平衡实践性与研究性

教育硕士是针对教师职业准备的专业学位,其以实践性为基本导向,并有别于侧重于科学研究的学术型学位的培养。此外,中小学教师每天在校可能面对千变万化的状况与问题,他们需要借助专业知识和经验来自主地选择和确定应对策略,其所从事工作的特点亦要求职前培养能突出并强调专业性和实践性的导向。4 所美国大学认同教师作为专业实践者的基本角色承担,并注重将师范专业硕士生培养为卓越的有教育理念的专业实践者。

---

①　Harvard Graduate School of Education. Admissions. Join our community[EB/OL]. [2018-08-07]. https://www.gse.harvard.edu/admissions.

然而这并不意味着 4 校教育硕士的培养不讲求或忽略了研究性导向,相反地,这 4 所拥有举世公认的卓绝的科学研究实力与水平的大学均将"善于反思的研究者"视为卓越的教师应承担起的重要专业角色,并强调培养学生形成反思精神、批判思维能力以及研究的知识与能力等素养。实践性和研究性导向在 4 所大学教育硕士培养目标设置中得到了兼顾、协调与平衡,它们统一指向准教师们有关理论联系实际以及将研究方法整合到教学实践中的知识及能力的养成与提升。能够兼顾并平衡实践性和研究性的培养目标设置将无疑有助于造就懂得在教育实践中反思问题、在研究中解决实践问题的研究型教师。

（四）拓展更新培养目标内涵以适应社会和时代发展需要

一国的政治、经济、文化、科技等因素皆能影响大学任何学科和专业的人才培养目标设置。大学制定教育硕士培养目标不但要依据基础教育的现实发展需求,还要适应所处时代和社会的发展需要,满足社会对于高水平师资人才的具体要求。4 所一流研究型大学教育硕士培养目标的"致力公平、追求卓越"价值取向充分渗透了美国社会的主流价值观,培养目标所涉及的素质能力要求如平等对待多样化学生群体的专业态度与能力、反对种族歧视和维护社会公正的意识与专业技能等都是立足美国国情而专门提出的要求,具备课堂内外的领导力、与学校社群和校外机构的沟通合作能力等则是时代发展对教师素质提出的新要求与新挑战。大学及时地将诸如上述专业素质调整吸纳至教育硕士生的专业素质能力要求中,有利于拓展、更新及完善人才培养目标的内涵,从而与时俱进地确立符合社会和时代发展需要的高素质师资培养目标。不可否认,随着时代的发展与社会的进步,教师的角色被不断赋予有别于传统的重新理解与定位,开展教师教育的大学须追踪并研究这些变化来适时调整及更新培养目标的内涵,才能使教育硕士的培养不流于外显的"高学历层次"而在于积累提升内化的"高专业素质"。

第三节 基础教育改革背景下教师教育人才培养目标重构

前文言,基础教育的发展及改革需求是教师教育人才培养目标设置的主要来源与依据之一。由于各阶段的基础教育对于师资人才的专业素养要求不一,其所开展的改革对于教师教育人才目标的调整与设定也有着各自不同的影响及意义,因此无法就基础教育改革背景下教师教育人才培养目标应如何重构这一问题一概而论。基于此,选择当前我国基础教育领域中最为重要的一项改革来分析教师教育人才培养目标设置才兼具操作性与实践意义。

党的十八大以来,我国基础教育领域的发展与改革取得了显著卓越的成效与突破,其中,2014 年起的新一轮高考改革更是大力助推了中小学教育的全面、综合变革。本书认为,结合时下我国高考改革对教师人才的要求来反思并讨论大学教师教育人才培养目标的设置具有重要的现实价值。党的十八届三中全会通过的《中共中央关于全面深化改革若干重大问题的决定》中明确提出"推进考试招生制度改革"的任务和目标[①],并对高考改革作明确安排与系统部署,据此,国务院于 2014 年印发《关于深化考试招生制度改革的实施意见》,并提出"2020 年基本建立中国特色现代教育考试招生制度"以及"形成分类考试、综合评价、多元录取的考试招生模式"的改革总体目标[②],新一轮的高考综合改革于同年由上海、浙江率先启动试点,正式拉开帷幕,2017 年北京、天津、山东和海南四省市启动改革试点,其他多数省份于 2018年、2019 年相继推行高考改革新方案。此轮高考改革不仅有效推动了基础教育深化综合改革,也有力推进了教师教育人才培养的改革创新。高考改革内容涉及考试形式及内容、招生录取机制、监督管理机制等方面的变化,其目的在于应对过去基础教育广为社会所诟病的"唯分数论""一考定终身"等现象及问题,并通过增加学生选择机会、扩大高校招生自主权等多种途径以推进教育公平、促进学生全面综合发展并实现科学选拔人才。高考改革的推动与落实对学校教育教学产生着颠覆于以往的诸如打破文理分科、变革教学组织及管理方式、增加考试次数并择优录入总成绩、参照学生综合素质评价信息、全面取消奥赛等加分项目、取消分批次录取等变革及影响。

作为担负学校教师培养责任的主要机构,我国各类师范院校和综合性大学等培养师范专业学生的重要价值指向在于为中小学校输送满足其现实发展及改革建设需求的合格及称职师资,其开展的教师教育人才培养活动无法脱离或规避基础教育及其改革之迫切需求。《关于全面深化新时代教

---

①　中央政府门户网站. 中共中央关于全面深化改革若干重大问题的决定[EB/OL].[2013-11-15]. http://www.gov.cn/jrzg/2013-11/15/content_2528179.htm.

②　国务院. 国务院关于深化考试招生制度改革的实施意见[EB/OL]. [2014-09-04].http://www.gov.cn/zhengce/content/2014-09/04/content_9065.htm.

师队伍建设改革的意见》亦强调教师教育要"根据基础教育改革发展需要"①。作为我国基础教育领域综合改革最为重要的组成部分,新一轮高考改革亟待教师专业角色的转型,并倒逼教师教育人才培养理念、模式与实践的改革与创新,其对于教师角色承担及其素质能力掌握的新诉求正在给时下大学开展职前教师教育提出新思路和新挑战,大学理应主动并自觉回应当前高考综合改革给教师教育人才培养所带来的机遇与挑战。基于培养目标承载着教师教育人才培养活动之起点、规格及依据的重要影响及作用,本书认为,植根高考综合改革的背景因素来综合考量教师教育人才培养目标的重新定位之问,兼具理论研究和实践探索的双重价值。

一、教师教育人才培养目标的重新定位

在高考改革的推广与实施下,全面推进的素质教育、个性化和创新型的人才培养模式、全新的招生选拔及录取方式等皆极大地影响学校教学系统中的学生、教师、教学内容及方法、教学组织形式等相关要素。教师肩承的职责和扮演的专业角色也由此发生着有别于传统的重大转变与转型。依据传统教学观,教师作为知识权威承担着知识传授者的主要角色,由于其主导着学生学习和师生间关系,因此亦为课堂的掌控者与学生的管理者。而在高考改革背景下,高中的课程架构、教学组织形式、教学评价方式等诸多方面的变革促使学生的学习方式、选科择业以及师生间关系等发生较大改变,教师必须自觉了解并积极顺应这些变化。承担教师教育职能的大学应及时关注并考虑将善于研究的实践者、学生学习的合作者、信息及资源的整合者、学校教育利益相关者的沟通与协作者等教师须担负起的新型专业角色采纳至教师教育人才培养的目标定位中来。

(一)善于研究的实践者

教师的核心职责是教书育人,其几乎所有专业角色的赋予都围绕该核心职责承担而展开。中小学教师每天在校从事的工作及面对的学生可能出现的状况都颇具不确定性,这一工作特性决定教师在行动中不断积累自身经验并经由反思、研究形成实践性知识,用于指导行动以改善教育教学质量是教师个体专业成长的重要途径。作为当今时代教师,具备一定研究能力

---

① 中华人民共和国教育部. 中共中央 国务院关于全面深化新时代教师队伍建设改革的意见[EB/OL]. [2018-01-20]. http://www.moe.edu.cn/s78/A10/A10_zcwj/201801/t20180131_326148.html.

才有可能胜任教书育人实践者的基本角色。高考改革所引发的学校教育教学改革亦要求教师在承担教书育人实践者角色之时必须辅以"善于研究"的特质,这主要是由于:首先,高考改革在考试形式及内容、招生录取机制等方面的改革直接造成课程体系、教学组织形式、学生评价方式等学校教学系统的要素发生改变,教师必须在新形势下主动研究如何应对新变化;其次,本轮高考改革以促进学生全面发展为主要目标之一,教师应基于自身专业经验来反思并探索如何为多样化的学生群体提供满足其不同学习需求以实现其全面综合发展的教学策略;再次,高考改革背景下,教师要引导并帮助学生做好选科计划及未来职业生涯规划,其前提在于教师对不同学生的兴趣特长以及学科潜质有着准确且充分的了解,这就要求其掌握了解学生和研究学生的思维及能力。最后,高考综合改革背景下的学校教育是一项开放的、由社会各界广泛参与并融合各种资源整合的系统工程,教师应思考并研究如何利用课外以及校外资源与平台,让学生有更多的机会参与课程学习以外的社会实践,以促成其综合素养尤其是创新思维及能力的养成。

对大学而言,依据高考改革的新形势与变化,将"善于研究的实践者"这项专业角色纳入教师教育人才培养目标中来,始于对"研究"与"实践"间关系的深刻理解和清晰把握。教书育人工作的特性使然,教师研究能力的掌握与发挥都要以服务及改善教育教学实践为主要目的,基于此,大学要培养师范生成长为善于研究的实践者,就要为其配备高考改革背景下有利于学校教育教学实践开展的学科相关研究知识与能力、有关教育教学的研究知识与能力以及在日常工作中善于反思与研究的教育观念和专业态度等。

(二)学生学习的合作者

新一轮高考综合改革要求下,高中教学以增加"选择性"为其改革之基本逻辑[①],学生自主学习已然成为现实需求与必然趋势,主要表现在:其一,高考改革的新举措赋予学生以考试科目、课程学习、学习资源等方面的极大选择权和自主权。其二,学科内及学科间的课程内容整合均强调通过自主学习和探究学习的方式来培养学生发现问题、分析问题和解决问题的能力。其三,以学生现有知识能力及水平或学习兴趣及需要为依据进行选课的分层教学和走班制等已在逐渐取代固定行政班级的传统教学组织形式。多种因素交织作用促使学生必须充分发挥主观能动性,并由过去传统的被动性、

① 张紫屏.论高考改革新形势下高中教学转型[J].课程·教材·教法,2016(4):89.

接受式为主的学习转变为主动性、探索式、合作型、创造性的学习思维及模式。如何使学生接受、适应甚至乐于自主学习？毋庸置疑，教师的积极介入、参与、引导及合作是其前提条件之一。个性化的人才培养目标、多样化的学生学习需求使得师生之间的合作关系正日益凸显并强化，教师必须与学生建立起真正意义上的新型合作关系，成为学生学习的合作者与支持者，并基于这一前提来实现以信任为基础的新型民主教学管理。

大学应主动培养师范生能够承担起"学生学习的合作者"之专业角色，即要理解其与传统的"知识传授者"之间存有本质上的角色差异，其中关键在于教师对待学生观念与态度的根本转变，教师不再以知识权威的身份自居，而是秉持以生为本的基本理念，一切教育教学工作都围绕该理念而展开，把学习的权力与责任真正还给学生。此外，基于充分理解并信任学生来调动学生的自主性和积极性，亦为大学培养未来教师应养成的专业态度。分层教学、走班制等新型教学组织形式，在提升教师教学管理难度之同时也削弱了传统的班主任职能，教师要信任学生且懂得与其合作，才能在各司其职中实现教学管理。教师教育应鉴于高考改革所引发的学校教育教学深刻变革，从观念更新入手来引领师范生对于有关"学生学习合作者"角色定位的了解以及相应素质能力之养成。

（三）信息及资源的整合者

高考综合改革掀起的绝非一场考试录取的变革，而是学校教育教学全方位且深刻的综合改革。这场综合改革引发了学生学习模式与发展路径的实质性转变，教师本着"以生为本"的基本理念来整合及运用各种信息与资源以推动创新型、个性化的人才培养显得尤为重要。第一，教师应当主动获取并了解各种有关高考改革本质与动向的信息与资讯，把握新的趋势，以在教育教学过程及环节中充分贯彻新近、全面的高考改革精神与要求。第二，教师还要自觉洞晓当前我国高等教育改革与发展的现状和趋势，从而为学生选科及择业规划尽可能地提供建议与对策，高考改革打破了传统文理分科的壁垒，并使得"6选3"或"7选3"科目选择与学生未来填报专业实现对接，学生基于自身的兴趣专长并结合对大学及学科专业的了解来提前做好学业安排与规划是进行有方向、有目标、有效率学习的前提，其过程实现有赖于教师按照对高等教育发展现状与改革趋势的了解来提供引导与支持。第三，高考改革背景下的学生培养较之易导致知识碎片化的传统分科教学而论更强调并注重跨学科及校外资源的整合及有效利用，探索、把握及运用多样化的资源来为学生提供综合实践及校外实践的可能与机会,才能促进学生综合素质的培育及提升。

因此,大学要培养师范生持有系统的视野、开放性的思维、持久的学习力,来不断更新自身知识储备以承担起"信息及资源整合者"之角色。对于不同地区高考改革基本政策与新近举措的精通、对于大学"双一流"建设以及内涵式发展等高等教育领域改革建设热点的知晓,以及学科间、课外、校际和社会资源的发掘与掌握等,都是大学出于自觉回应高考改革的现实诉求而应当致力于让师范专业学生习得并养成的基本知识素养。

(四)学校教育利益相关者的沟通与协作者

高考综合改革正加速驱动学校教育,亟待得到利益相关者的广泛参与及支持,教师则要与学生、同事、家长、学校社区以及校外机构与组织等学校教育利益相关群体开展交流、沟通、协调及合作,以便能集多方力量,促成共同目标之实现。教育部于 2012 年出台的《中学教师专业标准(试行)》中特别明确了中学教师要具备"沟通与合作"的专业能力,即要与学生、同事、家长以及学校社区进行良好的交流与合作①,高考改革亦对教师提出了"沟通者与协作者"之角色承担的紧迫要求。其一,教师对学生进行平等的理解、沟通与合作是帮助其开展合作式学习、探究式学习等新型学习模式的需要也是落实"立德树人"这一教育根本任务的前提;其二,教师参与同事间的专业交流与合作,才能针对高考改革的"新形势"与"新变化"来更好地分享、研究并汲取教育教学经验,从而促进彼此专业成长与发展;其三,教师与家长间保持畅通的沟通与交流机制是探索并发掘学生兴趣特长及学科潜力、帮助并引导学生做好选科和专业选择以及职业规划的保障条件,比如浙江省允许考生可填报不超过 80 个平行志愿,而对不少学生与家长而言,倘若缺乏教师的沟通支持及专业引导来完成此项工作,则近乎困难重重;其四,教师还要与学校社区及校外组织和机构进行交流与合作,这是高考改革新形势下充分利用校外资源整合之合力来办好教育的先决条件。

事实上,不少国外大学在职前教师教育实施过程中亦十分注重培养师范专业学生担负起"学校教育利益相关者的沟通与协作者"这项专业角色。该角色的胜任要求师范生不仅具备专业素质与能力,还要拥有着较好的语

---

① 中华人民共和国教育部. 中学教师专业标准(试行)[EB/OL]. [2018-05-01]. http://www.moe.gov.cn/ewebeditor/uploadfile/2012/09/13/20120913155540924.doc.

言表达、人际沟通以及协调合作等人际交往素养与能力。国外一些职前教师培养机构例如芬兰的大学就通过为中学教师教育专业学生开设以与各类利益相关者的合作为主题的专业课程以及语言及沟通类的通识课程来帮助准教师能在未来的教育教学工作中履行相关职责。

二、培养目标重构所涉基本素质能力要求

高考综合改革背景下的教师专业角色承担关涉教师教育人才培养目标的基本定位问题,进一步解读并剖析如是角色承担所必备的基本素质能力则涉及人才培养目标构成内容的另一主要方面。依据以上四种新型教师专业角色承担为主的教师教育人才培养目标再定位,本书认为大学要培养符合高考改革需求的称职师资,即要重点聚焦至师范生"以学生为中心"之专业理念及态度、广博的跨学科知识及通识性知识、有关学科及专业的研究知识与能力、信息技术融合至教育教学的能力、职业生涯规划引导能力等素养的有效塑造方面。

（一）"以学生为中心"的专业理念及态度

高考改革新形势下的教师专业角色承担有一明确的共同价值指向即以生为本、以学生为中心。尽管"以学生为中心"的教育理念及专业态度是作为合格及称职教师所必须持有的基本专业精神,但高考改革对于大学培养师范生获得并具备该素养的要求更为急切,这不仅与改革的制度设计初衷以及目标紧密相系,更与其所引发的学校教育教学综合改革息息相关。此轮高考综合改革的初衷在于扭转以往基础教育愈演愈烈的"应试导向",以打破文理分科之传统来为学生提供多样化、个性化的自主选科与学习,改革的重要目标之一在于全面推进素质教育并促进学生综合素质的培养与发展,高考改革引发基础教育领域的综合改革皆以促进学生全面综合发展为目的以及以学生为中心为基本的理念与方向,因此,改革赋予教师的角色承担及职能履行之前提是本着"以学生为中心"的专业理念与态度投身教育教学工作。职前教师教育应致力于造就关爱学生、热爱教育的称职及优秀教师,这一专业态度与精神是影响乃至决定师范生未来专业行为的重要内部动力。大学通过师范生课程结构的调整及优化、教学实习体系的构建与完善、师范生综合素养评价系统的建立与实施,以及大学文化等隐性育人手段的共同作用,来使师范生树立尊重学生人格与权益、关爱学生、以学生为中心的基本观念与态度,着力培育其保护及培养学生的个性与主动性、理解并能遵循学生的身心成长规律等。

(二)广博的跨学科知识及通识性知识

高考改革意在培养学生的综合素质并以之作为学生毕业升学以及高校招生录取的重要参照依据之一,教育部于 2014 年出台的《关于加强和改进普通高中学生综合素质评价的意见》将学生综合素质评价内容确定为"思想品德、学业水平、身心健康、艺术素养、社会实践"[①]五方面,可见学业成绩已不再是学生评价的唯一决定因素,这一评价方式改革导致学生培养理念与模式的切实转变,教师不能再拘泥于所授科目范围内、一味着眼于提升学生成绩,而需要广博的跨学科知识和通识性知识的支撑来"跨界"引导学生发掘其兴趣爱好以及学科潜力,并鼓励其参与各类综合实践活动。高考改革的要义之一在于将选择性自主权交给学生,学生的爱好兴趣特征及潜力可能影响甚至决定其未来的专业选择及职业规划,教师的价值体现在其必须基于一种专业理性并借助宽广的知识涉猎面来引导帮助学生更好地探索自己、了解自己、认识自己并基于此来客观理智地做好适合自己的学业安排及规划。传统的教师教育更为关注的或为师范生本体性知识的积累或为条件性知识的获取,高考改革则对师范生专业知识结构提出了重塑之要求。职前教师教育要集中为师范生解决多元化的专业知识体系配备的关键问题,除本体性知识、条件性知识以及实践性知识外,大学应尽可能地通过开设高品质的通识课程、研究性课程以及多样化的专业实践与社会实践等方式,使师范生有机会接触并了解通识性知识以及其他学科的知识,如此才能有助于其未来具备跨学科知识整合能力来培养学生的跨学科思维与知识以及创新精神和能力。

(三)有关学科及专业的研究知识与能力

成为善于反思的研究型教师是高考综合改革形势下教师专业成长的重要导向。其一,已启动高考改革的地区由于仍处于经验摸索及改革试点阶段,而必将经历和面对不可预知的新情况,这将造成教师工作的不确定性加速升级,教师因要把握新形势、分析新情况、解决新问题而承受着不少负担及压力,在行动中研究、以研究助推教师专业成长则是破解这一局面的重要抓手。其二,人类社会已进入知识发展日新月异的时代,教师教育要为师范

---

① 中华人民共和国教育部.教育部关于加强和改进普通高中学生综合素质评价的意见[EB/OL].[2014-12-10].http://old.moe.gov.cn//publicfiles/business/htmlfiles/moe/s4559/201412/181667.html.

生提供真正能引领并支持其职业生涯发展的专业素养而非滞后陈旧的知识理论,研究知识与能力的掌握及运用因能为教师工作开展及专业发展实践注入源源不断动力,而成为其素质能力结构中不可或缺之要素。其三,高考改革重在让学生通过探究式学习等方式来养成批判性思维以及创新思维与能力,而没有研究思维和能力的教师又如何能培养出善于探究、勇于创新的学生? 结合高考改革要求,本书以为大学应致力于培养师范生具备以下方面的研究知识及能力:首先,掌握任教科目的新近研究进展、动向与成果的相关知识,以及学科的经典研究方法与范式及有关的跨学科研究方法等。高考改革背景下学生专业规划被前移至选考科目确定之时,教师具备本学科的研究知识及能力不仅利于其发掘学生的学科潜质,还能助力其为学生普及学科专业常识与最新研究动向等资讯,便于学生了解信息做好选科及专业规划。其次,拥有在教学实践中进行反思并研究的态度与能力、以学生学习和发展为主题的研究理论及知识、教学方式方法的新近研究知识以及教育心理的研究知识与能力等。教师要懂得反思并研究教育教学行为、研究学生行为表现与其内在心理,这样才能积极促成高考改革目标的逐一实现。尤其高中生的身心正处发展变化中,而新方案下考试时间和专业选择等前移致使其面对的压力也提前而至,教师要掌握一定的教育教学心理研究理论知识和干预技能,有的放矢地帮助学生疏解压力以促成其心理健康成长。

(四)信息技术融合至教育教学的能力

步入数字化时代,信息技术正在全方位地冲击着学校事务的方方面面,给学生学习模式、教育教学活动的实施、教育资源传播途径、教育评价及管理方式以及教师专业发展实践等带来了变革。浙江省更将"技术"(含通用技术和信息技术)定为"7 选 3"的高考选考科目,这门过去近乎被形式化和边缘化的课程已被纳入高考科目的范畴中来,作为现今公民应具备的基本素养,信息素养已然成为影响学生学业水平评价的要素之一。当然,学校教师对于信息技术的掌握与运用不只涉及信息技术课程的讲授,更在于在教育教学过程中将信息技术做深度融合。教育部于 2016 年印发的《教育信息化"十三五规划"》中早已明确指出要深化信息技术与教育教学之融合以及使信息化教学成为教师教学活动的常态,此外特别强调"将信息化教学能力培养纳入师范生培养课程体系"①。为贯彻国家政策精神并统合高考改革需要,学校教师的信息技术应用能力有待于提升为将信息技术融合至教育教学的能力,大学应自觉于将该素养调整进对师范生的素质能力要求中,具体来说即要让师范生具备基本的信息安全与道德规范以及信息技术一般运用能力,了解翻转课堂、慕课、微课程等新型课堂教学模式的实施原理,掌握利用数字资源及平台来引导学生自主与探究学习的能力,以及运用信息技术进行学生评价及教学管理的能力,等等。

(五)职业生涯规划引导能力

职业体验与生涯规划教育原本就应作为中小学教育的有机组成部分,日本、芬兰等国的中小学都通过开设生活实践课、职业体验活动等方式,让学生在认识不同职业特点的基础上培养职业兴趣,以便将现阶段的学业与未来的职业相结合。然而,唯应试导向及学生课业负担过重的现实致使我国中小学校在长时间内几近无暇顾及学生职业体验及生涯规划教育的开展,这无益于学生探索了解自身兴趣专长以及树立正确的职业理想,进而导致高中生的志愿填报大多并非客观理性的自主选择结果。高考改革方案启动实施后,生涯规划教育重新占据其应有的重要位置。作为首批高考改革试点省市之一,上海市教育委员会于 2018 年 3 月正式发布《关于加强中小学生涯教育的指导意见》,指出中小学生生涯教育是促进学生全面发展、终身发展的重要举措,并明确高中阶段生涯教育应侧重于生涯规划。② 不言而喻,教师必须具备职业生涯规划引导的常识及能力,才能肩负起开展生涯规划教育的任务。职前教师培养应将教师职业生涯规划引导能力积极纳入师范生的素质能力结构中来,通过增设相关专业课、开展系列主题讲座以及加强教育实践和社会实践等途径,使师范生了解当前时代不同学生多样化的个体发展需求,具备引导学生树立正确的择业价值观之能力,掌握发掘、认识学生性格特征、爱好特长、学科潜力、职业兴趣等主客观条件的能力,以及有针对性地予以不同学生生涯规划指导的能力,等等。

"以学生为中心"的专业理念及态度、跨学科及通识性知识、研究知识与

① 中华人民共和国教育部.教育部关于印发《教育信息化"十三五规划"》的通知[EB/OL].[2016-06-07].http://www.moe.edu.cn/srcsite/A16/s3342/201606/t20160622_269367.html.

② 上海市教育委员会.上海市教育委员会关于加强中小学生涯教育的指导意见[EB/OL].[2018-03-19].http://www.shmec.gov.cn/attach/xxgk/9081.doc.

能力、信息技术融合至教育教学的能力以及职业生涯规划引导能力等素养的习得与具备,是师范生胜任善于研究的实践者、学生学习的合作者、信息及资源整合者以及学校教育利益相关者和沟通协调者等高考改革背景下新型专业角色的前提与基础。另外,为适应高考改革对教师工作开展及个体专业发展的其他方面要求,大学还要主动将教师终身学习的态度和能力、中小学生综合素质评价能力、校本课程研发与管理能力、班级组织管理能力等素养纳入对师范生的素质能力要求中,基于符合高考改革精神及要求的理想教师角色定位,将其与其他方面的专业素养相整合,以形成完善、明确的教师教育人才培养目标,用以引领师范生培养模式之开展,另还须结合大学的办学定位及优势、大学人文环境、师资素质提升等多方面要素,来系统推进符合当前基础教育改革发展需要的师资人才培养。

第五章　教师素质能力结构与教师教育课程研究

　　在教师教育人才培养目标得以定位与确立之后,即要依据培养目标的基本理念与总体要求来构建教师素质能力结构,以及设计并落实包含课程体系及内容在内的教学内容。教师教育课程体系与内容为培育师范生知识、能力及素质的主要载体,亦能最为清晰地集中反映大学旨在培养师范生所建立和习得的素质能力结构,考察和研究教师教育课程设置亦即从现实层面分析教师教育培养模式的重要途径。大学人才培养模式的构成要素中,素质能力结构的细化与课程体系及内容的设计对学生综合素养和专业素质能力的培育直接发挥着决定作用及影响,是人才培养目标及理念得以落实的重要途径和手段。本书以教师及其所接受教育为研究对象,就必然涉及包括教师素质能力结构和教师教育课程设置现状等在内的职前教师教育内容之分析。

　　当前全球化时代背景下,追踪和探究国外不同取向的教师教育课程设置经验有助于更好地对比及反思自身,亦有利于我们调整和完善教师素质能力结构以及更新与改进教师教育课程体系及内容。本研究特将基础教育理念及实践经验领先全球的芬兰列为重点关注国别,这是由于芬兰教师专业素养和专业地位之高、职前教师培养经验之丰富已然成为该国除基础教育之外吸引他国人士研究、造访及取经的另一大焦点和缘由。芬兰的大学致力于通过教师教育造就研究型教师,因而课程设置具有极其明显的研究导向,近年来"教师作为研究者"的角色定位业已受到越来越多国家的认同并引领着这些国家的师资培养实践,芬兰40余载研究导向型教师教育课程设置经验无疑值得研究和思考。除此之外,专业取向的提升是目前我国教师教育人才培养改革应着力落实的重要事宜,澳大利亚的大学极具专业导向的教师教育课程设置令人印象深刻,该国专业取向的教师教育课程设置经验可供我国当前和未来教师教育课程改革作讨论及参考。由此,本章将选取芬兰和澳大利亚这两个国家并分别就"研究取向"和"专业取向"的教师教育课程设置进行专门分析与探讨,以期通过研究不同导向的教师素质能力结构及教师教育课程体系来分享并汲取他国师资培养的先进理念与成功经验。

第一节　教师素质能力结构概述

　　本章所探讨的"教师素质能力结构"不同于第四章中论及的教师教育人才培养目标所涉最为起码和较为笼统的素质能力总体要求,其应为依据教师人才培养目标的理念与要求而构建并细化,且与教师教育课程设置完全实现对接的应然层面的专业素养构成体系。

　　素质不同于能力概念,后者是包括人们认识世界、习得知识、形成专业技能以及自觉运用之适应社会、解决问题、胜任工作、创新创造等在内的个体特质之总称,而素质则是包括知识修养、道德情感、心理成熟、社会经验等在内的心理成熟程度的概念。教师的素质能力结构特指专职于教育使命的教师这一专业群体必须具有的心理及教书育人的特质条件。之所以特意采用教师"素质"加"能力"的表述而非教师专业素质或教师专业素养,不仅出于本研究认同并强调专业素质以及能力之于教师日常工作开展及专业生涯发展的价值和意义,也在于欲尝试更趋结构式并细化地探究"教师作为一种专业"所应具备的从业资格要求和特质条件总和。

一、教师素质能力的划分与构成

　　自 1896 年克拉茨(Kraz)采用问卷调查法对优秀教师的素质进行研究开始,不同国家和地区的学者对于教师素质能力的研究便不断涌现和发展,并延续至今。国内外学界有关教师专业素质能力结构的观点不一,较为经典的几种划分方式有:从专业知识、专业能力的角度来定义教师素质能力之构成的,如美国学者艾伦(Allen D. W.)将其划分为学科知识、行为技能和人格技能[①];从专业精神、专业知识和能力、教学行为及智慧等因素来进行划分的,如叶澜教授认为教师专业素养包括专业精神、教育观念、专业知识、专业能力、教育智慧[②],林崇德教授等指出教师素质的结构由职业理想、知识水平、教育观念、教学监控能力以及教学行为这五大要素构成[③];从教师认知系统与结构、专业精神和教育能力层面来解构教师素质结构的,如唐松林等认为教师专业素质结构包括认知结构、专业精神、教育能力[④],姚念章认为教师认知系统(知识结构)、情意系统(内驱动力结构)、操作系统(技能结构)构成了教师专业素质结构[⑤];还有研究者以教师专业精神、专业知识以及专业能力及技能为维度来划分教师专业素养结构,如王卓等认为教育专业知识、教育专业能力、教育专业精神组成了教师专业素养的结构[⑥],刘本剑认为该结构主要涉及专业精神、专业知识、专业能力和专业技能[⑦]。

　　国家教师专业标准有关教师专业素养及其要素的呈现则提供了理论研究之外来自制度层面关于教师素质能力的划分方式。对教师专业素养的规格与要求是与一国的教师职前培养、专业准入以及职后培训制度等直接对接并挂钩的,教师专业标准是国家及制度层面对于教师专业素质的基本要求和最高准则,亦为教师职前培养开展的重要依据。我国教育部于2012年印发了《幼儿园教师专业标准(试行)》《小学教师专业标准(试行)》《中学教师专业标准(试行)》。[⑧] 以《中学教师专业标准(试行)》为例,标准围绕专业理念与师德(含职业理解与认识、对学生的态度与行为、教育教学的态度与行为、个人修养与行为)、专业知识(含教育知识、学科知识、学科教学知识、

　　① ［美］艾伦. 教师在职培训:一种温和建议[M]//李涵生,马立平. 教育学文集:教师. 北京:人民教育出版社,1991:502-504.
　　② 叶澜. 新世纪教师专业素养初探[J]. 教育研究与实验,1998(1):43-46.
　　③ 林崇德,申继亮,辛涛. 教师素质的构成及其培养途径[J]. 中国教育学刊,1996(6):16-20.
　　④ 唐松林,徐厚道. 教师素质的实然分析与应然讨论[J]. 高等师范教育研究,2000(6):39.
　　⑤ 姚念章. 教师职业素质结构与高师课程改革[J]. 河北师范大学学报(教育科学版),2000(3):63.
　　⑥ 王卓,杨建云. 教师专业素质内涵新诠释[J]. 教育科学,2004(5):52-53.
　　⑦ 刘本剑. 小学教师专业素质结构探析[J]. 基础教育研究,2014(19):16-17.
　　⑧ 中华人民共和国教育部. 关于印发《幼儿园教师专业标准(试行)》《小学教师专业标准(试行)》和《中学教师专业标准(试行)》的通知[EB/OL]. [2012-02-10]. http://www.moe.gov.cn/srcsite/A10/s6991/201209/t20120913_145603.html.

通识性知识)、专业能力(含教学设计、教学实施、班级管理与教育活动、教育教学评价、沟通和合作、反思与发展)这三大核心构成要素对教师专业素质能力做具体规定和要求。① 换言之,依据我国教师专业标准,教师素质能力结构主要包含了专业理念及师德、专业知识以及专业能力。

结合以上理论研究及政策文本有关教师素质能力结构构成的表述以及本书的侧重性与研究重点,本书思考并得出教师的素质能力结构由教师的专业精神、专业知识、专业能力这三项基本要素所构成。

二、教师素质能力结构与其构成要素

教师专业精神、专业知识和专业能力作为一级要素构成了教师素质能力结构,其各自又由数项二级要素构成,具体如图 5-1 所示。

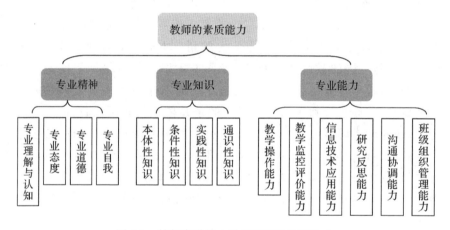

图 5-1 教师素质能力结构的要素及其构成

(一)专业精神

教师的专业精神是有关教师对其从事专业的价值观、情感及态度以及专业道德坚守及理想追求。作为影响并引领教师专业行为的内在动力,专业精神由专业理解与认知、专业态度、专业道德和专业自我这四方面主要因素组成。

1.专业理解与认知

教学工作是一种实践性很强的专门职业,而理念为实践之先导,教学实

---

① 中华人民共和国教育部. 中学教师专业标准(试行)[EB/OL]. [2018-04-19]. http://www.moe.gov.cn/ewebeditor/uploadfile/2012/09/13/20120913155540924.doc.

践的有效开展需要教育教学思想和理性的引领。教师应在主观层面形成对其所从事工作的理解与认知,即拥有对教育教学本质、功能及价值等的基本理性观念,还应持有对自身从事专业与其定位的理解和认识。专业理解与认知的养成对于教育教学工作的开展意义重大,教育理念的具备与守持是确保教师工作能遵循理性和规律的必要前提,而专业角色认知的形成与把握则是引领教师专业行为选择的精神动力。

2.专业态度

教师专业态度关涉教师对于学生、所从事工作及专业等的态度与情感。教师工作的特殊性之一在于其面对的受教育者为未成年人,且从事的是影响人的创造性劳动,教师对学生的尊重、爱护、信任和维护、对教育教学事业的崇尚、热爱、坚守与投入,不仅会引领其日常工作开展,还会作用于学生身心成长及发展,并影响公众及社会舆论对教育事业和教师整体素质的评价和判断。

3.专业道德

专业道德即师德,是身为一名教师所应遵守的基本品德修养和职业操守。党的十八大提出了"把立德树人作为教育的根本任务"[1],这不仅突出了育德之于教育工作的重要性,亦为对师德提出的更为明确的高要求。师德基本要素的构成不仅受教师工作与专业特点的影响,还受到不同国家及社会的核心价值观的渗透及作用,例如公平、民主、正义等西方国家的社会核心价值观也成为这些国家和地区教师专业道德的主要内容之一。

4.专业自我

教师的专业自我是教师对于其个体所从事教学工作的感受、接纳和肯定的心理倾向[2],是教师个人所建构的对于其工作和专业的认识、经验和价值理解等。亦有研究认为,依据心理学领域有关"自我"的构成要素,教师的专业自我可包含教师的自我认知、自我体验和自我控制等三项因素。[3] 教师专业自我的形成及建构过程也是其专业发展和成长的过程。

---

[1]　中华人民共和国教育部.广大干部师生热议党的十八大报告明确提出把立德树人作为教育的根本任务[EB/OL].[2018-04-22].http://www.moe.edu.cn/s78/A12/moe_2154/201211/t20121115_144555.html.

[2]　教育部师范教育司.教师专业化的理论与实践[M].北京:人民教育出版社,2003:67.

[3]　唐志强.教师专业自我解析[J].教育评论,2010(1):79.

（二）专业知识

教师专业知识即教师作为一种专门性的职业所应具备的全部知识之总和，它是影响教师专业行为的基础。综合参照并分析国内外对于与教师有关的各类知识之经典理论研究，本书认为教师专业知识可被划分为教师的本体性知识、条件性知识、实践性知识以及通识性知识等基本要素。

1.本体性知识

本体性知识即有关学科基本理论、研究方法、学科新近研究成果及发展趋势等在内的学科内容及知识，是有关教师"教什么"的知识。"学科专家"的教师教育人才培养目标定位就需要职前教师教育为师范专业学生配备充足且精深的本体性知识。

2.条件性知识

条件性知识即有关教育教学以及心理学的知识，是关于教师"怎么教"的知识。条件性知识为教师提供了认识和分析学生学习和行为模式以及开展日常教学实践的重要基础。丰富的条件性知识的占有与掌握是"教育教学专家"型教师的重要特征。

3.实践性知识

本体性知识和条件性知识是作为专业人员的教师所应具备的理论性知识，而教师工作的实践性特点决定了其基于日常工作经验的积累与反思所形成的对于教育教学的基本认识及行动模式亦为其专业知识构成所不可或缺的重要方面，此类知识被统称为"实践性知识"。实践性知识中的多数内容又属于默会知识或者缄默知识，即只可意会而无法准确言传和确定成文的知识，默会知识是教师专业知识构成的关键要素之一，对于教师日常教育教学行为有着十分重要的作用与影响。

4.通识性知识

通识性知识即教师应该掌握的专业知识以外的普通文化知识。当今时代，中小学人才培养理念与模式皆越来越强调和突出学生综合素质的培养，这对教师知识结构的改变与调整带来了切实的影响，教师获取和掌握广博的通识性知识是迎合现今中小学校教育教学发展的现实需要，也是教师适应多元化学生群体的不同学习需求的基本要求。

（三）专业能力

教师的专业能力是教师从事教育教学工作所必须具备的基本技能及能力，是关于教师在教育教学过程中运用一定的专业知识及经验从而顺利地完成某种教学任务的活动方式。① 教师的专业能力可主要由教学操作能力、教学监控评价能力、信息技术应用能力、研究反思能力、沟通协调能力、班级组织管理能力等要素构成,它是影响教师专业行为的效率所在。

1.教学操作能力

教师的教育教学操作能力包括教育教学设计能力和实施能力,具体来说就是教师依据教学大纲要求来开发设计教学计划的能力以及实施教学计划并根据实际情况来控制教学情境的能力。②

2.教学监控评价能力

教师教学监控评价能力即教师对教学过程搜集各种资料,在掌握各种评价方法的前提下运用其来发现、了解学生学习情况及结果,并基于此来进一步促进教学调控、改进和提升的能力。

3.信息技术应用能力

教师应该具有运用信息技术来开展教育教学的能力,这是数字化时代带给中小学课堂教学的影响和挑战所导致的必然结果。传统的课堂教学正在遭受新型的数字化教学资源和模式的冲击,慕课、翻转课堂、微课程等在线教学形式不仅改变了学生的学习方式,也使教师的工作开展发生天翻地覆之变化,而信息技术应用能力的掌握则是教师应对这些变化的基本条件。

4.研究反思能力

教师的研究反思能力是指教师对自身教育教学工作的开展进行研究及反思以便调整并改进教育教学实践的能力。优秀的教师是善于反思并懂得进行研究的老师,教师作为研究者的角色定位已日趋成为学界研究与教学一线的共识,研究及反思能力的训练与培育也日益成为职前教师教育开展的重要目的之一。

5.沟通协调能力

教师的沟通协调能力是指教师应具备主动并自觉地与学生、家长、同事、学校领导、学校社群等学校教育利益群体进行沟通协调及合作的能力。今时今日的教育是被置于开放、变动的社会大环境中,需集结各方力量参与、支持及监督的系统工程,如是背景下,教师被赋予了沟通协调者的角色,其沟通协调能力的掌握是履行该角色的先决条件。

---

① 教育部师范教育司. 教师专业化的理论与实践[M]. 北京:人民教育出版社,2003:58.
② 教育部师范教育司. 教师专业化的理论与实践[M]. 北京:人民教育出版社,2003:63.

6.班级组织管理能力

教师的班级组织管理能力即教师作为班主任或任课教师对班级、班级生活和活动进行日常组织、规划和管理的能力。一些初中甚至小学已开展走班制的教学模式改革尝试,而受高考改革的影响,走班制更是陆续"走进"了越来越多的高中,这对于教师班级组织管理能力的掌握及运用无疑为全新的考验和挑战。

总而言之,教师的专业精神、专业知识和专业能力构成了教师素质能力的基本结构,分别为影响教师专业行为的内在动力、重要基础和整体效率,如图 5-2 所示。

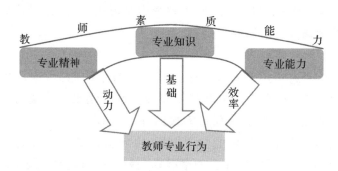

图 5-2 教师素质能力结构之要素对教师专业行为的影响

教师教育人才培养目标和教师素质能力结构之间是密切关联的,就职前教师教育而言,当人才培养目标被予以明确设置之后,才能赋予教师素质能力结构之构建以清晰具体的要求和规格。只有对教师素质能力结构的清晰划分及对其包含要素的全面把握,才能为教师教育课程体系和内容的设计提供参照依据与标准,教师教育课程内容与框架是教师素质能力结构得以培育的重要载体,亦为其显性呈现方式。基于此,透过研究教师教育课程即能系统地梳理和分析大学究竟旨在师范生习得何种取向的教师素质能力结构。

第二节 研究取向的教师素质能力结构与
教师教育课程设置:芬兰经验

芬兰的基础教育历来以追求优质兼顾均衡的发展而闻名于世,该国优秀师资遍及全国则是其没有重点校、老百姓认为身边学校就是最好学校之关键成因。笔者于 2013 年在芬兰坦佩雷大学任访问学者期间开展了有关芬兰基础教育和教师教育的调研,集中关注芬兰中小学教师群体及其所接受的职前教育,回国后自 2014 年起依据调研尤其是访谈所获以及搜集的芬兰本国已有相关研究等资料,对芬兰大学的教师教育课程设置陆续进行了思考与研究,认为该国大学以研究性作为教师素质能力结构和教师教育课程设置的基本取向,这对该国优秀师资的培养与造就功不可没。

从 20 世纪 70 年代起,芬兰的大学就是该国中小学教师的职前培养机构,自 1979 年至今,所有学校教师都必须获得硕士学位。[①] 在芬兰民众眼中,教师同律师、医生一样都是不可被替代的专业人士,教学工作是专业化水平很高的专门职业。芬兰人认为中小学教师是非常高尚且值得被尊重的职业,这很大程度上源于该国教师确实具有较高的专业素质并对芬兰基础教育成就发挥了至关紧要的作用,个中原因还包括芬兰人认为教育可以推动社会改革、促进公民生活的幸福美好,而教师则在其中承担了不可或缺的神圣使命与职责,因而他们值得被尊敬。

倘若疑虑上述评价是否存有浮文套语之嫌,那么,有一客观事实可即刻消除此番疑虑:教师教育是该国各大学最热门的专业。可以说,能够成为师范生是高中尖子生们集体的心之所向,这也造成要申请就读师范专业是件很困难的事。笔者曾专程对芬兰教师教育研究专家、坦佩雷大学教育学院埃罗·罗普(Eero Ropo)教授进行访谈,据他介绍:师范专业尤其是小学教育专业在芬兰非常受欢迎,只有极其优秀的学生方能争取到录取资格,以坦佩雷大学为例,2012 年有 1500 人申请就读该校的小学教育专业,而最终录取人数为 70 人,录取率仅为 4.7%。[②] 由此可见,芬兰大众对于教师群体所持有的尊重绝非空洞的礼貌性接受,而是发自内心的尊重教师、崇尚教学;在民众眼中,教师职业的专门性及其社会地位都是不容置疑和动摇的。

上文提及的师范专业报考竞争极为激烈在一定层面上很能说明准师范生们对于所选专业的心理认同。绝大多数在校师范生也表示热爱所学专业并将在毕业后选择从事教学行业。继续追踪中小学在职教师们对于自身工作的认可态度,笔者得到了肯定、一致的答复。在对多所学校的教师进行访

---

① Niemi H., Jakku-Sihvonen R. Teacher education curriculum of secondary school teachers［EB/OL］.［2013-05-10］. University of Helsinki, Finland. http://www.revistaeducacion. educacion. es/re350/re350_08ing. pdf.

② 数据源自笔者在芬兰访学期间对 Eero Ropo 教授的访谈,时间:2013 年 4 月 4 日,地点:坦佩雷大学 Altapa 楼 209 室。

谈及座谈的过程中,几乎所有被访者都回答道:"我喜欢当老师,我喜欢和孩子们在一起。"他们坚持认为自身所从事的是一份积极正向的职业。热衷教育、热爱学生是称职教师最不可或缺的专业情感,也是芬兰中小学老师给人留下的最为强烈的直观印象。事实上,该国教师们对于职业的高度认同并非主要由于其薪资(该国中小学教师收入至多处于各行业收入平均水平,约为 38500 美元/年[1]),而是源于教学行业的较高社会声望、教师在学校工作中的自主权以及教师职业所独具的为社会公共利益服务的高尚气质。[2]

当美英等教育发达国家因急于探明"PISA 测试之芬兰奇迹"背后的原因而源源不断地造访芬兰学校之时,芬兰人也从教师的角度给出了自己的某种解答:不同于一些欧美国家频现中小学教师转行或跳槽率较高等问题,芬兰中小学师资队伍非常稳定,教师在入职后一直或终身在学校工作或服务,他们几乎不会中途辞职或转投其他行业。芬兰师资队伍这种高度、持续性的稳定恰恰表明了教师对其所从事工作的高度自我认同。从准师范生到资深教师无不怀揣着对于教育事业的投入与热爱,教师就职后大多愿意坚守教育工作直至退休,这两项事实皆能说明芬兰教师对于职业具有高度的自我认可及认同。

一、教师素质能力结构的整体框架

芬兰国内某项调查数据显示,该国中小学生家长普遍对学校感到非常满意,对教师及教学的满意度更是高达 86％。[3] 以师资力量为核心的学校教育资源分布得较均衡、均等或许是芬兰最值得他国汲取的教育经验之一。全国上下无重点校或重点班,这个人口仅有 500 多万的北欧国家在 PISA 测试中所呈现的学生个体学习差距以及不同学校间差异是所有参与国家和地区中最小的,这不仅证明优良师资已均衡地遍布芬兰各地,也可理解为各大学开展的教师教育皆具一定水准及成效。芬兰中小学校可分为含小学 1～6 年级和初中 7～9 年级在内的综合学校(comprehensive school)以及高中

①　OECD. Education at a glance. Education Indicators[R]. Paris: OECD, 2008.

②　Sahlberg P. Stanford center for opportunity policy in education～research brief. The secret to Finland's success: educating teachers [EB/OL]. [2010-09]. https://edpolicy.stanford.edu/sites/default/files/publications/secret-finland％E2％80％99s-success-educating-teachers.pdf.

③　Räty H., Snellman L., Mäntysaari-Hetekorpi H., et al. Vanhempien tyytyväisyys peruskoulun toimintaan ja koulunuudistuksia koskevat asenteet(Parental satisfaction with the comprehensive school and attitudes towards reforms)[J]. The Finnish Journal of Education Kasvatus, 1995(3): 250-260.

(upper secondary school)，中小学教师则有两类：一类为承担班级全部科目教学的小学老师——班级教师（class teacher）；另一类即中学阶段（包括初中7～9年级以及高中10～12年级）的科任教师（subject teacher），科任教师一般也均承担2门以上科目的教学。笔者曾走访坦佩雷市某所城市学校，发现该校部分语言老师竟一人教授3种语言，理科教师中也普遍存在一人同时教2门以上课程的情况。① 可见，芬兰的教师都是肩负较重教学任务的"多面手"，这自然对职前教师教育提出了高难的挑战。如何在大学期间为师范生配备成为一名称职"多面手"所需的知识、技能及相关素养，这是芬兰师范生人才培养亟待解决的核心问题。

芬兰担负师范生培养职责的大学认为中小学教师应被定位为实践领域的研究者。自20世纪70年代至今，该国教师教育始终注重营造一种以研究为基础的专业文化，在此培养体系中，师范生不再是被动接受知识的人，其批判性的科学素养以及他们运用研究方法的能力才是至关重要的教育目标。② 该国的教师教育被称为"以研究为基础的教师教育"（research-based teacher education），教师教育课程也是基于研究而设置的。

芬兰承担教师培养职责的大学均认同教师教育应当为师范生配备以研究为基础的知识以及开展日常教学、与学校及同事合作、与家长和其他利益相关者进行沟通所需要的技能与方法。"重视研究取向"为芬兰教师教育四十余年来一贯秉承的基本指导原则，这具体意味着教育理论与研究方法的学习、教育学及任教科目专业领域最新研究成果与进展的追踪、将学位论文作为科学研究来开展并完成等都是该国教师教育课程的重要组成部分。③ 这种课程的结构与安排依照下述师范生素质能力结构的整体框架而定并与之保持高度一致④：

---

① 基于本书作者对坦佩雷市城市学校 Kaukajarui School 的调研，时间：2013年4月24日.

② Sahlberg P. Stanford center for opportunity policy in education～research brief. The secret to Finland's success：educating teachers［EB/OL］.［2010-09］. https://edpolicy. stanford. edu/sites/default/files/publications/secret-finland％E2％80％99s-success-educating-teachers. pdf.

③ Tiina Reetikainen. 研究导向的教师教育和为学而教的评估体系［J］. 上海教育，2012(35)：74.

④ Niemi H. , Jakku-Sihvonen R. In the front of the Bologna process：Thirty years of research-based teacher education in Finland［EB/OL］.［2014-12-01］. http://www. see-educoop. net/education_in/pdf/workshop/tesee/dokumenti/monografija/finland. pdf.

（1）任教学科专业及教育学的研究知识储备与研究技能掌握：教师教育专业的学生必须具备与任教科目最新研究成果及进展相关的广博知识，此外，他们还要了解并熟悉教学方式方法的新近研究。有关任教科目知识和教育教学知识的跨学科研究也需要被强调，因为此类研究为教师掌握满足不同学生需求的各种教学方法提供了坚实的基础。

（2）在教学实践中进行研究及反思的态度与能力之养成：教师教育的目标之一在于使师范生养成边工作边研究的态度并逐渐内化。准教师们要学习用分析及开放思维的方式来对待教学工作，他们应该依据自己的观察和试验来做研究，并学会用一种系统化的方式来创设教与学的情境。

（3）教师教育研究的相关知识获得：教师教育本身也应该成为师范生学习与研究的对象。通过学习此类研究为在不同文化背景下开展高效率、高质量的教师教育提供支持。

上述三方面所涵盖的素质能力适用于芬兰所有师范生培养方案，即便小学教育师范生和中学教育师范生的培养目标有着各自的侧重点：中学教师教育更为强调学科专业知识的积累与掌握；而因小学生的身心成长发展规律以及小学阶段的教育目标使然，小学教师必须获得更多的教学技能并深谙与生相处之道。① 与教学实践相关的研究态度、思维意识及技能的培养、与任教学科以及教育学有关的新近研究知识的积累是芬兰教师职前培养最为核心的目标，亦为教师教育课程设置的重要原则与依据。

二、基于研究的教师教育课程设置

芬兰大学对于课程的开发与设计享有高度自主权，该国教育部对各大学所开展的教师教育持高度信任。② 而所有大学所开展的教师教育皆遵循一定共通原则，这一方面是受芬兰教育部相关建议的影响，另一方面则是由于各大学的教育学院院长和教师教育系主任长久以来相互间所达成的某些共识。自进入 21 世纪以来，芬兰各大学通力合作以准备并设计新的教师教育课程体系，从而进入博洛尼亚进程。2003 年 3 月，由芬兰教育部资助，所

---

① 基于本书作者对坦佩雷大学教育学院 Kirsi-Marja Varjokorpi 女士的访谈，时间：2013 年 3 月 7 日，地点：坦佩雷大学 Virta 楼 315 室。

② Meisalo V. Subject teacher education in Finland：A research-based approach——The role of Subject didactics and networking in teacher education. In Jakku-Sihvonen R. & Niemi H.（Eds.）Education as societal contributor[M]. Frankfurt am Main：Peter Lang，2007：166.

有开展教师教育的大学都参与了一项教育科学与教师教育的全国性合作举措——VOKKE 计划,该计划主要任务在于协助实施博洛尼亚进程下两级制学位制度以及 ECTS① 学分系统中的教师教育课程并推动知识共享与合作。在该计划的支持下,各大学教育学院的代表们通过参与专题研讨会、工作坊等形式积极探讨、商酌并确定了一个全国性可供参照的教师教育课程结构;此外,计划还专门举办了联合论坛,分析芬兰社会所面临的新挑战和全球化等因素对教师教育课程研发的影响。VOKKE 计划实施至 2006 年末,最大成效之一在于推出了一个各大学互享、共通的教师教育课程结构方案。②

自 2005 年 8 月芬兰大学正式进入博洛尼亚进程后,该国师范生必须修满 300ECTS 学分(包括学士 180ECTS 学分以及硕士 120ECTS 学分)。③ 所有大学所开设的中小学教师教育课程一般都涵盖下列六项组成内容。④

①学科专业的学习:此处所指"学科"为中小学校教学的任何科目,中学教育师范生依据其争取的教授科目资格来决定该科目是主修或是辅修,小学教师则必须主修教育学并辅修其他学科专业;

②科学研究:包括方法论学习、学士论文以及硕士论文的研究与写作;

③教育教学的学习(至少 60 ECTS 学分):所有师范生必修,包括教育理论学习、教学实习、研究能力学习以及其他相关选修课程学习;

④沟通、语言以及信息通信技术学习:必修;

⑤个人研究计划准备:2005 年起芬兰各大学的新增内容,其主要功能在于引导学生设计有效的课程及职业规划并监督其实现自身目标;

---

① ECTS:European Credit Transfer and Accumulation System,即欧洲学分转换系统,芬兰自 2005 年起受博洛尼亚进程影响而实行的新的学分系统,1ECTS 学分约为 27 小时的课程相关学习。

② Faculty of Behavioural Sciences,University of Helsinki. VOKKE project〔EB/OL〕.〔2006-08-28〕. http://www.helsinki.fi/vokke/english/index.htm.

③ Niemi H.,Jakku-Sihvonen R. Teacher education curriculum of secondary school teachers〔EB/OL〕.〔2013-05-10〕. University of Helsinki,Finland. http://www.revistaeducacion.educacion.es/re350/re350_08ing.pdf.

④ Zuljan V. M.,Vogrinc J.(Eds.)European dimensions of teacher education-similarities and difference〔M〕. Ljubljana:Faculty of Education;Kranj:The National School of Leadership and Education,2011:35,44.

⑥选修课程学习：可包括师范生为完成学业及获得专业资格所涉及的各种不同课程的学习。

上述六项课程模块除了涉及教育教学课程、学科专业课程、通识课程以及其他选修课程之外，还特别涵盖了科学研究，可见研究导向之于课程设置的实质性影响。科学研究包括了定量、定性等多种方法论的学习以及学位论文的研究及写作，师范生可获得参与并完成真实研究的机会，在此过程中他们要学会独立搜集解决问题所需的信息和数据，并基于该领域最新研究来对信息和数据做进一步详尽阐释，且最终以书面学位论文的方式来做统合并展示其研究结论。① 科学研究的目标是训练学生以研究的精神与方式去发现并分析他们将来在教学工作中可能遇到的问题。此外，如前文所述，教育教学课程以及学科专业课程中也囊括了大量的相关新近研究成果及知识的教授。

（一）班级教师的课程结构与内容

班级教师即小学教师的职前教育主修专业为教育学，师范生必须完成60ECTS学分，包括教学实习在内的教育教学类课程学习。教育教学课程中包含了旨在激发未来教师反思、研究精神的科学研究，这种教学导向研究的重要目标之一在于培养师范生研究能力，并推动自身基于研究的教学实践。课程设置中的研究导向集中体现在师范生硕士学位论文研究上，学生会在学位论文研究过程中运用大量的科学研究方法，这孕育了其日后"寓研究于教学"的思维及习惯。硕士学位论文是小学教育专业师范生在学期间最为基本的科研学习项目，绝大多数大学都将硕士论文定为40ECTS学分，其中包含有关研究方法的专题研讨以及个别指导等。在专题研讨环节，学生会接受各种各样的方法论学习。小学教育师范生的论文研究主题与综合学校的教育教学问题高度相关，且通常为行动研究项目，论文致力于解决的主要问题大多与基础教学、教育心理学、教育社会学以及学科教育紧密相系。② 详见表5-1所示。

---

① Niemi H., Jakku-Sihvonen R. In the front of the Bologna process: Thirty years of research-based teacher education in Finland[EB/OL]. [2014-12-01]. http://www.see-educoop.net/education_in/pdf/workshop/tesee/dokumenti/monografija/finland.pdf.

② Niemi H., Jakku-Sihvonen R. Teacher education curriculum of secondary school teachers[EB/OL]. [2013-05-10]. University of Helsinki, Finland. http://www.revistaeducacion.educacion.es/re350/re350_08ing.pdf.

　　小学教师主修教育学,他们特别需要学习教育学的最新研究成果与知识,要对学生的成长与发展规律有充分的了解与认识并且掌握能适用于不同学生的教学方法及策略的相关知识。[①] 大学教育学院或教师教育院系负责班级教师的培养。

表 5-1　芬兰班级教师的课程设置与学分分配

课程设置	学士学位 (180 ECTS 学分)	硕士学位 (120 ECTS 学分)	总计 (300 ECTS 学分)
班级教师的教育教学学习 (作为主修教育学的部分); 教学方法及评估基础; 对各类学习者的支持; 有关教与学的最新的研究 成果及方法; 与各类利益相关者的合作	25 ECTS 学分(包括教学实习)	35 ECTS 学分(包括至少 15 ECTS 学分的教学实习)	60 ECTS 学分
教育学专业其他知识的学习; 研究方法; 科学写作; 选修课程	35 ECTS 学分(包括学士学位论文写作的 6～10 ECTS 学分)	45 ECTS 学分(包括 20～40 ECTS 学分的硕士学位论文写作)	80ECTS 学分
任职综合学校所需学科专业知识的学习	60 ECTS 学分		60 ECTS 学分
其他学科专业知识的学习 (1 门辅修)	25 ECTS 学分	0～35 ECTS 学分	25～60 ECTS 学分
语言及沟通学习,包括信息通信技术 工作实践; 个人研究计划的准备及更新; 选修课程	35 ECTS 学分	5～40 ECTS 学分	40～75 ECTS 学分

　　资料来源:Zuljan V. M., Vogrinc J. (Eds.) European dimensions of teacher education-similarities and difference [M]. Ljubljana: Faculty of Education; Kranj: The National School of Leadership and Education, 2011: 38.

---

　　① Niemi H., Jakku-Sihvonen R. In the front of the Bologna process: Thirty years of research-based teacher education in Finland [EB/OL]. [2014-12-01]. http://www.see-educoop. net/education_in/pdf/workshop/tesee/dokumenti/monografija/finland. pdf.

（二）科任教师的课程结构与内容

从表 5-2 的课程构成学分分配便可知，科任教师即中学教师的主修专业是任教学科而非教育学，中学教育师范生的学科专业课程由各专业院系负责开设，教育教学知识的学习则在教育学院或教师教育院系完成。芬兰大学注重在中学教师教育的人才培养活动中强调任教科目知识的重要性。①中学教师必须在大学主修 1 门学科专业并辅修 1～2 门其他科目，这是多数中学教师能够教授不止 1 门课程的主要原因。该国中学教师职前教育所涉及的传统学科专业有：外语、数学科学（包括数学、物理、化学、计算机科学或计算机技术）、母语（芬兰语或瑞典语）、生物（植物学、动物学和基因学）以及地理、包括历史和经济等的社会科学、宗教与哲学、家庭经济、纺织手工、技术手工、美术与音乐、体育运动。②

在学科专业知识的课程学习中，培养师范生自主了解并吸收本学科最新科学研究成果的能力亦为备受关注的教育目标。专业院系会专设一些教授职位，这些教授的职责就是监督本院系师范生的培养，越来越多的学科院系与教育院系经由合作来共同监督师范生学术与研究能力的提升。③ 与主修小学教师教育的师范生有所不同，中学教育教师教育专业师范生的硕士论文被安排在学科专业知识的学习模块中，这意味着中学师范生的研究主题须紧扣其主修的学科专业领域，中学教育师范生在学位论文研究过程中普遍爱好运用质性研究方法④，这与历史、芬兰语等文科专业备受师范生的欢迎不无关系。

① 基于本书作者对坦佩雷大学教育学院 Eero Ropo 教授的访谈，时间：2013 年 4 月 4 日，地点：坦佩雷大学 Altapa 楼 209 室。

② Niemi H., Jakku-Sihvonen R. Teacher education curriculum of secondary school teachers［EB/OL］.［2013-05-10］University of Helsinki, Finland. http://www.revistaeducacion. educacion. es/re350/re350_08ing. pdf.

③ Niemi H., Jakku-Sihvonen R. Teacher education curriculum of secondary school teachers［EB/OL］.［2013-05-10］University of Helsinki, Finland. http://www.revistaeducacion. educacion. es/re350/re350_08ing. pdf.

④ Giorgio O. Teacher education in Italy, Germany, England, Sweden and Finland[J]. European Journal of Education，2009(4)：303.

表 5-2　芬兰科任教师的课程设置与学分分配

课程设置	学士学位 （180 ECTS学分）	硕士学位 （120 ECTS学分）	总计 （300 ECTS学分）
科任教师的教育教学学习 （辅修）； 教学方法及评估基础； 对各类学习者的支持； 有关教与学的最新研究成果及方法； 与各类利益相关者的合作	25～30 ECTS 学分（包括教学实习）	30～35 ECTS 学分（包括至少 15 ECTS学分的教学实习）	60 ECTS 学分
学科专业知识的学习 （1 门主修）	60 ECTS 学分（包括 6～10 ECTS 学分的学士学位论文写作）	60～90 ECTS 学分（包括 20～40 ECTS学分的硕士学位论文研究与写作）	120～150 ECTS 学分
学科专业知识的学习 （1～2 门辅修）	25～60 ECTS 学分	0～30 ECTS 学分	25～90 ECTS 学分
语言及沟通学习，包括信息沟通技术； 工作实践； 个人研究计划的准备与更新； 选修课程	35～40 ECTS 学分	0～30 ECTS 学分	35～70 ECTS 学分

资料来源：Niemi H., Jakku-Sihvonen R. Teacher education curriculum of secondary school teachers. University of Helsinki，Finland. http://www. revistaeducacion. educacion. es/re350/re350_08ing. pdf，2013-05-10.

（三）注重研究能力实训的教学实习

教学实习是教师职前准备过程中至关紧要的一个环节，其对师范生专业素养提升所产生的影响不容小觑。如表 5-1、表 5-2 所述，对于中小学教育师范生来说，至少 20ECTS 学分的教学实习是其教育教学课程模块的核心组成部分。芬兰大学对于师范生实习安排拥有绝对自主权，国家法律仅仅只是对教师教育的开展提供了一些指导性的原则，但并不对实习时间等要素做硬性规定。芬兰"以研究为基础"的教师教育意味着教育理论、研究、方法论以及实践都在教师职前准备中发挥重要作用。① 教学实习是"以研究为

---

① Sahlberg P. Stanford center for opportunity policy in education～research brief. The secret to Finland's success：Educating teachers［EB/OL］.［2010-09］. https://edpolicy. stanford. edu/sites/default/files/publications/secret-finland％E2％80％99s-success-educating-teachers. pdf.

导向"的教师教育课程的核心组成内容。[①]

1. 实习的目标与原则

芬兰师范生教学实习的目标在于支持师范生获取有关研究、设计和评估教学过程的专业技能,师范生还应当学会在教和学的情境中对自身所开展的实践和社交技能进行批判性反思。[②] 显而易见,与教学实践相关的研究能力以及批判思维能力的培养是教学实习的重要目标。

教学实习的首要原则是尽可能地及早开展以促进师范生的专业成长[③],基于此,芬兰师范生的教学实习始于本科 1 年级并逐年持续直至硕士毕业。此举使得师范生从入学之初便有机会了解学校日常教学管理工作并接触到各种不同类型的孩子,学生可以根据自己在各阶段所学习的学科专业知识及教育教学知识来有针对性地落实实习任务,还可在实习期间结合并运用已掌握的研究方法来开展学位论文研究。这样的实习安排原则在时空上避免了理论学习环节与专业实践环节的脱节或隔离,方便各年级的师范生都尝试践行"寓所学于所教"及"寓研究于教学"的理念。

教学实习的另一主要原则是要让学生将理论学习(尤其是研究知识的学习)与教学实践做很好的整合。作为教师教育课程的关键组成部分,教学实习的重要作用就在于让学生把自身习得的研究及理论知识整合并运用到学校日常教学中去。[④] 前文言,教育教学研究的最新成果以及学科专业领域的新近研究成果都是芬兰教师教育最为强调的课程重点,而无论是小学教育师范生所积累的有关教与学的研究知识,抑或中学教育师范生所习得的学科专业领域的相关研究结论,都需要借助一种途径来还原并应用于日常教学实践。毋庸置疑,教学实习便是最佳的途径与方式。

---

① Reetikainen T. 研究导向的教师教育和为学而教的评估体系[J]. 上海教育,2012 (35):74.

② Niemi H. , Jakku-Sihvonen R. Teacher education curriculum of secondary school teachers [EB/OL]. [2013-05-10] University of Helsinki, Finland. http://www. revistaeducacion. educacion. es/re350/re350_08ing. pdf.

③ Zuljan V. M. , Vogrinc J. (Eds.) European dimensions of teacher education-similarities and difference[M]. Ljubljana: Faculty of Education; Kranj: The National School of Leadership and Education,2011: 35,44.

④ Sahlberg P. Stanford center for opportunity policy in education~research brief. The secret to Finland's success: Educating teachers [EB/OL]. [2010-09]. https://edpolicy. stanford. edu/sites/default/files/publications/secret-finland% E2% 80% 99s-success-educating-teachers. pdf.

2. 各阶段的实习内容

芬兰承担师范生培养责任的大学一般均设有 1～2 所教师培训学校（teacher training school，也称为 normal school，即师范学校），此类学校由芬兰国家教育部资助并由大学的教育学院或教师教育系所负责管理。教师培训学校的教师与普通城市学校的教师一样要承担日常的学校教学工作，此外，他们中的部分教师还具有不同的身份——监督并指导大学的师范生。

在为期 5 年的教师教育专业培养过程中，师范生须参与逐级递升的三阶段的教学实习：(1)第 1 学年的基础实习，该阶段以见习为主，师范生要从教学的视角来观察学校生活及学生行为。(2)第 2～3 学年的中级实习，该阶段的实习在教师培训学校开展，实习的主题应聚焦于具体的学科领域和学生的学习过程。(3)第 4～5 学年的高级实习，学生在这个阶段的实习过程中要对其承担的教学和学校工作负完全责任，高级实习应与师范生自身所开展的研究或硕士论文的写作相结合[1]，为了让师范生有机会接触并适应不同学校的日常教学生活，高级实习被安排在普通的城市学校里开展。各阶段的教学实习过程中，师范生都要观摩资深教师上课，并请教师培训学校的实习指导老师观摩自己上课，还要为不同班级的学生讲授不同的课程，由实习指导老师和大学教育学院的教授或讲师进行评估[2]（见图 5-3）。

硕士论文研究是教学实习的重要内容。师范生在实习期间聚焦的主题往往与自己毕业论文的研究方向相关，比如小学教育的师范生在实习期间通常关注与学生发展相关或其他教育学领域内的问题，中学教育的师范生则着重于任教学科专业相关的问题。自入学起就有见习体验的经历有助于师范生对学校教学及管理等各方面的问题保持较为敏锐的洞察能力，他们能结合课程学习和实践收获来自主确定论文研究方向，教师培训学校的实习指导老师、大学教育学院和学科专业院系的教师也可为其提供论文研究及写作的建议和意见。学位论文的研究及写作是师范生在校 5 年时间内最为重要的科学研究任务，他们为此接受了多种多样的方法论学习与训练，教

---

① Zuljan V. M., Vogrinc J. (Eds.) European dimensions of teacher education-similarities and difference[M]. Ljubljana：Faculty of Education；Kranj：The National School of Leadership and Education，2011：35,44.

② Sahlberg P. Stanford center for opportunity policy in education～research brief. The secret to Finland's success：Educating teachers [EB/OL]. [2010-09]. https://edpolicy. stanford. edu/sites/default/files/publications/secret-finland％ E2％ 80％ 99s-success-educating-teachers. pdf.

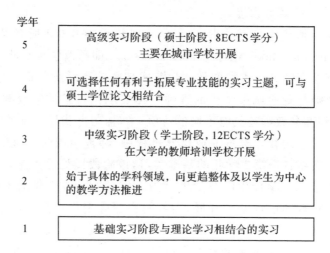

图 5-3　芬兰教师教育课程中的教学实习

资料来源：Zuljan V. M., Vogrinc J.（Eds.）European dimensions of teacher education-similarities and difference［M］. Ljubljana：Faculty of Education；Kranj：The National School of Leadership and Education，2011：44.

学实习则为这种研究能力的施展提供了难能可贵的实训平台及机会。

三、研究取向的素质能力侧重点与课程设置逻辑

在芬兰，教学行业是专业、教师为专业人员的定位早已获社会公认。本书认为，培养具备特定素质能力的研究型专业人员则是该国教师教育的宗旨。通过对包括教学实习在内的课程设置的研究与阐释，可对所谓"研究型专业人员"所需的研究素质与能力做如此归纳：学校教学实践过程中的批判思维能力、研究态度及能力和问题解决能力，教育教学领域的研究知识及应用技能，学科专业领域研究知识及应用于教学的能力，方法论知识及独立开展科学研究的能力等。虽然中小学教师的职前教育都旨在培养师范生获得上述素质能力，但由于培养的侧重点略有所不同，研究取向在小学教育和中学教育的师范生课程设置逻辑中的体现方式存在一定差别，如图 5-4 所示。

从图 5-4 中可知，研究取向对班级教师教育课程的影响与作用较多地体现在教育教学类课程模块，教学实习和包括方法论学习、硕士学位论文写作在内的科学研究都是教育教学类课程学习的一部分，这种课程安排的用意在于培养师范生成长为善于教学的教师。中学教育师范生的科学研究学习被安排在学科专业课程模块中，学科专业课程和教育教学类课程中都体现出了以研究为基础的设计理念，两者之间并不是隔绝的，它们因为教学实习

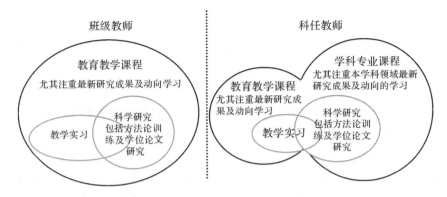

图 5-4 芬兰教师教育课程设置逻辑中的研究取向体现

和科学研究的相互连通而融为一个整体,这样的课程设置使得师范生不仅能精通学科专业知识,还可掌握一定的教学技能。

芬兰曾因 PISA 测试结果与排名而闻名遐迩。事实上,该国值得世人关注和研究的并不只是基础教育本身,其教师教育所践行的理念与宗旨亦可为我们提供独到启发:致力于将师范生培养为从事实践工作的研究型专业人员是未来我国教师教育课程改革可做参考的发展方向。

第三节 专业取向的教师素质能力结构与 教师教育课程设置:澳大利亚经验

大学开展的职前教师教育务必顺应并遵循国家教师专业标准的要求与内容,这不仅是源自专业标准之于专业自身的重要性亦即专业标准存在与否是决定一门职业是否能被视作专业的重要条件之一,更在于针对教师一职而论,其专业标准的制定与施行是提升中小学教师资格准入条件及专业素养水平、改善教师专业地位的重要实现路径和必然选择。在我国,建构教师专业标准体系,对于提高教师教育人才培养质量,严格教师资格准入制度,促进义务教育均衡发展等皆起到重要影响。① 本章第一节已言,构建教师素质能力结构的重要来源和参照依据即为教师专业标准,而教师专业标准所要求的教师素质能力结构与教师教育人才培养模式的核心要素——课

---

① 刘华蓉. 制定教师专业标准 建设高素质教师队伍——教育部师范司负责人就教师专业标准公开征求意见答记者问[N]. 中国教育报,2011-12-12(1).

程体系之间,只有建立起符合教育逻辑和专业逻辑的内在联系,才能促进教师职前培养与专业资格准入实现真正意义上的衔接与统合。基于此,本节将主要考察和分析国外大学是如何将制度层面的教师素质能力结构吸纳并内化至其所开设的教师教育课程体系中去的。

将澳大利亚定为研究关注的对象国,主要是由于尽管澳大利亚是教育行政管理体制分权制的国家,但该国在进入 21 世纪后于国家教师专业标准的颁布与执行方面陆续采取了较大举措。2011 年 2 月,澳大利亚联邦政府委托澳大利亚教学与学校领导协会(Australian Institute for Teaching and School Leadership,简称为 AITSL)正式颁布澳大利亚教师专业标准(Australian Professional Standards for Teachers,简称为 APST)。教师教育事宜与其管理权限为澳大利亚各州和地区政府所掌控,而随着国家教师专业标准的颁布、实行,联邦政府对于协调全国统一的教师资格准入、促进地区间师资便利流动、统合含职前、入职、职后教师专业成长与发展在内的事宜等都不断发挥其影响与作用。需要特别关注的是,APST 的基本功能之一就是为职前教师教育机构——大学提供课程设置所需的素质能力结构参照依据。[①] 那么,澳大利亚教师教育课程设置是否受到 APST 有关师范生素质能力结构的实质性影响? 该国职前教师教育课程设置的现状与特点是什么? 倘若 APST 与教师教育课程之间存有一定联系,那么这种内在关联究竟是什么? 这些问题引发了笔者浓厚的研究兴趣,本节将试图逐一解开上述疑惑。

一、师范毕业生的素质能力结构

为清晰界定教师的工作性质并对 21 世纪学校教育应有的优质、有效教学及其核心要素做明确表述,AITSL 通过制定全国教师专业标准构建了一个教师从事各项工作必备的含专业知识、专业实践及专业参与在内的素质能力框架。[②] APST 的特殊之处在于其依据教师专业成长及发展规律,将中小学教师专业生涯划分为师范毕业生、称职教师、娴熟教师以及领导型教师

① 肖甦. 比较教师教育[M]. 南京:江苏教育出版社,2010:215.

② Australian Institute for Teaching and School Leadership. Australian professional standards for teachers[EB/OL]. [2015-06-02]. http://www.aitsl.edu.au/docs/default-source/apst-resources/australian_professional_standard_for_teachers_final.pdf.

这四个阶段①,将纵向的教师专业发展阶段与横向的素质内容进行整合与对接,对每一阶段的教师应在专业知识、专业实践及专业参与领域所达到的水平都提出了对应的具体要求。在图 5-5 中,横向内容涉及专业素质构成领域,纵向则指向四类不同层次的教师:作为专业发展最高阶的"领导型教师",其纵向所在位置投射在横向素质内容区域的面积最大,即代表"领导型教师"所应具备的专业素质最高,而"师范毕业生"的专业素质要求则相对为最低。APST 对处于不同成长和发展阶段的教师提出有针对性的具体要求,反映了 APST 的制定尊重并符合教师的专业成长与发展规律。

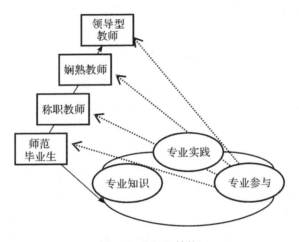

图 5-5　APST 结构

在 APST 横向内容的专业素质构成部分,专业知识、专业实践和专业参与总共下设 7 项具体标准。专业知识板块下设 2 项,具体标准为:了解学生及其如何学习,了解所授科目知识以及如何开展科目教学;专业实践部分包括 3 项标准:规划与开展有效的教与学,创设并维持支持性且安全的学习环境,对学生学习作评价、提供反馈及汇报;专业参与板块含 2 项标准:专业学习的参与,与同事、家长或监护人、社区开展专业合作。② 上述 7 项标准又被

① Australian Institute for Teaching and School Leadership. Australian professional standards for teachers[EB/OL]. [2015-06-02]. http://www.aitsl.edu.au/docs/default-source/apst-resources/australian_professional_standard_for_teachers_final.pdf.

② Australian Institute for Teaching and School Leadership. Australian professional standards for teachers[EB/OL]. [2015-06-02]. http://www.aitsl.edu.au/docs/default-source/apst-resources/australian_professional_standard_for_teachers_final.pdf.

进一步分解为 37 项子标准。与教师专业素质的传统分类方式不同，APST 的标准设定主要基于"以学生为中心"的思路，并以教师日常工作经常或可能面临的实际问题与其应对策略为准，进行相关指标的归并与分类，因而该全国性教师专业标准具有较强的实践操作性。

师范毕业生须已完成职前教师教育课程学习并且达到毕业的标准和要求。国家教师专业标准对于师范毕业生的专业要求与大学开展的职前教师教育应是息息相关的。探究国家教师专业标准对于教师教育课程设置的影响必先理清其对师范毕业生的素质能力要求。而根据 APST 3 项构成部分各类标准的具体内容，可整理并归纳得出澳大利亚国家教师专业标准规定师范毕业生必须具备以下 7 大类专业知识与能力。①

（一）了解各类学生及其特点的相关背景知识

掌握并清楚学生体能、智力、社会性等发展特点以及这些特点是如何影响学习的；了解学生是如何学习的并知晓其对教学的影响；了解来自各种语言、文化、宗教和社会经济背景学生的学习能力与需求并能对之采取适宜的教学策略；掌握大量关于原住民和托雷斯海峡岛民学生在其文化与文化认同、语言背景等方面的知识；了解并掌握关于能力各有差异的全体学生的具体学习需求并对之采取不同的教学策略；采取能支持残疾学生学习和参与的教学策略并能了解相关法定要求。

（二）学科知识及教学策略的知识与技能

了解课堂教学所涉及的概念、内容、结构和教学策略等知识；能将课程内容组织为有效的学习与教学序列；运用课程、评价等知识来安排学习顺序并设计教案；了解并尊重原住民和托雷斯海峡岛民的历史、文化和语言；了解并掌握语文和算术的教学策略及其在教学领域的应用；在教学策略实施过程中通过信息技术的应用来为学生提供更多的课程学习机会。

（三）规划及开展有效教学的知识和能力

为能力和特点不同的学生制定有挑战性且可实现的学习目标；运用学生学习的知识和有效教学策略来规划课程顺序；能应用一系列的教学策略；运用信息技术等各种资源来让学生参与学习；应用语言和非语言的沟通策

---

① Australian Institute for Teaching and School Leadership. Australian professional standards for teachers[EB/OL]. [2015-06-02]. http://www. aitsl. edu. au/docs/default-source/apst-resources/australian_professional_standard_for_teachers_final. pdf.

略来支持学生参与;通过评估教学计划来改善学生学习;知晓如何让学生家长或监护人参与教育过程。

(四)支持学生参与及维护学生在校安全的知识

掌握可支持所有学生参加、参与课堂活动的相关策略;有能力组织课堂活动并提供明确的指导;应用实践策略来管理学生行为;知晓学生在校健康、安全学习的方法策略及相关立法要求;掌握在教与学的过程中安全、负责、有道德地使用信息技术的策略。

(五)有关教学评价的知识与技能

了解非正式和正式、诊断性、形成性、总结性方法等评价策略以评价学生学习;了解作为教师必须及时并适宜地为学生提供学习反馈的目的何在;掌握评价审核及其应用以支持对学生学习做连续的、可比较的评断;能通过解释学生评价数据来评估学生学习并改善教学实践;了解向学生、家长或监护人等汇报的各种策略并知晓保持学生评价记录准确和可信的目的。

(六)专业学习的相关知识

了解 APST 在明确专业学习需求方面发挥的作用;清楚教师专业学习的相关、适宜资源;探寻并应用管理者和教师的建设性反馈意见以改善教学实践;理解继续专业学习的基本原理及其对改善学生学习的意义。

(七)与同事、学生家长和社区间开展专业合作的能力

掌握并能应用教师专业道德规范和行为规范的基本原则;了解与各级学校教师有关的立法、管理和组织政策等;掌握与家长或监护人进行有效、密切合作的策略;了解外界专业人员和社区代表在扩展教师专业知识和实践方面所起的作用。

上述有关师范毕业生的素质能力均可被划分为两大类:学科相关知识、教育教学专业知识及能力。根据 APST 下设标准及其内容,本书认为专业知识与能力可被进一步细化为了解学生与其学习及特点的知识、课堂教学与评价的知识和技能、学生管理与班级活动的组织规划能力、专业学习与发展的知识与能力、与学校教育利益相关者的沟通及合作能力等五项,如图 5-6 所示。

由 APST 对教育教学专业知识能力部分的大篇幅着墨便可知澳大利亚教师专业标准对师范毕业生的要求更为侧重于强调教育教学知识与技能。因此,我们完全可以据此进行推断:澳大利亚的师范毕业生被期待能够成长为未来的教育教学专家。

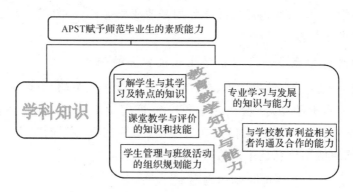

图 5-6　APST 赋予师范毕业生素质能力结构

二、侧重专业课的教师教育课程设置

作为澳大利亚的职前教师教育机构,大学对于教师教育课程设置享有自主权。在这里,本书将特别选取几所澳大利亚一流研究型大学作为重点关注对象,这主要是在参照近年来 QS 世界大学教育学学科排名榜单后予以确定的。根据 2018 年度 QS 排行榜教育学单科排名统计情况,澳大利亚居世界前 20 位行列的大学分别为:墨尔本大学(第 6 位)、悉尼大学(第 12 位)、莫纳什大学(第 14 位)和昆士兰大学(第 15 位)。[①] 这几所大学均为澳大利亚顶尖的公立研究型大学,且均属被誉为澳洲版常春藤联盟的"八校联盟"(Group of Eight)成员大学。了解上述大学的师范专业课程设置情况有利于在静态上洞悉该国颇具引领性的教师教育人才培养理念与实践做法,亦有利于从动态上把握国家教师专业标准对教师教育课程设置所发挥的实际影响与作用。

由于上述几所大学开展教师教育所涉学科专业及学历层次皆有所差异,为让研究的分析对象尽量处于同一维度并使研究内容更为聚焦,我们选取并了解各校对同一学历层次、同一专业的课程开设情况则尤为必要。下文以其中 3 所大学开设的小学教育专业本科课程设置情况为例(墨尔本大学不提供小教专业的本科教育),来系统展示并讨论澳大利亚教师教育课程结构。悉尼大学、莫纳什大学、昆士兰大学的小学教育专业本科生课程结构详见表 5-3。

---

① QS World University Rankings by Subject 2018-Education[EB/OL]. [2018-03-10]. https://www. topuniversities. com/university-rankings/university-subject-rankings/2018/education-training.

表 5-3　澳大利亚 3 所大学小学教育专业本科生课程结构①

大学	课程类别	学年			
		第一学年	第二学年	第三学年	第四学年
悉尼大学	学科	科学概念(6);数学与算术(6);英语文学与学习(6);创意艺术(6)	科学概念(6);英语语文(4);创意艺术(6)	人类社会与环境(4);创意艺术(4);英语文学(4);科学与技术(4)	科学与技术(4);英语语文(4);人类社会与环境(4)
	专业	教育、教师与教学(6);人力发展与教育(6)	教育心理学(6);有关教育的社会科学研究(6);原住民教育(4);小学跨文化理解(4);小学数学教育(4);小学体育教学论(4)	特殊教育(6);教育研究的理解与运用(6);小学健康促进教育(8);数学教育(4);多语言课堂教学(4)	数学教学论(4);有特殊需求学生的教学法(4);小学教育或课程教学论相关的选修课(20)
	其他	人文与社会科学学院或商学院提供的选修课(12);专业实践②	专业实践(4)	专业实践(4)	专业实践、实习(8)
莫纳什大学	学科	英语语文类、数学算术类课程单元(16)	英语语文类、数学算术类课程单元(16);英语文学(6);数学与算术(6);公民与社会关系:本土与全球(6)	英语语文类、数学算术类课程单元(16);数学与算数(6)	英语文学(6);科学、环境与可持续发展研究(6)
	专业	学习与教育质询(12);跨课程信息沟通技术(6);小学课堂有特殊需求学生教学(6);其他教育类选修课程(12)	儿童与青少年发展(6);原住民学生教学与学习(6);小学环境中的健康、幸福与社会学习(6);教育优先发展事宜(6)	教育政策与实践(6);小学高级教学论(12);全纳教育(6);小学艺术教育(6)	课程评价与评估(6);小学阶段人文与社会教育(6);小学课程中的健康及体育教育(6);小学科学技术教育(6);研究型教学与学习(6);教育研究计划(6)
	其他	专业实践(0)	专业实践(0)	专业实践(0)	专业实践(0)

续表

大学	课程类别	学　年			
		第一学年	第二学年	第三学年	第四学年
昆士兰大学	学科	算术（2）；语文（2）；科学技术教育导论（2）			
	专业	教育导论（2）；儿童与青少年发展（2）；教育与创造力；教育学知识（2）；教育与澳大利亚社会（2）	健康、幸福与教育教学知识（2）；学习、心智与教育（2）；数学教学论（2）；英语教学论（2）	早期课程基础（2）；全纳教育（3）；原住民知识与教育（2）；健康与体育教学论（2）；数学教学论（2）；社会教育教学论（2）	21世纪教育技术与艺术（2）；教师作为专业人员（4）；中小学校科学教学论（2）；英语教学论（2）
	其他	专业实践（2）	其他选修课（4）；专业实践（4）	其他选修课（2）；专业实践（4）	其他选修课（2）；专业实践（4）

资料来源：悉尼大学教育与社会工作学院，莫纳什大学教育学院，昆士兰大学人文与社会科学学院的官方网站。

注：①表5-3-1中"（）"中的数字为该课程的学分。

②该阶段专业实践属"英语文学与学习"课程一部分，并无专门的单独学分。

　　在教师教育课程体系中，学科课程是关于"教什么"的课程，即向师范生传授其任教学科相关知识的课程；专业课程则是有关"怎么教"的课程，即向师范生教授教育教学类专业知识与技能的课程。专业课程可包括教育教学基本理论、学科教学法、教育技术与技能、教育研究等类别的相关课程。[①] 澳大利亚的小学实行所谓"包班制"，即小学教师需负责班级全部课程的教授，这客观上给职前教育的学科课程设置与教学开展带来挑战。与此同时，由于小学阶段学生的身心发展特点与规律使然，教师又得具备大量有关教育教学的专业知识和技能。由此如何在职前教育阶段兼顾学科课程与专业课程的开设并协调好两者关系，是担负小学教师培养任务的大学须解决的首要问题之一。

　　如表5-3所示，悉尼大学、莫纳什大学和昆士兰大学的师范生课程体系中，教育教学类的专业课程占绝对比例，这体现出其课程设置思路的明显专

---

① 冯建军. 从教师的知识结构看教师教育课程的改革[J]. 中小学教师培训,2004(8):5.

业取向。根据表 5-3 的内容,三所大学所开设的学科课程主要包括数学与算术、英语语文与文学、科学与技术、环境、公民与社会、艺术等;专业课程则不仅涵盖教育基本理论与儿童发展基础理论、多门小学开设课程的教学论、教育技术、教育教学研究等课程,还囊括了备受澳大利亚政府重视的跨文化理解与教育、原住民和托雷斯海峡地区学生的教学理论与方法以及全纳教育、特殊教育类课程。总体上来看,不论在课程开设门数,抑或学分分配数量上,专业课都几乎占据了绝对的优势。这一特点在昆士兰大学的课程结构中最显突出,该校除在本科一年级开设算术、语文、科学技术教育导论以外,其他学科课程都被以课程教学法形式的专业课取而代之。而除极个别学年外,专业课唱主角的特点也在其他两校的教师教育课程体系中得到一以贯之。这种专业取向的课程设置思路反映了澳大利亚大学致力于培养"教育教学专家型"教师而非"学科专家型"教师的清晰定位,也与 APST 关于师范毕业生的素质能力要求及其角色期待实现了对接。

三、专业取向一致的内在关联

透过梳理 APST 所侧重的师范毕业生素质能力结构以及澳大利亚教师教育课程设置的特点便不难发现:APST 和教师教育课程设置存在专业取向上的一致性。这种一致性关联的背后又存在几条内部的关系线索有待进一步探明并揭示。

(一)培养目标设置紧扣 APST"以学生为中心"的基调

前文言,APST 突破了理论界关于教师专业素质的经典划分方式,而采纳了"以学生为中心"的思路,并突出教学工作实际面临的问题域对指标建构及分类的影响与作用。亦如上文所述,APST 提出的师范毕业生必须具备的 7 大类素质能力中绝大部分内容都直指"为了学生"。对专业知识技能的强调是 APST 关于师范毕业生素质能力要求的特点,"以学生为中心"则是这种专业素质能力要求的基调。

基于人才培养目标对教师教育人才培养活动开展的价值与重要性,不妨先回到对教师教育人才培养目标的关注与分析。以莫纳什大学为例,该校对所有本科师范生培养目标表述的首句即为:"掌握如何对各类需求不一的中小学生开展教学以拓展孩子们的创造力、智力、体能、个性与社会性,并能促进孩子们多种形式的学习开展"①,可见该校已把与培养中小学生知识能力及人格有关的专业素质和技能作为首要的培养目标,"以学生为中心"的思路显然已作用于该校师范生培养目标的制定。悉尼大学的小学教育专业的培养目标包括能建构个人专属的有关当代社会、学生发展、教师多重角色、学校教育目标与功能的教育理论体系,并能规划、开展、评估小学生学习活动与项目等。② 学生及其学习与发展是该校师范生培养目标关注的主要内容。昆士兰大学对小学教育专业培养目标的理解为:使师范生在瞬息万变的信息时代里掌握教师工作所需的各项能力,尤其注重培养师范生在语文和算术教学、多元化及差异化的学生学习、教学领导与研究、大学与学校的合作实习等领域具备专家级的能力。③ 显然,能为来自各种文化和家庭经济背景的学生以及有特殊学习需要的孩子提供有针对性的教学策略是该校师范生培养目标的重点之一。总而言之,以三校为代表的澳大利亚大学都将影响或促进中小学生的学习与发展作为至关重要的师范生培养目标,这与 APST"以学生为中心"的基调紧紧相扣。培养目标的这一特征势必影响师范生素质能力结构的构建以及课程体系等的设置。

(二)专业课程的开设顺应 APST 对特殊群体学生的关注

承担教师培养的澳大利亚大学在专业课板块中除开设常见的教育教学类课程外,均设置了跨文化理解与教育、原住民文化与教育、全纳教育、特殊教育、有特殊学习需求学生的教学法等课程。这些课程的安排与澳大利亚国家教师专业标准对于几类特殊群体学生的关注与照顾不无关系。

APST 关注的几类特殊群体学生包括:具有跨文化或跨语言背景的学生、原住民学生及托雷斯海峡岛民学生、残疾学生和其他有特殊学习需求的学生。基于对上述几类学生的关切,APST 在教育基本理论和学科教学法领域给师范毕业生提出了要求:必须了解、掌握并尊重特殊群体学生及其特点;可以根据其需求对之采取不同的教学策略。为使毕业生达到这样的专

---

① Monash University. Undergraduate-Course. Bachelor of Education[EB/OL]. [2015-06-11]. http://www.monash.edu.au/pubs/2015handbooks/courses/D3001.html.

② The University of Sydney. Education (primary)[EB/OL]. [2015-06-11]. http://sydney.edu.au/education_social_work/future_students/undergraduate/bed_primary/index.shtml.

③ The University of Queensland. Bachelor of Education (primary)[EB/OL]. [2015-06-11]. http://www.uq.edu.au/study/program.html? acad_prog=2306.

业要求,职前教师教育课程尤其是专业课的开设自然也纳入了相关课程。悉尼大学在第二、三、四学年为师范生开设了总计 5 门针对特殊群体学生的课程,莫纳什大学和昆士兰大学也都开设了 2～3 门相关课程。当然,大学开设此类专业课不仅仅是单向顺应 APST 的结果,更是在传承并发扬"维护文化多样性""扶植特殊群体"等澳大利亚社会的主流价值观。

(三)专业实践的跟进契合 APST 对专业知识能力的强调

澳大利亚的大学非常注重专业实践在师范生培养过程中的地位与作用。从表 5-3 可以发现,三所高校在从大一到大四的每一学年中都连续安排了专业实践或实习。莫纳什大学的情况最为典型。虽然该校师范生的专业实践不占任何学分,但学校在本科 4 年的每个学期里都组织专业实践,其所占时间呈递增状态:第一、第二学年为 5 天/学期,第三学年为 10 天/学期,第四学年为 20 天/学期。① 在实习期间,师范生会得到实习指导老师和学术导师的共同指导,在完成规定时间专业实践并达到各阶段具体要求的同时,还要建立一份有关课程规划、专业实践与学习反思的专业实践档案袋。② 昆士兰大学的专业实践被划分为几个阶段:大一下半学期无具体时间要求的学校观摩;大二两个学期各占 10 天的学校观摩与见习;大三下半学期的实习,时间为 20 天;大四的教学实习总计约 45 天,被安排在下半学期。③ 这一系列的学校观摩、见习与教学实习为师范生拓展教育教学专业技能提供了宝贵的机会。悉尼大学小学教育专业的专业实践也呈逐年跟进且时间递增趋势:大一开展与课程学习相结合的学校观摩与见习;大二进行为期 15 天的专业实习;大三的实习时间增至 20 天;大四全年重点为教学实习,两学期实习时间达 60 天。④ 悉尼大学将专业实践视为师范生把大学所学专业知识进行巩固的绝佳机会。此外,该校特别关注 APST 提出的规划及开展有效

---

① Monash University. Course map for students commencing study in 2015-Education [EB/OL]. [2015-06-15]. http://monash. edu/education/current-students/courses/maps/2015/2015-map-d3001-prim-single. pdf.

② Monash University. Undergraduate-Unit. Primary professional experience[EB/OL].[2015-06-15]. http://www. monash. edu. au/pubs/handbooks/units/EDF1053. html.

③ The University of Queensland. Bachelor of Education (primary)[EB/OL]. [2015-06-11]. http://www. uq. edu. au/study/program. html?acad_prog=2306.

④ The University of Sydney. Education (primary)[EB/OL]. [2015-06-11]. http://sydney. edu. au/education_social_work/future_students/undergraduate/bed_primary/index. shtml.

教学的知识和能力、支持学生参与及维护学生在校安全的知识技能、教学评价的相关知识技能等,并将以上专业素质能力的提升作为师范生实习的主要目的。①

澳大利亚大学对专业实践所做的这种持续跟进、逐年强化的安排可使师范生将各阶段习得的理论知识及时地结合并应用于学校教学实践,还可以让学生以个人收获的实践经验来检测并反思自身的专业水平。不论从何种层面来理解,专业实践的持续开展都有益于巩固并拓展师范生的专业知识技能,而这正是 APST 对师范毕业生素质能力最为关注并强调的侧重点。

有关教师教育的学术性与师范性孰轻孰重的争论未曾停止过。各国政府和职前教师教育机构基于自身国情以及基础教育的现实需要等因素,对于此问做出了不尽相同的理解与回答。综上所述,澳大利亚联邦政府推行的国家教师专业标准和该国大学设置的教师教育课程体系均以倡导和践行专业取向为主要特征,两者之间已建立起一定的内在联系。而对于我国制度层面的教师专业标准改进及完善以及实践领域的大学教师教育课程设计及教师素质能力结构调整而言,澳大利亚的尝试与经验无疑颇具参考价值与启发性。

---

① The University of Sydney. Professional experience 3 (primary)[EB/OL]. [2015-06-15]. http://sydney.edu.au/courses/uos/EDUP3007.

第六章　认识并热爱教育：教师理性与专业情操及其养成研究

　　本研究的设计初衷在基于梳理及阐述教育及其本质、规律的"本体论"领域问题，并通过对学生、教师及教师培养目标与素质能力结构、教师教育课程设置等"认识论"层面问题的探讨，最终进入"实践论"层面的讨论，即从教师的理性与专业情操、知识体系、专业能力等几大方面来具体分析作为一名优秀及杰出的同时深谙学科以及教育教学的教师所应具备的专业素养与其培养等主要问题。需强调的是，本书第五章已经就与职前教师教育课程所对接的应然层面的教师素质能力结构进行了系统划分以及分类描述，自本章起，将专门对契合当今时代背景和基础教育现实发展需要的且为专家型教师必须具备的专业素养体系进行分类细化、深入分析，并讨论职前教师教育之于专家型教师的培育方案及对策。

　　所谓专家型教师亦即教育家或者学科教学专家型的教师，为拥有扎实的学科及教育理论知识以及丰富的教育教学经验并能在教育实践中不断获得成功的教师。结合教师教育人才培养目标的设置以及应然层面的教师素质能力结构，本书认为专家型教师应具备认识教育、热爱教育、精通教育和善于教育的基本特征，其对应的素质能力包含教师理性、教师专业情操、教师专业知识和专业能力等，本章将聚焦于讨论教师理性与专业情操及其养成的问题。

　　"理性"和"情操"分别为原属哲学和心理学研究领域的学术概念，教师的理性与专业情操是激发并引领教师能自觉于探寻、认识以及感悟、热爱教育的内在动力和必备素养，而认识教育、热爱教育才能确保教师能够理解并遵循教育的本质及规律来启迪学生心灵进而促成其身心全面和谐发展。教师理性与教师专业情操各自对于教师个体及其专业所承担的重要价值及意义,促使教师职前培养机构须将它们等同于专业知识及专业能力在优秀教师素质能力体系中的不可或缺之地位,并以此为据来调整并完善教师教育人才培养模式。下文中将主要基于多学科的学理分析来重新建构"教师理性"和"教师专业情操"的概念及要素,并以此为据来探索两者的价值与其在教师教育人才培养活动中的培养途径。

第一节 认识教育:教师理性与其培育

教师的本职工作在于育人教学,而随时代和社会的进步,教师的"育人"职能承担以及学校教育"立德树人"的任务实现已被日益赋予越来越高的关注度与期望值。对于中小学教师而言,任凭时代瞬息万变,都始终需要付诸思考与实践的永恒课题在于如何成长为能够坚守以学生为本的教育理念并能认识、掌握教育教学规律来促进学生身心全面发展的称职、优秀教师。教师理性是确保教师能够遵循并坚守教育教学规律来选择专业行为以及落实专业实践的内在动力机制,它提升了教师的专业属性与专业价值,是优秀教师应当形成和具备的专业素质。本节将对教师理性的内涵、构成要素、对教师个体与其专业的价值以及职前教师教育开展过程中如何培育教师理性这四个问题逐一进行讨论及分析。

一、理性、教师理性的内涵

(一)理性的内涵

理性主义是西方哲学发展的主导与主流[1],就该意义而论,西方哲学史本身就是一部探寻理性的历史,探寻理性的过程即为"认识"[2],其结果就是对价值与知识的认识及坚守。康德(Immanuel Kant)在其著作《纯粹理性批判》中将"理性"(rationality)的概念主要阐释为三层含义:一是广义理性,即外延包含知性、判断力等认识能力和实践能力,内涵涉及理性的逻辑推理能力;二是狭义理性,指最高的认识能力和原则的能力,内涵涉及形式逻辑推

---

① 邓晓芒. 西方哲学史中的理性主义和非理性主义[J]. 现代哲学,2011(3):46.
② 张学文. 大学理性:历史传统与现实追求[J]. 教育研究,2008(1):35-36.

理能力；三是更为狭义的理性，其实质是实践理性和自由意志。[①] 作为理性主义的集大成者，黑格尔则认为理性是神秘的且超乎知性之上的，但仍然存在被人的思维所接受和把握的可能。[②] 从词源角度阐述"理性"概念通常涉及两层含义：首先是基于概念、判断和推理的思维形式或活动；其次是基于认识、理解、思考及决断的控制行为的能力，即理智。[③]

综合上述对于"理性"概念的界定与理解，本书认为所谓"理性"即人通过思维活动来认知和思考事物和现象的能力，以及根据思考和认识的过程和结果来引导、设计和控制行动的能力，亦即理性包含思维及认知能力和基于认识的行动能力与倾向这两大基本要素。

（二）教师理性的内涵

如何理解"教师理性"（teacher rationality）的概念？事实上，迄今为止，国内学界鲜有专门针对教师理性的系统研究，为数不多的以理性为切入点来研究教师及其工作的研究大都聚焦于讨论教师的"教学理性"问题。例如，有研究认为"教学理性"是教师的一种知识、能力、智慧、境界、人品及人格，它不仅赋予教师以教学的客观态度和真实洞见，还影响教师采取恰当的行动。[④] 有学者基于对"理性"定义的把握与推演，认为"教学理性"是教师逻辑地认识及把握教学活动并借助教学工具和手段来实现预期的教学价值追求的思维形式。[⑤] 换言之，教学理性主要包括教师蕴含在教学活动中的思维能力以及基于此的专业行为意向。而教师理性的边界则不限于教学实践的范畴，其适用于教师从事的所有教育教学工作以及其所经历的全部专业生活。

对于何谓教师理性的解释，目前屈指可数的研究尚无一致的界定。其中一种理解是，教师理性为教师运用概念、判断和推理等逻辑思维形式来对教育实践做出自主思考以选择合理教育行为并付诸实践的教师个体品质。[⑥] 这一"教师理性"的概念形成依赖并借助于"理性"定义的表述，强调的是教

---

① 易晓波，曾英武. 康德"理性"概念的涵义[J]. 东南大学学报（哲学社会科学版），2009(4)：29-30.
② ［德］黑格尔. 小逻辑[M]. 贺麟译. 北京：商务印书馆，1981：184.
③ 张学文. 大学理性：历史传统与现实追求[J]. 教育研究，2008(1)：35.
④ 周晓燕. 教师的教学理性：内涵、意义及其重建[J]. 教师教育研究，2005(4)：30.
⑤ 董静，于海波. 教学理性：从"自在"到"自卫"的转变[J]. 教育理论与实践，2015(7)：51.
⑥ 吴义昌. 论教师理性素质[J]. 徐州师范大学学报（哲学社会科学版），2012(1)：129.

师逻辑思维能力的自觉运用及其对教育实践及行为的影响发挥,该定义所存在的问题在于并没有把握教育的本质来赋予概念本身以一定的价值意蕴。另一种解释为,教师理性是教师在教育教学专业生活中持有的生存态度、思考方式和生活方式。① 该定义由于将教师的专业态度、专业行为及实践方式等要素都容纳进来而在一定程度上扩充了教师理性的内涵,亦凸显和提升了教师理性的意义与价值,然而内涵泛化招致的不足则在于使得概念本身的聚焦度减弱并趋向于模糊化。此外,该概念还存在尚未明确"理性"的基本定义及提取其要素的欠缺,因而很难让人把握并理解"教师理性"中的"理性"究竟体现于何处。

毫无疑问,厘清"教师理性"定义的前提是对理性的构成要素以及教育或教师工作的属性特征等基本问题进行清晰且准确的界定与把握。理性、理性思维和理性精神作为西方哲学倡导的应致力于探寻和实现的目标,是与一切非理性的因素及事物所彻底对立的,其基本特征涉及思维和认识过程的自觉性以及落实到行动的理智性。此外,本书开篇即已明确教育的本质属性为其是培养人的社会活动,而学校教育培养人的根本前提在于教师必须自觉于认识并遵循包括受教育者即学生的身心发展规律等在内的教育教学规律来落实及开展专业实践。教育有关人之培养的质的规定性以及教育规律的不可逾越性从根源上赋予教师理性以形成及存在的合理性与必要性。教师理性作为一种教师专业素养,其养成和运用的出发点与归宿皆在于促成教师对教育教学规律的认识和守护,这是对"教师理性"予以界定所应持有的基本价值立场。基于上述讨论与辨析,本书认为"教师理性"是教师探索和发现教育教学本质与规律的思维和认知能力以及教师自觉于遵循并坚守教育教学规律来引领专业行为和开展专业实践的能力。教师理性如同教学理性一样涵盖了教师的精神、态度、知识及能力等多方面要素,无法将其完全划分到教师素质能力结构的某一种具体构成要素中去,亦即因其为包含数种教师专业素养的集合而更应被视为一种多元的、复合的教师专业素质能力。

二、教师理性的构成要素

教师理性是教师所具有的品质、素养与智慧,其主要表征为教师对于教育教学本质、价值及规律的探索、认识和守持,也就是教师能够秉持注重遵

---

① 赵昌木,宫顺升. 教师的理性与自由[J]. 教育理论与实践,2009(4):46.

循教育规律来教育教学的观念意识，能自觉于积极自主地追求、发现并认识教育教学的本质及规律并以此来选择专业行为和开展专业实践。教师理性产生于教师个体的专业生活中，它随着教师活动场域的不同以及活动主体性的不同而表现出多重性的特征，比如在教师的思维和认识活动中表现为认知理性，在专业实践中表现为实践理性，以效率为中心主要表现为工具理性，以教师个体为中心则为价值理性。① 因此，假如以认知理性、实践理性或价值理性等为构成要素来切分教师理性结构，其实只是突出或强调了教师理性的不同侧重面，而并未以一个明确的划分维度来进行实质性的分割。就教师理性的含义及其表现形式来看，教师理性应被视作多元的专业素质能力，且其结构主要涉及教师的理性价值观、理性认知素养和理性实践能力这三项基本要素。必须指出的是，三项构成要素各自还可能涉及数项教师素质能力，因而亦可做进一步的细化与划分。

如图 6-1 所示，教师理性价值观的形成与建立是影响教师理性认识素养和理性实践能力养成的主观前提，教师理性认知素养的具备会直接影响着理性实践能力的水平及其提升，而理性实践能力的提高也会反过来作用于理性认知素养的改善。

图 6-1　教师理性的构成要素与其相互间主要联系

（一）教师理性价值观

德国哲学家、心理学家斯普朗格（Eduard Spranger）将人的价值观划分为六种类型：理性价值观、经济型价值观、审美型价值观、社会型价值观、政治型价值观和宗教型价值观，其中，理性价值观是以探索和追求知识与真理为主导的价值观，强调通过理性批判与分析的方式来发现知识。② 教师的专业价值观是教师基于专业角色认知而形成的有关教师工作的观念判断、价

①　赵冲. 教学理性的概念史研究[J]. 课程教学研究，2016(7)：9.

②　Spranger E. Translated by Pigors P. J. W. Types of men：The psychology and ethics of personality[M]. New York：G. E. Stechert Company，1928.

值确信、道德遵从以及理想抉择。教师理性价值观,即包含教师个体所形成的自觉于认识及坚守教育本质及规律来培养学生和提升自我的基本判断与价值确信,以及立志于成长为一名追求和守护理性的教师之角色认知和角色期待。教师理性价值观之形成可表现于教师个体主观上对于知识、真理与教育规律向往与坚守的热情与动机,其为教师理性认知素养和理性实践能力的养成与发挥提供了重要的内在精神支持及动力。

(二)教师理性认知素养

教师的理性认知素养是教师自觉于认知、发现以及掌握教育教学本质、价值及规律而需具备的概念、判断和推理等逻辑思维能力和批判思维能力、反思能力、研究思维及素养等专业素质能力。教师的理性认知素养的作用与发挥具有抽象性、反思性和批判性等主要特点。首先,由于教师理性的发挥以教师认识及发现教育教学内在必然联系与本质为主要目标和必经过程,因此教师需要借助并运用理性认知素养来积极探索、深入思考并准确提取蕴藏在教育教学现象和实践中的教育内在规律、价值与本质,亦即教师需要把对于教育教学的感性体验与主观思考经由思维和认识活动而抽象升华为知识或真理层面的教育本质及规律,因而教师理性认知素养的应用具有抽象性的特点。其次,理性认知素养还有反思性的特征,教师认识和探索教育规律的过程也是其对于日常工作和专业实践进行观察、留意、回顾、审视与反思的过程,假设教师自身不具备反思的精神与能力,则很难把握住在教育教学活动中发现问题、分析问题及解决问题的机会,也不易将自己的专业体验与感受通过思考来总结并提炼为教育智慧。最后,理性认知素养的批判性特点是与反思性特点密切相关的,教师满怀崇尚及追求知识与真理的精神并保有不断探索、质疑和超越的态度去开展教育教学工作,才有可能引发更多的思考并获取真知,这也是理性精神和思维的本质之体现。"知者行之始",教师理性认知素养的获得是教师客观正确地认识教育的基础,亦将直接影响教师理性实践能力的养成与提升。

(三)教师理性实践能力

"行者知之成",人类之所以探寻理性以及追求真理,归根结底还是为了通过掌握真知来影响实践并最终改变现实。亚里士多德(Aristotle)曾把实践理性比为人"灵魂的眼睛",即人在实践领域内采用的合宜方式以使得事情能处理得当;康德则认为实践理性的自律是个人走向好的实践之基础与

行为律令。① 教师在教育教学坚守实践理性的意义即在于能够使专业行为
更符合教育教学本质及规律，从而推进学校教育的价值实现和功能发挥。
本书认为，教师的理性实践能力是教师自觉基于对教育教学规律、本质及价
值的认识、把握及坚守来选择专业行为以及落实专业实践的能力，主要包括
教师在教育教学实践中的理性自识、理性自觉和理性自律这三方面的能力。
理性自识是指教师能够主动结合并依据教育本质与规律来探索并思考其所
面对的教育实践与问题，并且能够结合对于教育的认识及思考，对自身开展
的教育教学工作予以客观理智的判断和评价的能力；理性自觉是教师能够
自觉于遵循和坚守教育教学规律来选择恰当的专业行为、设计恰当的教育
策略以达成教育目标的能力要求，是教师在对教育教学知识及真理充分认
识和掌握基础之上的专业行为自觉与主动担当；理性自律，即教师在工作中
可依据其对教育的理性认知来自主地约束、管理和审视自身的专业行为采
纳和专业实践开展的能力。理性自律是教师理性实践能力的最高水平及要
求，而具备实践理性自律的教师则已把理性认知与理性实践完全内化为主
动追求的精神需要与价值目标。教师理性实践能力的获取与应用以其理性
认知素养的具备为前提，而其发挥与增强久而久之亦会反向作用于教师理
性认知素养的提升。

三、教师理性之于教师个体与其专业的价值

理性为认识与思考之后的大智大慧，亦为对知识及价值的重要性获得
以及把握之后的坚守。② 教师理性的形成与运用对教师本身与其工作开展
皆具极其重要的价值与意义，主要反映于可以改善教师专业认同水平、确保
教师专业行为选择的合理性并能提升教师专业实践落实的科学性以及有效
性等方面。

（一）改善教师的专业认同水平

第三章的讨论中明确了教师专业认同关乎教师对于教育教学工作的理
解、态度情感以及整体看法，其要素主要包含了专业认知、专业态度、专业信
念及专业行为倾向，教师理性的主要价值之一就在于其有利于推动教师专
业认同的建构与发展。教师对教育本真及规律的探索、认识及把握的过程

---

① ［德］赫费. 实践哲学：亚里士多德模式［M］. 沈国琴，励洁丹译. 杭州：浙江大学出
版社，2011：前言 1-6.

② 眭依凡. 大学文化理性与文化育人之责［J］. 中国高等教育，2012（12）：7.

也是他们重新审视并反思其原有的专业角色认知、专业信念等要素的过程，亦即促成其专业认同发展与建构的过程，而这一过程的推进与实现可以有效帮助教师更好地理解及掌握教育教学的本真以及教师的专业角色与价值。换言之，教师理性的形成过程亦为教师探寻并重识自身专业价值的过程，这种内在自主的专业认知与理解的不断提升及强化不仅将帮助教师更为清晰理智地认识并知晓教师工作的角色承担及职责担负，还可能使得教师更为积极主动地调整或转变对于教育工作和受教育者的态度情感。此外，由于教师专业认同为教师专业发展和专业实践开展提供着重要的内在动力，教师理性素养之形成还将通过教师专业认同水平改善这项影响的发挥来间接实现教师专业成长与发展、学校教育教学质量提高以及教师职业幸福感之获得等其他作用。

（二）确保教师专业行为选择的合理性

追求理性的最大意义体现在行动开展前经过基于认识的正确设计来谋求行动落实的最大成功。[1] 教师理性的最终价值实现亦需要教师将思考及认识所获付诸行动，教师有关教育教学的思维及认识活动之开展将引领并推动其将对于教育教学的理性认知作为方向、原则和逻辑来合理地选择专业行为，因而选择并设计合理的专业行为以及制定与落实适宜的教育手段及策略都是教师理性的重要价值体现。能够恰当地选择与设计教学行为是富有教育智慧的教师之主要特征，是教师在追求教育理性的过程中将工作开展与理论探索进行深度融合且不断反思、感悟和实践的结果。教师每天面对的工作情境和须解决的问题皆存在不确定性和突发性，掌握并持守教育教学规律将有助于教师从容应对千变万化的教育情境，并及时采取合理适宜的行动。这是由于教师理性的养成与提升将帮助教师积累能够迅速发现教育现象及事件背后的因果关联和深层意义的教育智慧，教师教育智慧的形成将激发教师把所面临的突发事件转为工作动力，并通过反思与实践来积极解决困难及问题。[2]

（三）提升教育教学实践的科学性与有效性

尊重规律并坚守规律是教师具备专业理性的表现，因此检验教师理性的重要标准在于教师能在教育教学实践中做到自觉于遵循并守持教育本质

---

① 眭依凡. 大学文化理性与文化育人之责[J]. 中国高等教育，2012(12)：7.

② 郭晓娜，靳玉乐. 反思教学与教师教育智慧的形成[J]. 当代教育科学，2006(19)：21.

及规律。教师在认识教育规律及理念的基础上的专业行为设计及教育手段选择将有利于教育教学实践科学性和有效性的提升。一则，教师理性的发挥将帮助教师认识并理解符合人才培养规律的教育目的、培养模式的制定与落实，使教师能够自觉依据对教育规律的遵循与坚守来开展专业实践，从而有效避免了各种不符合学生身心成长与发展规律的教师失德失范行为发生的可能性，并可进一步增强教育教学活动的科学性。二则，教师理性的运用将使教师能够深刻认识及充分理解教育规律与理念和具体的教育教学实践之间的关联，有利于教师能够及时地调取和准确应用恰当的教育教学规律与理念来引导专业实践的开展，这将让教师省去在实践中反复尝试和长久摸索才能积累经验的时间，从而保证了教育教学活动实施的有效性。

四、教师理性的培育

职前教师教育应对教师理性的培育起到主导的作用与影响，本书认为教师职前培养过程中可通过构建基于研究的教师教育课程体系、强化逻辑学及方法论学习以及开展并推广行动研究等主要方式来促进教师理性之培育。

（一）构建基于研究的教师教育课程体系以关注教师理性培育

在大学人才培养模式的诸项构成要素中，教学内容即课程体系与课程内容的设计对学生素质能力的形成起到决定性作用。教师教育课程体系的构建是师范生人才培养目标得以实现的主要途径与保障。然而传统教师教育课程体系中的学科课程与教育教学专业课程之间没有搭建起一种内在的紧密逻辑关联，使得师范生的学科理论学习与专业理论学习在很大层面上存在脱节的问题，这导致学生很难通过对所学各类知识的融会贯通来形成教师理性价值观并获取理性认知素养和理性实践能力。基于研究的教师教育课程体系构建可以有效打破这一困境，研究的思维与专业文化将使得学科课程与专业课程实现很好的衔接，而如是课程体系正是将师范生理性思维及素养作为其素质能力结构的组成部分来予以重视的。

职前教育对教师理性培养的重要途径即为构建基于研究的教师教育课程体系，其主要举措可包括：其一，注重增进师范生对所任教学科的新近研究进展与成果以及教育教学领域新近研究的跟踪、了解与认识，使其在此过程中积极养成探索真知的兴趣与向往即理性价值观。其二，在完善课程体系的过程中还应考虑加强教师教育研究类课程的建设，使师范生能通过该类课程学习来深刻领会教师理性之于教育工作的价值。其三，提升教育实践的研究性导向,通过大学和中小学的协调配合来引导师范生在专业实践中探索并发现真知,并基于此来影响及选择专业行为,亦即帮助他们养成理性认知素养和理性实践能力。

(二)强化逻辑学及方法论学习以形成逻辑思维能力

理性的基础即为基于概念、判断和推理的逻辑思维能力,教师理性认识素养的核心要素亦为逻辑思维能力,教师能否形成一定的逻辑思维能力直接影响其提升理性素养的获得与提升。现实的情况却是绝大多数学生经过四年师范专业学习仍未能较好掌握有关概念、判断、论证及推理等原理及思维,其涉及原因很多,比如我国传统文化中逻辑就未能作为独立对象被研究,且从孔子到庄子都反对将概念等思维形式作探讨①,此外,由于职前教育对师范生逻辑思维能力的训练负有不可推卸的责任,因而师范生在逻辑思维能力上的不足也与职前培养过程中的逻辑训练以及方法论学习的欠缺不无关系。

鉴于较高的逻辑思维能力是确保教师认识和理解教育教学本质及规律的必备素养,职前培养机构应加强师范生的逻辑学和方法论教学以帮助学生形成及提高该项素质。首先,须重视师范生逻辑学类课程的开设并保证教学质量,真正发挥形式逻辑学的课程学习对于学生概念、判断与推理等能力形成的重要作用,而不致让课程开设仅流于形式。其次,注重让师范生在专业课教学及教育实践中通过逻辑思维能力的运用来主动习得并掌握教育教学理论,以便其能够将专业知识内化为自身的教育智慧。最后,研究方法的习得与运用亦为未来教师形成逻辑思维能力的重要手段,师范生有必要了解和知晓任教学科以及教育教学领域的主要研究方法,并能精通及运用其中的几种,研究方法的运用是系统训练学生逻辑思维能力及养成理性素养的最佳方式。

(三)开展并推广行动研究以培养反思精神与批判思维能力

追求真理的过程是敢于质疑并挑战传统及权威的过程,不能发现问题、无法质疑批判就丧失了探寻到理性的可能。在基础教育阶段的应试高压下,教师一言堂的知识灌输致使学生进入大学后甚至于研究生阶段都只习惯于被动接受知识,而提不出问题,更不敢质疑教师。这与培育教师理性的要求大相径庭。持有理性的教师是能在教育教学过程中及时发现和捕捉问

---

① 鲁洁,吴康宁. 教育社会学[M]. 北京:人民教育出版社,2001:135.

题,并懂得在专业实践和教育理论之间架构坚实桥梁来反思并分析问题,进而积极解决问题的教师,反思精神与批判思维能力是其应具备的重要素质。教师职前培养中行动研究的开设与推广将非常有益于师范生反思精神与批判思维能力的培养。

20 世纪 40 年代首次出现的行动研究(action research)是将行动和研究相整合,即在实际工作中寻找课题、在工作实践中开展研究,从而解决问题及改变社会。① 行动研究的主要特征在于为了行动而研究、在行动中研究、由行动者来研究②,其目的是形成对复杂的实践活动整体认识的实践智慧以理解和阐释人在认识过程中遇到的问题③,而这恰好与教师理性认识素养的习得过程相一致,由此可见行动研究之于教师理性培养的重要价值。如今,行动研究不但已成为不少国家教师专业发展实践开展的范式,且越来越多地被运用于旨在造就研究型教师的职前培养活动中。大学的教育院系可通过行动研究课程的系统教学来让师范生掌握行动研究的要义与方法,并安排其利用见习和实践的机会来尝试开展行动研究,即首先发现问题,接着通过观察、分享、反思、质疑、规划等步骤来分析问题,最终落实行动与实践以解决问题,以上环节的实现将积极促成师范生反思精神和批判思维等能力的培养。

第二节 热爱教育:教师专业情操与其塑造

有关教师专业胜任能力的研究已指出,知识、能力以及价值理念与态度情感的特质等三项要素为教师专业胜任能力的组成内容。④ 真正能够启迪学生智慧、感染学生心灵的人生导师,不仅要有精深的专业知识及能力,更应形成对教育及学生坚不可摧的情感品质与道德操守亦即教师专业情操。2014 年,习近平总书记在与北师大师生的座谈会上号召全国广大教师做"四

---

① 姜勇,洪秀敏,庞丽娟. 教师自主发展及其内在机制[M]. 北京:北京师范大学出版社,2009:361.

② 张民选. 对"行动研究"的研究[J]. 华东师范大学学报(教育科学版),1992(2):63-70.

③ Elliott J. Action research for educational change [M]. London:Open University Press, 1991:19.

④ 胡志金. 论新课程背景下教师优良情操的标准[J]. 教师教育学报,2014(8):36.

有"(即有理想信念、有道德情操、有扎实学识、有仁爱之心)的好教师①,其中"理想信念""道德情操""仁爱之心"都直指教师的专业情操之构成要素,可见专业情操为当前时代优秀教师最为必不可少的专业品质。教师专业情操的塑造与提高本应属于职前教师教育开展的重点目标及任务,然而,长久以来师范教育重视知识技能培养而忽视专业情操养成之事实不得不促使我们追溯教师专业情操的含义、构成、意义等一系列本源问题,并引发对于怎样在职前教师教育过程中塑造教师专业情操之问的反思。

一、教师专业情操的内涵与要素

(一)教师专业情操的内涵

情操(sentiment)为西方近代心理学研究领域术语,其区别于情绪、情感及感情的方面在于具有超功利性、理智性等超越性情感特征,是多种感情成分以某种观念为中心所形成的较稳定的心理状态。② 中西方语言学对于"情操"一词的释义非常接近:英文"sentiment"被理解为综合思想和感情的心理状态③;中文"情操"的定义则为由感情和思想综合起来的不易改变的心理状态。④ 可见,情操既包括感情又具超乎感情之外的稳定性特征。作为舶来品,情操通常被认为可分为求知情操(intellectual sentiment)、审美情操(aesthetical sentiment)、道德情操(ethical sentiment)以及宗教情操(religious sentiment)。⑤ 基于以上对于"情操"含义与要素的理解,可将"情操"定义为围绕人的社会需要与价值实现为中心而形成的高级、稳定的情感倾向与道德操守,主要包含理智感、道德感与审美感等构成要素。

教师专业情操(teacher's professional sentiment)源于教师专业精神的范畴又高于专业精神的内涵,它是教师基于对所从事工作及其价值的理性

---

① 习近平与北师大师生座谈 提出"四有"好教师标准[EB/OL]. [2014-09-10]. http://politics.people.com.cn/n/2014/0910/c70731-25631746.html.

② 陈天庆. 论"情操"及"情—操"——一种存在论意义的探讨(论纲)[J]. 江苏社会科学,2005(2):29.

③ Collins dictionary and thesaurus[Z]. Glasgow:HarperCollins Publishers,2005:779.

④ 中国社会科学院语言研究所词典编辑室. 现代汉语词典[Z]. 北京:商务印书馆,1998:1035.

⑤ 陈天庆. 论"情操"及"情—操"——一种存在论意义的探讨(论纲)[J]. 江苏社会科学,2005(2):29.

认知而形成的专业情感倾向以及专业道德操守，即可被理解成专业精神部分要素的特质及倾向。本书之所以采用"教师专业情操"的表述而非"教师情操"抑或"教师职业情操"，一则是为了重点突出教师工作并非普通职业而应被作为专业即专门的职业来予以强调；二则是表明本书所讨论的情操是聚焦教师所从事专业而展开的，而不涉及教师专业生活以外的领域。教师工作的专业性和特殊性从根本上决定了胜任教师工作的重要前提为养成热爱教育、尊重及关爱学生的专业情操。专业情操是构成教师价值观的基础，也是优秀教师所必备的个性特征，亦为教师专业情意发展至成熟的标志。①

（二）教师专业情操的构成要素

本书认为，教师的专业情操主要由教师的专业投入感、专业使命感以及专业道德感这三项要素构成。

1. 教师专业投入感

教师的专业投入感（teacher's professional engagement）是教师对教育工作和学生所保有的积极热情的情绪状态以及对从事工作的专注投入的精神状态，具体可表现为教师对教育事业和学生的热爱与奉献以及对教育教学工作的忠诚及专注。专业投入感是教师专业情操的重要组成要素，教师工作的特殊性决定了教师要形成以爱生敬业的情绪情感投入为基础的稳定持久的精神状态。教师工作最突出的特点在于其为培养人的活动，教师的工作对象是人，工作目标则是促进人的身心和谐健康发展，因此教师对工作及学生所持态度和情感能够直接影响学生内心感受与其受教育的过程与效果，教师喜爱工作、热爱学生，才能为学生传递并提供参与教育与学习的积极感受及精神动力，教师工作的如是特性导致从事教职需要比其他行业投入更多的爱心与热忱。正如苏霍姆林斯基所言："一个好教师首先意味着他热爱孩子，感到跟孩子交往是一种乐趣，相信每个孩子都能成为一个好人，善于跟他们交朋友，关心孩子的快乐和悲伤，了解孩子的心灵，时刻都不忘自己也曾是个孩子。"②爱孩子、爱教育的精神投入是引领教师关心并了解学生，从而帮助学生实现身心全面发展的内在驱动力，也是人生导师所必备的专业素养。必须明确的是，教师专业投入感为一种自觉自律的积极情感体验及倾向，而非受道德或规制约束的他律结果，其表现为教师全身心融入工

---

① 教育部师范教育司. 教师专业化的理论与实践[M]. 北京:人民教育出版社,2003:64.
② [苏]苏霍姆林斯基. 帕夫雷什中学[M]. 赵玮,等译. 北京:教育科学出版社,1983:44.

作的专注愉悦感受与状态,且强调的是教师主观层面的愉悦与专注。①

2. 教师专业使命感

教师的专业使命感(teacher's professional mission)是教师在专业价值确信基础上所形成并树立的责任感、担当精神与理想信念。教师具备专业使命感的前提为其主观上认同并相信教育事业的崇高性与神圣性,亦即能深刻理解并充分感受从事教育工作的重大价值与意义,而且能逐步超越现实与功利因素等考虑来实现个体专业价值及探寻个体生命意义。结合教师工作的特征,本书认为教师专业使命感主要表现为以下几个层次:第一,教师认可并相信从事教书育人工作能够帮助他们实现自我价值并追寻生命意义,并能不断维持及提升这种主观感受;第二,基于此,教师能在实践中对"身为教师的目标与价值究竟何在"的问题进行探索和思考以逐渐形成成熟的见解并付诸行动;第三,教师立足对专业的价值认同与使命坚守之高度,来形成对于工作与学生的责任感、担当意识与自律精神;第四,教师能对未来工作开展与专业发展持有积极乐观的期望以及坚定明确的信念,并有志于追求并实现自己的教育理想。教师专业使命感的形成是教师树立并提升专业精神的核心要素,它将帮助教师实现从价值理性的角度来理解自己的工作,进而增强教师的工作动机,并提高教师的成就感与满足感。这主要是由于当个体将工作视作一种使命之时,便会专注于工作,并认为其所从事的是可以为社会增添福祉的有贡献的工作。② 因此教师使命感之形成在主观上有利于促进教师专业投入感等良好专业态度与情感之塑造,客观上也将激励教师把握对教育本质及价值的认识来理智地选择并落实专业行动。

3. 教师专业道德感

教师的专业道德感(teacher's professional moral)是教师基于对教师职业道德规范以及行为准则的认同与内化而形成的自我德行要求及修养境界。学校教育对人和社会发展的功能发挥以及教育影响的广泛性与延续性等因素共同作用导致教师在专业生活领域内外都必须具有坚守一定的道德操守,这是教师调节并处理好与自身、与学生、与学校、与社会以及与国家之间相互关系的前提。专业道德感是教师德行在其情感领域的集中体现③,不仅影响着教师专业态度与专业自我等精神要素的塑造,更约束并规范着教

---

① 李敏.中学教师工作投入感研究[D].上海:华东师范大学,2015:37.
② 张丽敏.教师使命的内涵及特征探讨[J].教师教育研究,2012(6):9.
③ 刘一呈.论教师的专业情操[D].曲阜:曲阜师范大学,2011:10.

师的专业行为。教师应具备怎样的专业道德感?结合我国国情而言,教育部于 2008 年重新修订印发的《中小学教师职业道德规范》对广大教师提出了六大方面的师德要求:爱国守法、爱岗敬业、关爱学生、教书育人、为人师表、终身学习。① 综合上述国家层面对师德规范的号召及要求,本书认为教师专业道德感应该表现为四个层面:首先是对国家和社会的义务感及担当感,其次是对教育教学工作的热爱与奉献感,再次是对学生的关心与爱护,最后是教师自身为人处世的规范及自律。仅有娴熟的教学技能并不足以成为优秀的教师,一名优秀教师必然拥有高尚的专业道德感,这是确保教师能够做到道德自觉和操守自持从而成长为有德行的好教师的主观条件。

二、教师专业情操对教师个体及其专业的意义

教师专业情操的培育与提升对教师个人及其所从事的工作发挥着无以代之的重要意义。具体而言,它将帮助教师个体建立及坚定教育信仰、增进愉悦的情感体验及职业幸福感、自觉地提升自身专业素养,此外,亦有助于教师群体的师德师风之改进从而推进教师专业地位的提高。

(一)建立并坚定教师的教育信仰

德国哲学家雅思贝尔斯曾言:"教育须有信仰,没有信仰就不成其为教育,而只是教学的技术而已。"②教育信仰是教师在认识和理解教育本质属性及终极价值之后所建立的对所从事专业持久稳定的价值确信、精神信赖、内心向往、行为约束以及理想探寻。教育信仰作为教师对于教育"至真至善至美"之理想境界的永恒追求与执着向往③,其实质为教师已升华及内化为专业行为本能的情绪情感及心理状态。毋庸置疑,教师专业情操的生成与丰富将使教师获得构建教育信仰所需的理性及非理性要素,并使其拥有持久的情感动力来坚守和实践自己的教育信仰。一是教师专业使命感的形成过程即为教师对教育及自身专业的本质与价值不断探索和渐进认知之过程,而发现和理解教育之本真是教师在理性层面形成教育信仰的前提条件;二

---

① 中华人民共和国教育部,中国教科文卫体工会. 全国委员会关于重新修订和印发《中小学教师职业道德规范》的通知[EB/OL]. [2018-08-28]. http://www.moe.edu.cn/s78/A10/s7058/201410/t20141021_178929.html.

② [德] 雅思贝尔斯. 什么是教育[M]. 邹进译. 北京:生活·读书·新知三联书店,1991:44.

③ 田友谊,张素雅,赵婧. 让信仰引领教师专业成长[J]. 湖北教育(综合资讯),2016(3):18.

是教师专业投入感的具备与提高能为教师树立和忠诚于教育信仰提供内在动机和心理支持等主观条件,热爱教育、关爱学生的教师才有可能在专业生活中增进对教育价值的确信与守护,并乐于在教育岗位上耕耘终身;三是崇高的专业道德感能规范引导教育信仰由价值理性到工具理性的转换过程之实现,这主要由于它能为教师的教育信仰落实为具体的专业行动提供专业道德层面的自我管理、自我反省及自我约束。

(二)增进教师的愉悦情感体验及职业幸福感

教师专业情操是由教师对专业所持积极、乐观的情绪情感升华而形成的稳定心理状态,具有较高水平专业情操的教师不仅能理解并体会教育事业的价值与意义,亦较能体验并感受到在专业中追寻自我生命价值实现的愉悦感与成就感。专业情操一旦生成,便为教师自主的心之所向、情之所往而绝非他律所能决定的结果,且对于教育工作或专业的热情、投入、向往与坚守之情是教师出于对自我专业价值追求及体验之需求的实现而产生的,并且是非功利的。比如,一位有着较高道德感的教师能够因为自己尽到为人师之责任与义务而感到内心的平安与踏实,这种道德自律的良好情感体验并非受外在制度规范管制的结果;再如,一位对学生满怀关爱之情的教师能在学生每每收获成长与进步之时深切地体会到身为教师的成就与快乐,这种精神层面满足感的收获亦非一切物质刺激所能实现的。概言之,专业情操的提升可以帮助教师更深刻并充分地体验到教育工作带给自身的愉悦、丰富感受,长此以往则有益于促成教师职业幸福感的不断获得与积累。

(三)促使教师自觉于专业素养的提升

教师专业情操的养成会促使教师以更高的自我要求及标准来审视和评价自身专业能力及水平,而随着教师内在自律机制的形成,落实专业发展实践以及促进专业素养提升都将成为教师的自主自觉需要。专业情操作为一种正向、崇高的专业精神,是改善教师专业行为的内在动力,热爱教育、热爱学生、坚守教育等情感与意志品质的形成则将激发教师自愿并主动投身于旨在提高自身专业素养的专业发展实践中,而迈向自主专业成长之路则标志着教师所处专业生涯阶段已达到高级、成熟的水平。从教师专业生涯的发展阶段而论,教师具备自主的专业发展意识并能积极切实践行自主发展是专家型教师专业发展的特征与目标。教师会因专业情操的影响发挥而逐渐意识到专业发展及素养提升是一种自我价值实现的需要,因而将在形成自主发展意识的基础上付诸行动,亦即落实专业发展实践以改善自身的素质能力。教师专业发展具有动态性及非线性之特征①,由新教师到专家型教师的转变过程的发生需要内外部及主客观层面诸多因素的共同作用,其中,教师专业情操则为自主专业发展的实现提供了动机、态度、情感及意志等不可或缺的要素。

(四)改进师德师风以提升教师专业地位

"让教师成为令人羡慕的职业"现已成为政府的号召与工作目标,毋庸置疑,提升教师行业的吸引力是与教师专业地位的提高密切相关的,而教师专业地位的提高除了涉及教师经济待遇的改善等因素外,还牵涉公众心目中教师群体良好形象与地位的建立。以往相当长的一段时期内,教师工作的专业性并未得到社会的一致公认,民众总体上并不认为教师如医生、律师等专业人士一样具有不可替代性,解决该问题的重要途径在于提升师资队伍的整体素质,包括教师道德水平及精神风貌的改善。倘若在教师专业生命周期的各阶段中,专业情操的培育都能被予以相当程度的重视及强调,那么专业精神的养成特别是师德师风的树立不仅有可能得到相当程度之落实,且终将内化成为教师主动追求的专业发展目标。源自内部的对于教育工作的情绪情感投入、使命坚守力量与道德担当精神会引领教师不断地自我反思及超越,并将帮助教师塑造更美好的专业形象。优良的师德师风将改进全社会对于教师专业形象的认知,并有利于营造尊师重教的和谐氛围,由此可见,专业情操的培育对于师德师风的改进能在客观上起到改善教师专业地位的作用。

三、教师专业情操的塑造

对于教师个体及其专业,专业情操承担着至关重要的作用与意义,但是以往职前教师教育的开展却远未赋予专业情操塑造如知识能力培育同等重视程度,这一现实问题之凸显不禁引发有关职前教师教育该如何促进师范生专业情操养成之思考。虽然教师专业情操的塑造是受到内外部以及主客观各种因素影响的复杂工程,且其过程与结果之间存在着不确定性和未知性,但并不意味着职前教师培养机构可以忽略对未来教师专业情操塑造之职责。结合对教师专业情操之要素以及教师教育人才培养模式与其发展趋势的综合考虑,本书认为下述三方面举措的落实可为师范生专业情操塑造及其水平提高发挥或多或少的积极作用。

---

① 李剑. 不同职业生涯阶段教师的专业发展[J]. 教育理论与实践,2009(9):37.

（一）完善实践导向培养模式以培育对专业之爱

教师从事的是实践性极强的专业。近些年来受到教师专业化进程的影响，大学对师范生的培养由理论导向日趋转向实践导向。所谓实践导向的教师教育培养模式，即强调师范生培养过程中的实践取向并充分注重理论课程和教育实践的协调融合、专业精神与知识能力的兼顾并重、大学与中小学校的配合协作以提升师范生综合素质以及专业实践能力的培养模式。实践导向培养模式讲求引导师范生通过对所学专业的主动探索和学习来获取专业素质能力，而非以往被动地接受理论知识。已有实证研究发现，师范生对教育及其相关理论的价值判断及其专业精神之养成都与其所接受的授课方式和教学内容直接相关①，教师工作本是极为强调经验的行业，倘若师范生的理论积淀与实践体验是割裂的，那不仅将不利于其学以致用，更将使其难以通过对教育的主动探索与感知来自发形成专业精神品质。教师对教育事业和学生的兴趣与热爱有先天既成的也有后天培养的，其中，教师教育对未来教师所持"敬业爱生"的情感特质之养成意义尤重。

纯粹理论教学尤其传统说教是一种被动、低效的增进师范生对专业兴趣及热情的方式，实践性培养模式的建立与完善则可为师范生提供更多自主探索教育本质及规律的机会，使其在对教育和学生的主动了解和感知过程中循序渐进地养成对专业之爱。首先，在培养目标设置中，应将专业情操塑造及专业精神培养作为师范生素质能力结构的重要构成来予以确立并重视；其次，提升教育实践开展的灵活性与强度，在整个培养周期中根据不同阶段的培养任务将师范生的理论学习与专业实践做深度融合，增设教育见习及实习的机会，并适当延长时间总量，以让师范生有充足的时间来参与及感受专业生活，从而更为全面地认识和了解教育与学生；最后，重塑师范生评价标准与方式，思考并完善教育实践评价标准与工具的设计，并可提高学生教育实践表现占其总评价结果的比重，对师范生的评价还应突破知识能力考核的限制，且可以通过"档案袋评价"等方式来记录师范生对专业的情感投入及认知水平等因素的变化情况。

（二）构建心理素质教育体系来提升人格品质

对中小学生来说，教师不仅承担着培养和影响他们的工作职责，还担负

---

① 耿文侠，陆云清，封欢欢. 教育理论课教学对师范生教育理论价值判断及专业精神之影响的实证研究[J]. 课程·教材·教法，2010(2)：91.

着身正为范的榜样作用。这是教师行业完全有别于其他职业的特殊一面，极少有职业如教师工作一般即便在专业生活领域以外仍对从业人员的人格与道德有着较高要求。归根结底，只有教师自身拥有良好的人格以及健康的心态，才有条件和能力去塑造学生的健全人格并启迪其心灵成长。此外，教师的人格与心态还是专业情操形成之基础。专业情操本质上为稳定的心理状态和情感倾向，它与个人所持人格特质有着显著的交叉重叠关系，因此师范生人格品质的改善可帮助塑造并提高其专业情操。即便人格的养成与改变是涉及多元因素影响的极其复杂的过程，但可以确定的是人在任何年龄段所经历的重大生活事件及所处外界环境等因素仍能对人格的改变产生持久有力的影响。职前教师培养机构可通过积极构建师范生的心理素质教育体系来提升学生的人格品质。

教师教育之心理素质教育体系构建意义重大，不但能够改善学生的人格品质以更好地塑造专业情操，亦能使师范生获得调节心理、缓解压力的常识与能力以为将来的专业生活做准备。教师培养机构可在人才培养各环节采取多种方式手段来培育学生心理素质：其一，将从事教育工作所需心理素质及人格品质等条件及时调整，并更新至师范生素质能力框架中，以为后续培养活动之落实提供明确的规格与依据。其二，通过多样化的途径，例如细化及加强心理学类课程教学、增设心理健康讲座、提供一对一心理咨询与辅导以及推广相关主题活动等方式，来让师范生在认识心理健康之于未来从事专业重要意义的基础上主动学习并掌握保持心理健康的基本常识与能力。其三，大学可与中小学校共同合作，以实现心理素质教育与师范生专业体验过程的融合渗透，让学生在对专业的感性认知过程中体会及理解人格及心理素质之养成对于教师工作的重要性，审视并发现自身所存在问题与不足，以便进一步改进。

（三）推进研究性学习以培养专业情操养成所需的研究素养

从本书前面章节的讨论中可清楚获悉研究素养的具备之于教师工作与其专业发展的重要性，那么反思精神、研究素养与教师专业情操的形成又有什么关联？教师专业情操有着动态性和发展性的特点，从源自教师个体的影响因素来看，其很可能随着教师对于教育本质及价值的理解之深入、专业经验的积累以及知识能力的提高等而得以不断改善和提升。而不论是对教育本质、价值及规律的认识及把握，还是专业经验及能力的提高，懂得研究、善于研究的教师都明显具有更为强有力的优势和助推力。另外，教师的专业投入感、专业信念感以及专业道德感一经生成都将影响教师的专业行动，且此亦为专业情操的价值体现，其中的作用发生机制无法脱离教师对教育教学反思及研究的介入。由此可知，反思精神及研究能力的获取对于教师在职业生涯各阶段持续地提高专业情操水平以及教师专业情操的作用发挥皆有非同小可的意义。

研究性学习(inquiry learning)亦称为探究式学习，是培养学生反思精神及研究能力的重要途径，其强调发挥学生在学习过程中的主体性与能动性，并且注重培养学生主动发现问题、分析问题及解决问题的能力。师范生培养过程中可充分利用并积极发挥研究性学习的作用，训练学生的反思精神及研究素养：第一，大学可增开一些高品质的师范专业研究型选修课，让学生根据兴趣及爱好来自主选择课程学习并在学习中体验研究、在研究中了解专业。第二，引导师范生牢牢把握教育实践，将之视之为研究性学习的绝佳机会，培养其在观摩和实践中发现值得研究的问题，并结合理论学习所获来尝试反思和解决问题。第三，毕业论文的写作及完成也应作为师范生研究性学习开展的重要环节，可借鉴芬兰大学的经验，让学生利用专业实习的机会来做选题与研究设计，鼓励他们合理地选择并运用恰当的研究方法来独立解决问题。

第三节　教师理性与专业情操的相互关联

理性与情感相互交织并对立统一于每一个生命体中。然而历史上相当长的一段时期内，理性与情感都被视为相互对立的关系。例如，柏拉图(Plato)就曾借苏格拉底之口描述人的灵魂好比一辆由两匹飞马驾驶的战车，其中的一匹为白马，它代表人的道德和节制，另一匹就是黑马，代表人的情感和欲念，它必须借由人的理智来驾驭。① 文艺复兴时期，理性甚至被认为是情感的束缚，人们倡导情感应当摆脱理性以彰显人文主义色彩。② 时至18世纪，英国哲学家大卫·休谟(David Hume)则已经指出，理性能为情感

① ［古希腊］柏拉图. 柏拉图全集(第二卷)[M]. 王晓朝译. 北京：人民出版社，2003：160，163，168.
② 赵冲. 教学理性的概念史研究[J]. 课程教学研究，2016(7)：11.

指明方向，从而将两者统一起来。① 本书认为，教师理性与教师专业情操分属人的理性与情感层面要素，教师专业实践的开展必须认识及遵循教育规律，但也离不开教师的情感交流与投入，从而使得两者相互影响制约，并有机统一于优秀教师所应具备的素质能力体系中。认识教育并热爱教育分别为教师理性与专业情操的各自指向与表征，也是专业生涯处于成熟阶段的教师所必备的基本属性特征。教师理性与专业情操之间相辅相成的联系对教师教育人才培养模式的设计及改革具有有益借鉴与启示。

一、教师理性对教师专业情操的影响

理性的目标指向明确，即探索真理与规律。同样，教师理性的建构亦在于追求及遵循教育本质及规律，这在根本上决定了它将引领教师专业情操形成的价值与方向。此外，理性与道德之间的密切联系致使教师理性为专业道德感得以形成的必备要素。

（一）教师理性引领专业情操形成的价值与方向

德国哲学家胡塞尔（Husserl E. E.）曾说，理性是关于真正价值学说之主题，是关乎伦理行为学术的主题。② 情操是个体主观情感体验和心理状态，其表现形式具有非理性特征，但由于理性可以为情感指明方向，所以在情操的形成过程中，理性因素的作用发生是其价值引领和方向确定的前提条件。一方面，教师理性的构成要素之一为教师理性价值观，理性价值观的树立是教师懂得并坚持通过认识及遵循规律来理解教育和学生的前提，而从价值观念层面秉持理性认识并理解学生和教育事业之理念可使教师循序渐进地养成对所从事专业的投入感、使命感及道德感，并形成对它们各自的价值理解与坚守，认识教育、理解教育方能对教育产生更为深刻并持久的热情、专注度及责任感，由此建立教师理性价值观，对专业投入感与使命感之形成具有价值引领的作用。另一方面，教师理性要素中理性认知素养和理性实践能力之运用将帮助教师自觉自主地揭开更多有关教育本真及规律的神秘面纱，这将激发并引导教师以一种合乎专业逻辑的思维来对自身角色承担所关涉的责任感、担当精神、理想信念以及德行要求与操守修养等做渐

① 罗伟玲，陈晓平. 理性与情感的张力——评休谟的道德哲学[J]. 华南师范大学学报（社会科学版），2008(1)：47.

② ［德］埃德蒙德·胡塞尔. 欧洲科学危机和超验现象学[M]. 张庆熙译. 上海：上海译文出版社，1999：9.

进深入的思考,因此教师理性认识与实践水平将影响并引导其专业使命感及道德感的形成方向。

(二)教师理性是专业道德感塑造的必备要素之一

理性是关乎个体价值形成的认识过程,以理性建构起和谐一致的价值体系方能在复杂社会冲突前做出清醒的价值选择[1],而价值观一经形成便将促使人们自觉于通过理性来做出道德判断与选择。基于此,英国学者莫恩斯(H. O. Mounce)认为,理性是道德的基本要素之一。[2] 就教师工作而言,教师理性要求的是探寻教育教学本质,从而追求教师工作价值之实现,教师专业道德感的重要意义亦为实现教师的专业生命价值。理性的力量可以帮助教师从以受师德规范影响为主的"他律"阶段过渡至深度的"自觉自律"水平,亦即实现专业道德不断积累并内化至自身的思维体系和价值体系。本章第二节提出,教师专业道德感就是教师个体基于教师道德规范及行为准则的认同与内化而形成的自我德行要求与修养境界,教师理性则是促成这一道德认同及内化过程发生所不可或缺的要素。教师工作的特性决定了教师追求教育本真及规律的活动不仅是理性思维主导的认识及实践过程,也必然涉及教师对于工作的情感体验与感性领悟,这种理性认知、实践以及感性体验交织作用促使教师有效地积累及提升专业经验与教育智慧,进而有助于其从认知层面提高对于自我德行修养的理解、领悟与要求。苏格拉底曾言德行是能洞察真理的,并属于"知识"[3],清晰揭示了理性、道德与知识之间天然的密切联结。

二、教师专业情操对教师理性的作用

教师专业情操对教师理性具有一定的作用,主要表现在:专业情操是保证教师能够自觉于追求专业理性的情感动力,另外,教师专业情操还可以弥补教师理性所无法做出的专业行为选择之空隙。

(一)专业情操是保证教师自觉追求理性的情感动力

教师所从事的是培养人的创造性活动,该过程需要理性的驾驭,也必须

---

① 周秀芹. 理性:道德行为发生的内力[J]. 中共中央党校校报,2013(4):29.

② Mounce H O. Hume's Naturalism[M]. London and New York:Routledge Press,1999:89.

③ [英] A. E. 泰勒. 柏拉图:生平及其著作[M]. 谢随知译. 济南:山东人民出版社,1991:351.

有热情的投入以及执着的付出，教师专业投入感和使命感的建立是确保其自觉于追求理性的情感动力。一则，热爱教育关爱学生的情感投入为教师自觉自愿地认识并了解教育和学生提供了强有力的驱动力，教师热爱工作就自然会产生探索和认识专业的强烈意愿，内心真正尊重和关爱学生就能尝试去了解并理解学生，而且将自觉去探索如何才能促进学生的身心全面发展；再则，教师专业使命感的形成与强化是与教师理性之养成相一致的，教师具备专业使命感即意味教师能不断深入地理解及把握从事教育工作的价值与意义，并能积极探寻自身的专业生命价值，这一过程势必带动或牵涉教师理性认知活动和实践活动的开展；此外，教师的专业信念、期望与理想也为其自觉于追求理性提供了重要的内在动机与精神支持，有教育信仰和教育理想的教师才有更为宽广的视野、长远的眼光、执着的信念以自主地运用理性思维来审视并反思教育实践，并基于认知所获来引领专业行为的选择及落实。概言之，教师具备一定水平的专业情操，将在精神层面确保其能够自觉于探索及追求专业理性。

（二）专业情操可弥补理性暂且力所不及的行为选择空隙

对理性的追求没有所谓的终点，不管在任何历史时期总是存在无尽的未知等待被发现和揭示，人类对于知识和真理的探索从来不曾停止也永远没有极限。随着人类理性水平经历从无到有、由少及多的变化，尽管知识产生的周期和社会发展的进程等都在迅猛缩短和提速，但仍然始终有现有人类理性认知暂且无法触及的领域和不能解决的问题。相似的情况存在于教师的职业生涯中。教师理性存在动态性和发展性，就理想情况来看，即便教师在终其一生的职业生涯里不停地形成并积累理性认识素养和理性实践能力，但不管处于哪个阶段，其理性水平都存在提高的空间与可能，也就是说一定存在无法以教师个人有限的理性去攻克的现实难题，教师理性素养及水平的有限性使其无法完全依赖理性去做出所有的专业行为选择。此时，专业情操的作用与价值便得以彰显，它可以帮助教师去完成理性暂且无法引领其做出的专业行为选择。从本质上论，这是由于教师专业精神是影响专业行为的内在动力，也就是说教师完全能凭借其对教育和学生的热情以及执着的信念和高尚的道德情操，来弥补其掌握的专业知识与教育规律不足以做出有益教育和学生的行为。这能很好地解释为何近年来媒体大力宣传的不少乡村地区教师在专业知识及教学经验均不如城市及发达地区名校名师的情况下仍能启迪孩子心灵及智慧并将他们培养为有理想、有道德、有担当的优秀学生,其主要原因即在这些教师的教育教学实践都是基于其所拥有的崇高的专业情操来开展的,他们乐于为教育和学生去投入和奉献的精神产生了持续、深远的教育影响及效果。综合以上,本书认为专业情操可以弥补教师理性暂且无法做出的行为选择空隙。

三、两者相互关联对于教师教育开展之意义

以往大多职前教师教育的实施逻辑是强调将专业知识和专业能力各自涉及的要素作为教师教育人才培养模式的主要规格,专业知识与专业能力在师范生课程及教育实践中的统合与协调是教师职前培养机构所关注并致力于解决的重点问题。上述教师教育思路及逻辑并没有准确把握并充分考虑到教师的理性和专业情操与其专业知识及能力同样为称职或优秀教师所必不可少的专业素养。

认识教育与热爱教育是教师能真正做到懂得教育乃至善于教育的前提,培养师范生逐渐养成理性及专业情操才有助其出于自愿、自觉、自律来推进自身的专业成长及发展,而非被动地学习和接受知识及技能。因此,传统以专业知识和能力为核心培养目标的教师教育体系亟待被调整并重构。作为职前教师教育机构的大学应整理培养思路,并重点思考将教师理性所涉及的理性价值观、理性认知素养和理性实践能力以及教师专业情操所包含的专业投入感、专业使命感和专业道德感纳入人才培养目标中来,以使后续人才培养诸项环节的设计有据可循。在课程体系设置方面,须突出实践性与研究性之导向,对于理性和情操的养成而言,更为有效的手段是让师范生在亲身体验专业生活、在研究中反思专业实践及问题的过程中不断地尝试主动思考、理解、感悟及领会。开展及加强研究型课程等研究性学习、行动研究以及与课程学习和专业研究相结合的教育实践都将有助于师范生理性与专业情操的自动生成。由于教师理性与专业情操之间本身为相互促进和相辅相成的关系,上述举措的落实很可能会对理性与情操的养成同时起到一举兼得的效果。在对师范生评价体系方面,可将逻辑思维能力、批判性思维能力、反思精神与研究素养以及师范生的心理素质和人格品质、对于专业的认知水平及情感投入等素养列入评价考核标准中来,可建立完善追踪观察记录以及档案袋等过程性评价系统,更新扩展学生的综合素质评价方式,并引入权威、专业、适切的心理健康测验来尽可能全面、科学地衡量及评估师范生的理性习得程度和专业情操水平。

第七章 精通教育:教师专业知识体系 与其培育研究

精通教育,即能够全面且透彻地了解和知晓与学校教育教学工作有关的包括任教学科、教育教学等在内的教师专业知识,为专家型教师所必备的主要特征之一。教师专业知识体系的建构与发展是确保当今时代的教师能够胜任专业角色并履行其职责的基本前提和重要基础。本书的第五章中,已明确专业知识为教师素质能力结构的基本构成要素,并从理论层面简单讨论了专业知识的大体分类。

那么,在目前基础教育实践的视域中,拥有丰富教育经验并能收获教育教学实践成功的资深教师通常掌握或具备哪些基本的知识构成要素? 只有基于此并结合理论研究以及经验分析来重建一个契合时代和学校教育发展需要的教师专业知识体系,才能培育师范生形成和获取能够有效支撑其未来工作开展的各种各类知识。鉴于此,本章着力于分析和探讨的主要问题在于如何重建教师专业知识体系,以及就职前培养机构和师范生自身而论分别应当采取怎样的有效的举措和对策才能积极推进和促成未来教师专业知识体系的习得与构建。

第一节 教师专业知识与其价值

专业知识作为教师专业素质能力的重要构成要素,为影响教师专业行为的基础。在重新建构教师专业知识体系并从职前教师教育角度来探讨其培育问题之前,有必要先对教师专业知识的内涵以及教师专业知识对于教师个体与其专业存在哪些方面的主要价值与影响等问题予以思考和回答。

一、教师专业知识的内涵

"知识"在中文中一般被定义为"人们在改造世界的实践中所获得的认识和经验的总和"①,亦即知识包含人的认识及经验。英文中"knowledge"一词则通常被理解为一个人或一群人所认识的事实或经验以及关于认识的陈述等含义。② 由此可见,中英语境中对于知识的一般定义大体都涉及理论知识与经验知识的要素构成。

英国哲学家洛克(John Locke)率领了现代知识观的经验主义传统,并认为人的理性和知识都是从"经验"来的,一切知识都建立在经验的基础上。③ 而英国哲学家休谟(David Hume)则曾以"因果性"概念为据,质疑经验科学与方法的确定性,并否认了经验知识的必然性。④ 此后,康德挑战了这一命题,且构建了知识三重层次划分理论,他认为第一层次即最低层面知识就是经验知识,即一般意义的自然科学知识⑤,第二层次的知识为自然意义上的形而上学实施,构成了自然科学的先验法则;第三层次是哲学意义上的形而上学知识,来自对数学和自然科学的"纯粹部分"及形而上学的反思⑥,为知识的最高层次。

除了知识与经验的关联为西方知识论研究所聚焦于讨论的主要问题之外,知识与信念的关系亦为其热衷于探讨的另一焦点。柏拉图最早讨论了知识与信念的关系并认为知识应当包含信念。⑦ 美国科学史家库恩(Thomas S. Kuhn)提出了"范式"(paradigm)的概念,即指出其为有关价值、信念和方法论之共同体,他明确了信念之于范式的同构关系,亦凸显信念在

---

① 中国社会科学院语言研究所词典编辑室. 现代汉语词典[Z]. 北京:商务印书馆:1612.

② Collins dictionary and thesaurus[Z]. Glasgow:HarperCollins Publishers,2005:466.

③ 陈静静. 教师实践性知识论[M]. 上海:华东师范大学出版社,2011:31.

④ 陈嘉明. 知识论研究的问题与实质[J]. 文史哲,2004(2):15.

⑤ [德]伊曼努尔·康德. 自然科学的形而上学基础[M]. 邓晓芒译. 北京:生活·读书·新知三联书店,1988:3.

⑥ 陈嘉明. 知识论研究的问题与实质[J]. 文史哲,2004(2):15.

⑦ 北京大学"哲学系外国哲学史"教研室. 古希腊罗马哲学[M]. 北京:商务印书馆,1961:205.

科学知识的形成、选择和转变中所发挥的关键作用。①

事实上，古今中外对于"知识"的理解与定义复杂，且随人类社会发展与文明进步而不断发生着变化，知识的概念具有显著的动态性及发展性等特点。本书认为，知识是人在探索和改造物质世界和精神世界的过程中所形成并积累的客观、理性的认识和经验、思想等的总和。

教师专业知识(teacher professional knowledge)是在将教师作为专业的基本前提下，该专业群体从事教育教学工作所应具备的各类知识之总和。通常来说，对于与教师有关的知识之表述主要有：教师知识、教师个体知识、教师专业知识等，之所以采用"教师专业知识"的表述，是由于本书认为教师的知识是一个边界极为宽泛的概念，教师工作的特殊性导致教师在工作领域之外的个人生活经验和知识也会影响到其工作开展，若将上述等因素都统统纳入本书的分析范围，则易使研究焦点分散模糊。研究分析和讨论教师工作所涉知识的目的在于为教师教育人才培养提供可资借鉴的理论与启示，因此，聚焦于作为专业的教师从事教育教学工作所应具备最为重要的具体知识要素之集合，并对之予以深度分析以进一步为职前教师培养提供合理的建议与对策，才是适切于本书实施的分析思路和执行路径。上述为研究采纳"教师专业知识"这一表述的基本考虑。第五章已基于对中外有关教师知识分类的传统理论研究的梳理、分析和总结而得出了教师专业知识的分类方式，即将其划分为教师的本体性知识即学科理论知识、条件性知识亦即教育教学和心理学的知识、实践性知识以及通识性知识等四大类知识。而这四个方面仅仅是在分析并借鉴经典理论研究的基础上对教师专业知识所做的基本切割与划分，本章第二节将结合实际，深入探讨并提出适应我国当前基础教育现实需要的教师专业知识要素与其构成之体系。在此不再赘述。

二、教师专业知识对教师个体及其专业的价值

对于教师自身与其专业而言，专业知识的建构与发展主要承担着引领其对于专业角色的理解及职能承担、影响教师专业自主权发挥和教师权威塑造以及影响教师专业发展与成长等方面的重要价值及影响。

---

① 陈向明,等. 搭建实践与理论之桥——教师实践性知识研究[M]. 北京:教育科学出版社,2011:45-46.

(一)引领教师对专业角色的理解与其职责承担

第三章已指出,教师角色是社会及外界对于教师工作职能承担以及专业行为表现所赋予的期待与要求。专业知识的形成与具备不仅影响教师对于社会所赋予自身的专业角色之理解,还决定其能否承担起专业角色的主要职责。一则,学校教育具有其本质属性、价值及基本规律,教师教书育人者的基本角色承担及其职责担负不以时代和社会的发展而转变,但其内涵则会随着时代与社会变迁而发生很大的变化,此外,社会赋予教师的专业角色丛之要素构成与职责要求亦处在持续转变与发展的过程中,教师应领会、把握、接受并适应自身角色转型的现实需求。专业知识的形成及运用能支持并帮助教师对其须承担起的专业角色做更好的理解、反思及内化,从而有助于其建构并发展与教师角色定位相衔接或一致的专业角色认同。再则,前文数次提到教师承担及胜任专业角色的前提为其须具备一定的专业素质能力,其中,专业知识是素质能力主要构成要素,亦为引领教师专业实践开展及专业行为选择的基础,精深的学科知识、系统的条件性知识、丰富的实践性知识以及广博的通识性知识都是确保教师能够履行其工作职能的重要条件且缺一不可。故而,时代和社会对教师角色及其职责之诉求日趋提升的过程亦可被理解为对教师掌握专业知识的要求逐渐提高的过程。

(二)影响教师专业自主权发挥及教师权威塑造

教师应具有作为从事专门职业的专业人员而存在的基本身份归属,而如前文所述,所谓专门职业即专业,则至少要具备为公众所接纳及认可的自主权力、权威和地位等主要特征。教师专业自主权是教师在教育教学工作中应享有与发挥的自主决策的权力及影响,它是教师从事工作的基本权力,且不该受到外界的干预与削弱。专业自主权发挥之必要前提即为教师拥有能够在专业领域自主制定决策所需的基本专业知识。比如,教师在初涉教坛时还不具备一定的课堂组织与管理知识,很可能无法对课堂上发生的突发状况做出及时反应和应急处理,如此一来课堂秩序与教学进度都将受影响,教师自然就错失了对专业决策权力的把握与发挥。因而专业知识的具备是确保教师能够行使其专业自主权的重要条件。除此之外,教师所掌握的专业知识的深度与广度能直接影响教师权威的塑造且其作用巨大。从个人因素层面来理解教师权威,其主要包含知识权威和感召权威,其中知识权威就是由教师的学识亦即专业知识等所构成①，教师具备系统且合理的知识结构将有利于在教育教学实践以及与学生交往的过程中影响并感召学生自然而然地形成对教师的尊重、认同与服从，进而树立起教师的个人权威，因此教师专业知识及水平是决定其个人权威塑造的核心要素。由于专业自主权和个人权威皆为专业的重要特征，故就宏观来看，一国师资队伍的整体专业知识水平亦影响其专业地位的建立与提升。

（三）影响教师的专业发展及成长

教师专业发展即教师改善其专业素养及水平，提升其专业地位的系统、持续的过程，其强调并注重的是在教师专业成长过程中充分发挥教师的主体意识和主体性。换言之，教师专业知识的积累与提升是教师专业发展的主要目标之一，而教师专业知识亦是影响教师专业发展的基础，这主要是由于教师专业知识能引领教师专业决策的有效制定与落实，并影响及规范教师的专业行为。教师可以凭借专业知识的建构与积累来改善其教育教学实践开展的成效与价值，成功的教育教学实践经验则是促进教师专业素养不断提升的重要手段。另外，教师专业发展所强调的是教师个体的主体意识及主体性的发挥，是否形成并建构起个体专业知识结构则是影响教师主体性养成的主要因素，亦即教师正确形成对于教育教学的个体认知与理解，将有助于其在专业实践中的主体意识与主体性的发挥，并将进一步带动教师在专业发展及成长过程中的主体性之实现与发挥。

第二节 精通教育：教师专业知识体系之重建

基于本书前面章节尤其是针对教师角色、教师教育人才培养目标以及教师素质能力结构等主题的理论探讨，结合当前中小学教育教学对教师专业知识具备所提出的现实需求，那些精通教育且能胜任教育教学的教师究竟掌握并具有哪些不可或缺的具体专业知识？换言之，职前教师教育为培养适应基础教育需求的优良师资须重新建构包含哪些要素在内的教师专业知识体系？这是职前教师培养机构亟待解决的重要问题，颇具实践价值。要切合实际地重建教师专业知识体系和第八章所涉及的教师专业能力结

① 李小英,谷长龙. 关于教师权威的思考[J]. 湖南教育学院学报,1999(S2):42.

构,除了充分运用理论研究以及经验分析的结果,还须走近中小学教师群体并对其进行观察、了解与研究,因为只有置身于学校教育教学一线的教师才能真正立足实践,洞察并获悉专家型教师应掌握哪些方面的具体专业知识及能力。

基于此,将兼具深厚专业资历和丰富教育经验的专家型教师列为本书的重点关注和访谈对象,通过实施半结构式的深度访谈来听取他们对教师专业知识体系以及专业能力构成的理解与看法;此外,将其从事教学的学校确定为省级重点高中及省级特色示范学校,一则是虑及高中教育的重要性以及高中具有作为当前我国基础教育改革的先发地和聚集地的特殊性,因而其对于教师素质能力的新诉求会更为明显及强烈,二则也是出于重点学校的优秀师资分布相对较为密集,因而容易选择访谈对象的考虑。研究选取了 8 位深受学生和家长爱戴,有着丰富教育教学经验,全部具有中学高级教师职称且均可被誉为专家型教师的高中教师作为深度访谈对象,他们的教龄在 17~38 年,平均教龄超过 29 年,表 7-1 完整展示了他们的个人基本信息,其编号为"H(源自英文 higher school teacher 的首字母 H)+被试接受访谈顺序数字"。高中教师的访谈提纲参见附录 1。

表 7-1　受访高中教师的个人基本信息

编号	性别	从教时间	职称	任教年级	任教科目	是否班主任
H1	男	20 年	中学高级教师	三年级	数学	否
H2	男	34 年	中学高级教师	二年级	数学	是
H3	男	17 年	中学高级教师	三年级	数学	是
H4	男	32 年	中学高级教师	一年级	数学	是
H5	男	26 年	中学高级教师	一年级	数学	是
H6	男	38 年	中学高级教师	二年级	物理	是
H7	男	35 年	中学高级教师	一年级	数学	是
H8	女	31 年	中学高级教师	三年级	英语	是

除了上述高中教师,教龄在 5 年以内的中小学新教师亦被确定为研究关注及访谈对象,这是由于我们认为初涉教坛的新手教师最能深切体会自身专业素质能力水平离胜任教育教学工作的实际要求之间的差距,也最能感同身受地领会大学开展的教师教育对其工作开展的真实影响。研究对涵盖公立学校和私立学校、市区学校和城郊学校、小学和中学等总共 5 所学校

的新教师进行了深度访谈，目的是为了了解入职初期的他们对于优秀教师应具备教师素质能力的看法，并获取其对大学所开展职前教师教育的如实评价。选取的 16 名从教时间在 1～4 年的中小学新教师个人基本信息如表 7-2 所示，对其注明的编号为"N（源自英文 new teacher 的首字母 N）＋被试接受访谈顺序数字"。对新教师的访谈提纲请参见附录 2。

表 7-2　受访中小学新教师的个人基本信息

编号	学校	性别	从教时间	任教年级	主教科目	辅教科目	是否班主任
N1	小学	男	1 年	三年级	语文	科学、体育	是
N2	小学	男	3 年	四年级	语文	音乐、书法	是
N3	小学	女	1 年	三年级	英语	社团	是
N4	小学	女	2 年	二年级	数学	美术、科学、品德	是
N5	小学	女	3 年	三年级	数学	科学	是
N6	小学	女	2 年	一年级	语文	科学、社团	是
N7	小学	男	1 年	二年级	体育	无	是（副班任）
N8	小学	女	1 年	四、五年级	英语	无	是（副班任）
N9	小学	女	1 年	一年级	语文	体育、社团	是（副班任）
N10	小学	女	1 年	二年级	语文	音乐、社团	是
N11	中学	女	4 年	高一年级	英语	无	是
N12	中学	女	1 年	高一年级	英语	无	否
N13	中学	女	1 年	高一年级	英语	无	否
N14	中学	男	2 年	高一年级	化学	无	否
N15	中学	女	1 年	高一年级	体育	无	否
N16	中学	女	1 年	高一年级	语文	无	否

　　笔者依据第一至六章的研究所发现并积累的观点与结论，参考国内外已有研究对教师知识的分析与思考，充分结合对调研所获访谈资料的阅读、分析、编码、概念提炼和分类归纳等方法，发现要重构教师专业知识体系即要突破先前对教师专业知识的理论划分方式。原因在于，教师工作的特性导致其所需专业知识很可能为涉及多领域、多学科的复合型知识。举例来说，某种教师专业知识可能既包含本体性知识又牵涉条件性知识，或者既与条件性知识相关又部分属于实践性知识的范畴，所以很难简单地将其归类

到第四章阐述的某一种类别的专业知识中。

毋庸置疑,中小学教师实际所需的专业知识体系所呈现的一定为一幅多维立体的知识结构图,而绝非平面图。鉴于此,对教师专业知识体系的重建工作需要颠覆传统的教师知识分类理论,整合理论探究成果与调研所获以分析、提炼并归纳出当今时代专家型教师最为不可或缺的几大类知识,以期构建起全新的符合当今时代特征和学校教育需求的教师专业知识体系。

一、学科知识

教师的学科知识(subject-involved knowledge)是有关教师所教授科目的内容及知识,即有关教师"教什么"的知识,亦被称为本体性知识。本书将教师的学科知识主要划分为学科内容知识和学科扩展性知识这两方面的要素。

(一)学科内容知识

学科内容知识(subjective content knowledge)也被称为内容知识,它是与教师任教学科有关的基本概念、基本观点与思想以及基本理论和知识等。美国学者舒尔曼(Lee Shulman)在对新教师的学科知识的相关研究中发现,学科内容知识不仅能影响教师教学方法的选择,还对教师教学过程有着较大影响。[①] 不同阶段的学校教育对教师学科内容知识的难易程度与所涉学科覆盖面要求完全不同,我们经过调查发现,目前中学教师所需掌握学科内容知识的要求越来越高,其主要表现为难度日趋提升,小学教师则在全科教育趋势的影响下要比过去多掌握 1～2 门辅教科目的内容知识。

1. 主教科目的学科内容知识

精深的主教科目学科内容知识是教师开展日常教学及满足学生求知欲的必要条件。随着学生年级的升高,教师学科内容知识的掌握与其在学生心目中专业权威建立之间的正相关关系会愈发突显。在访谈过程中,数位从教资历深厚的专家型教师都曾提及学科内容知识的掌握对于一名优秀教师的重要性,并直言其对于教师权威的树立、师生关系的构建等都具有较大的影响,表 7-3 列举了部分教师对于学科内容知识与其影响的观点与看法。

---

① 李水仙.新课程下高中数学教师学科知识的调查研究[D]. 重庆:西南大学,2011:3.

表 7-3　受访高中教师对有关主教科目学科内容知识及其影响之理解

教师编号	表　　述
H1	从数学教师的角度来讲,你要解题能力很强,如果你不会解题或者半天也解不出来,那学生就认为(你)水平不够。
H3	学科方面的东西,专长肯定要有的,比如说作为数学老师,首先肯定要会做题,如果说学生问你一个题目,你都不明白不会,几次以后学生就不来问你了,(所以)业务能力肯定(是要有的),否则不会得到学生的信服。
H4	业务上你至少知识要过得去,就数学来说,老师至少题目要会做。
H6	专业(学科)方面肯定必须得过关的,学生来问你问题,你第一次回答不了,第二次又答不出来,那他们肯定就不会再找你问了。

互联网时代,知识更新与创造周期不断缩短,信息与资源的共享日趋快捷,学校教学对教师尤其是中学教师学科内容知识掌握的难度要求有逐渐提升的趋势,具体表现为当今教师要具备的学科内容知识之深度与广度均在不断拓展。

例如,H1 老师提及:现在对高中教师的学科知识要求比较高,难度非常大,尤其与 10 年、20 年前比起来差别明显。毕竟现在媒体发达,而且互联网普及化,难题能很快地在学生和教师中传播开来。H6 老师则指出,在新高考背景下,教师还得自己去拓展学科知识,特别刚毕业的新教师光靠课本知识肯定是不够的,课上一句话两句话可能牵涉很多东西,很多内容都需要自己去查。

2. 辅教科目的学科内容知识

把视线的焦点投向小学,不难发现目前越来越多小学受到西方全科教育理念及实践做法的影响,虽然仍未实现"包班制"教学即由一位老师承担一个班级学生几乎所有科目的教学,但一名教师除主教科目以外还要辅教 1~2 门甚至更多的副科已逐步成为一种常态。在此背景下,小学教师学科内容知识的覆盖面被赋予高于以往的诉求,不管是小学教育专业出身抑或非专业背景出身的教师都面临着前所未有的副科学科知识储备方面的压力。在调研中,数位新教师都谈到这个问题,认为自己离心目中优秀教师的重要差距就体现在副科学科内容知识的配备不充分方面。

新教师 N1 就谈道:我们这里的老师基本上都是要带 1~2 门副科的,但我并不是小学教育出身,我只是中文师范专业毕业的,最多就学过一些板书课、教师口语课,大学根本没学过跟副科有关系的课,比如体育课,我根本不知道怎样去上,我自己距离小学时期的体育已很远了……新教师 N9 主教语文的同时兼体育课,她同样提出了自己的困惑:我的能力达不到,体育课我完全不知道怎么上,都没有体育教材。N5 老师一语中的地指出当前小学教师存在辅教科目知识掌握得不够精深的问题:像我们数学学科,语文也去涉及一点,科学去涉及一点,什么舞蹈、画画各个方面都去碰一点点,但是别人问起你好像都能来那么一下,来一下之后只能糊弄那一下再没有第二下了,是经不起人家考验的。而 N9 教师在提及与自己师徒结对的老教师时说:她一个语文老师,在画画方面完全没什么问题,任教班级的黑板报等,她都能拿水粉作画,然后音乐方面也在行,她能自己填词作曲。这说明成熟型教师还是能够胜任领域跨度很大的多学科教学工作的。

(二)学科扩展性知识

学科扩展性知识(subjective extensible knowledge)是与教师任教科目有关的学科发展史、学科主要研究方法与范式、学科新近研究成果与进展、学科应用及发明等信息、常识与知识。本书第五章中曾提及芬兰研究取向的教师教育非常注重培养师范专业学生获得与任教科目有关的最新研究成果及进展相关的广博知识,这为提升教师学科素养和研究意识与能力提供了重要基石。我国基础教育正处加速发展进程中,学校教育的培养规格与水平均在不断提升,教师除了具备学科内容知识,还须及时补充学科扩展性知识,这样才能调动学生对学科的学习热情,并帮助他们形成宽阔的学科视野。

H1 教师提出学科扩展性知识的具备对于学生培养的价值:教育的最终目的是让孩子具有探索世界的勇气,一个老师的视野比较窄的话,上午解题,下午解题,晚上做题,那 10 年下来哪个孩子(对学习)都不感兴趣了;所以如果老师能把学科最新发展的东西包括在大学能跟踪到的学科在世界上的各种发展趋势都教给孩子的话,那孩子的视野会宽阔。H7 教师则倡导通过阅读来拓展或补充教师的学科扩展性知识,比如像我们数学领域,它跟学科有联系的知识不断地在变,教师不去看书也是不行的。

二、关于教学的知识

关于教学的知识是有关"怎么教"的问题,亦即如何组织及开展学科教学的知识,主要包括与教师任教学科相关联的学科教学认知以及适用于所有学科及科目教学的一般性教学与教学法知识。教学知识使得同一学科领域的教师与学者得以区分开来,是确保教师能将自身所有的学科知识以符合教育规律及学生身心发展规律的途径科学合理地传授给学生的重要基础。

（一）学科教学认知

学科教学知识（pedagogical content knowledge，简称 PCK）是由舒尔曼于 20 世纪 80 年代中期最先提出的，他认为学科内容知识和一般的教学法知识都不足以支撑教师的日常教学，由此提出了囊括学科知识和可教性在内的新的知识形式，即 PCK。[①] 荷兰学者范德瑞尔（Jan van Driel）认为，PCK 是与教师任教学科知识相关的教与学的知识，主要包含学生如何学习某学科的知识以及教师如何教授该学科的知识，它的存在使得不同学科的教师被区别开来。[②] 换言之，PCK 涉及与教师任教学科相联系的学生相关知识和有关教学法的知识，是学科知识和教育教学知识建立联系的重要桥梁。

此后，美国学者科克伦（K. F. Cochran）在对 PCK 作进一步修正及明确的基础上，提出了学科教学认知（pedagogical content knowing，简称 PCKg）的综合性概念[③]，其包括学科知识、教育学知识、有关学生的知识和教育情境知识等四方面要素。[④] 学科教学认知的概念比 PCK 更为具体、完整和明晰。本书之所以将学科教学认知归类到教学知识的范畴中是由于 PCKg 的核心在于将学生学习模式与特点等知识与教学策略相对接和联系，换言之其聚焦和针对的是有关教师教学的知识。学科教学认知是使中小学教师将学科知识转化为有效教学的前提和基础，可为专家型教师的人才培养注入先进理念。

H3 教师以非常形象的说法道出了学科教学认知与学科知识部分相关，但更涉及其他教育教学知识的本质：比如说，你讲一个题目，你光会自己解题还不行，你还要懂得怎么站在学生的立场把这个题目里最本质、最原始的

---

① 谢坤. 教师在跨学科教学中的异质性知识耦合探讨[J]. 教育理论与实践，2017（32）：37.

② 翟俊卿，王习，廖梁. 教师学科教学知识（PCK）的新视界——与范德瑞尔教授的对话[J]. 教师教育研究，2015（4）：7.

③ 王后雄，王世存. 专家型教师学科教学认知结构探析[J]. 中国教育学刊，2011（4）：57.

④ Cochran K. F., Deruiter J. A., King R. A. Pedagogical content knowing: An integrative model for teacher preparation[J]. Journal of Teacher Education，1993，44(4)：263-272.

东西讲出来,虽然你把起点放低了,但是学生听完就懂了,觉得确实是这么回事。H4 教师的话验证了 H3 的观点:你不能按你自己的观点来解释,你的思维尽量要年轻化一点,就是说思维方式要尽量接近学生。H3 和 H4 的话证实了学科教学认识不仅与学科知识有关,亦牵涉有关学生思维发展和学习特点等知识、教法以及教育情境要素。

学科教学认知部分从属于教师的学科知识,部分则可列入条件性知识的范畴,另外,它还明显具有实践性知识的典型特征,因此可被定位为一类单独的交叉复合型知识。学科教学认知是专家型必备的一类专业知识,亦为其区别于新手教师的主要特征。这一点在深度访谈中亦得到验证。

新教师 N10 主教小学语文,她在反思自身与优秀教师的差别时曾提及:那些老师(优秀教师)确实懂得怎么去教,知道怎么去教课,他们讲的过程会生动活泼,学生愿意听,学生觉得这个老师讲得就是对的……学生不愿意听我这种特别枯燥、死板的识字教学。不得不说那些老师(优秀教师)确实懂得如何迎合二年级学生喜好去把课上好。N8 教师特别提到自己非常钦佩师徒结对的老教师在课堂上的表现:他(指师父)上课很有层次感,比如说先上哪一块再上哪一块都是有衔接的,他引入一个故事,可能就会引入单词和句子的学习,他可能会通过自己编的一个小故事,故事里面就有单词,然后慢慢导入(学生学习);N8 还对比反思了自身存在的不足之处:我们会比较老套地唱一首跟本单元有关的歌,然后还有复习一下,学生们接受度就不太好。以上教师的表述反映出学科教学认知构成的复杂性及其具有强烈的实践性等基本特点。

(二)一般教学及教学法知识

一般教学及教学法知识(general pedagogical knowledge)为有别于学科教学认知的适用于任何科目及学科教学组织与管理的一般性教学及其方法的知识之总和,是贯穿于教师教学活动开展全过程诸环节的陈述性及程序性知识。本书认为,其可涵盖教育学与学生心理及特点、课程开发与发展、课堂组织与管理、教育技术、教育评价及测量、教育道德及伦理等在内的知识,是教师专业知识体系的核心构成要素。一般教学与教学法知识应当作为教师的条件性知识和实践性知识的复合体,其相当部分构成内容须依靠教师个体在漫长专业生涯中的不断摸索与经验积累来获得。因而新手教师与专家型教师的一般教学及教学法知识储备是截然不同的,而新手教师在课堂教学以及班级管理等过程中可能出现的手足无措、无从下手等状况都与其一般教学与教学法知识仍处于形成与建构的过程中并仍未成体系且远未完善有着重要关联。

★ **案例:**新教师 N16 转述她本人经历的发生于课堂中的事件:

　　语文课堂有一个课前 3~5 分钟的演讲,有好多男同学很敷衍、应付。前几天轮到一个男生演讲,他态度就很随意,底下也都乱起哄,那个男生想敷衍过去。当时我就批评了他几句,可能语气比较严肃一点。他可能觉得他站在讲台上被那样批评,让他很没面子,就闹情绪了,在讲台上板着脸。我当时遇到这种状况,不知道该怎么处理,就说"你先下去"。然后我开始上课,他一直表现出很强的抵触情绪。后来课堂有段时间让学生自由地读课文,我就走到男生旁边,跟他说:老师批评你,不是针对你个人,对事不对人,批评的是你这种态度,我们课前的演讲其实也挺重要的,对你们平常沟通交往能力方面的锻炼也挺重要的。我继续又跟他讲了几句。后来我关注了一下,他才没有什么很抵触的表现。

N16 教师的案例充分反映了教师对课堂组织与管理的知识之掌握对于其教学工作的重要意义,假如她能掌握相对充分的教学管理知识,就能及时就课堂突发事件采取适当的应急解决策略,而不至于将原本应投入课堂教学的主要精力和注意力都分散到对那名学生情绪状况的持续关注中去。

三、有关教育与学生的知识

通过调查和分析发现,专家型教师与新手教师的另一重要区别在于其拥有丰富的关于教育和学生的知识,主要涉及教师对教育本质与价值的认知以及关于学生的各领域知识,上述知识将规范并引领着教师专业实践的开展以及教师专业的发展及成长。

(一)对教育本质与价值的认知

教师有关教育本质及价值的认知,不论对于教师工作开展抑或对其个体与专业而言都具有十分重要的影响与价值。一方面,对于教育本质、价值的认识与理解会在很大程度上引领教师专业实践的开展方向,并影响与学生的相处及沟通模式;另一方面,本书所探讨的教师角色之承担、教师专业认同的提升以及包含专业投入感、专业使命感和专业道德感在内的教师专业情操的养成都依赖于教师对于教育本质、价值等在内的教育基本规律有着正确理性的认识并由此而形成相关的知识。

　　有关教育本质与价值的知识一方面与教师的条件性知识储备密切相关，更重要的内容则来源于教师的专业实践经验，因而亦属于实践性知识的范畴。研究发现，专家型教师和新手教师重要差别体现于是否已对教育本质与价值形成了能让自己确信和奉行的认识及观点。表 7-4 集中展示了拥有丰富专业经验的老教师们在访谈中不自觉地谈到的对于教育本质即"教育究竟是什么"以及教育价值即"教育应当怎么样"等本源性问题的个体认知及理解。

表 7-4　受访高中教师有关教育本质及价值认知的表述

教师编号	表　述
H1	教育，我自己理解教育最终目的是让孩子具有"野性"，这个"野性"当然不是说打架之类的，其实是我们说的探索未知世界的一种想法和向往，教育最终目的是让孩子具有探索世界的勇气，让他产生向往。
H6	教育是人和人之间的交往，老师光上好课是没有用的，现在网络上都有课程，光上网络课学生能教得好吗？肯定是教不好的。要不然也太省事了。因为教育是人和人的交往，不是人和机器的交往。只是通过网络课来教学生，这个东西肯定不符合教育规律的。
H7	现在有些教育现象都离开了教育的本意，按照我的理解，其实教育应该是怎样去激发一个人，或者说去引导一个人的内心，让他成为他自己本来应该成为的样子，每个个体都是不同的，你应该让他成为他自己原本应该成为的样子。教育应该突出的是价值理性而不是过分利用工具理性。 如果只把教师当成一个职业、当作养家糊口的一份工作，这样（定位）的话与教师本身应该承担的作用是距离很远的，教师不仅仅要"授业"，按照我的理解，更多的应该是向学生"传道"和解人生之惑。
H8	教育的更高要求是什么？我认为就是要引导学生做人，做人也包括他做学问的方式态度等，我觉得都是要靠老师去引导的，我想用比较正能量的、正面的东西去影响我的学生，我的很多学生在毕业的时候就会讲从老师的豁达中学到很多。

（二）有关学生的知识

　　有关学生的知识（knowledge about students）是教师条件性知识中最为不可或缺的构成要素，亦为教师实践性知识的重要内容。本书第二章之所以就当代学生与其身心发展特征为主题来进行专门研究，即源于有关学生身心发展及其特征的知识是对教师工作开展有着极其重要影响与价值的条件性知识之一。而有关学生的知识总体上为一种边界宽泛且涉及教育学、心理学、社会学、文化学、法学等多学科的复合型知识。我国教育部在 2012

年颁布的《小学教师专业标准（试行）》《中学教师专业标准（试行）》中均将学生及其发展的知识列为教师专业知识构成的重要内容，其中便涉及学生身心发展特点及规律的知识以及促进学生身心发展的策略性知识，学生心理及思维发展特点的相关知识，学生学习特点、行为习惯及能力养成的知识，学生群体文化特点及行为方式的知识，维护学生生存发展的法律知识，等等。①

　　教育的本质是育人，教师要成为以生为本的育人者，便不可不对与受教育者有关的方方面面知识进行体系化的学习和了解，要形成对教育和学生的专业投入感也需要具备充足的有关学生的知识，这是专家型教师区别于普通教师的很重要的一面。在调查中亦发现一项事实，即真正具备丰富的有关学生知识的教师往往不是源自他律，而是以理解与关爱学生的态度投入为前提，自觉自愿地及时更新调整以学生为中心的个体知识结构。也就是说，有关学生的知识不仅涉及教师的条件性知识，还具有实践性知识的基本特点。另外，当代教师除了因知识教学的承担任务而须掌握学生学习和思维发展特点的知识以外，还特别需要获取关于学生心理特点和文化特点等知识以肩负起"立德树人"的使命与职责。

　　H8 教师是位颇受学生欢迎的中学英语教师，她的自述让人印象深刻："我觉得作为老师的心态不能老，这个就是做教师需要的，你要不断地学习，不断地提高自己。你还要不断地了解大千世界的变化，因为我的学生永远十六七岁，而我已经从 20 来岁变成 50 岁了，我还是要跟他们贴近的，所以我也要转型，日常生活中我也会注意他们这个年纪的人喜欢什么，我也会'追星'，也会去看热门电视剧，就是要保证跟他们（学生）对话的可能。"可见教师深受学生欢迎与其自觉于学习和掌握有关学生群体文化与心理特点方面的知识是密不可分的。

　　与学生心理相关的知识的重要性是多位专家型教师和新手教师都重点提及并强调的，他们基于当前教育客观存在的部分问题尤其是高年级学生学业负担较重的现实，感受到教师有义务和责任来引导学生心理和情感的健康发展。

---

　　① 中华人民共和国教育部.教育部关于印发《幼儿园教师专业标准（试行）》《小学教师专业标准（试行）》和《中学教师专业标准（试行）》的通知[EB/OL].[2012-02-10]. http://old. moe. gov. cn/publicfiles/business/htmlfiles/moe/s6991/201212/xxgk_145603. html.

★ **案例**：H7 教师讲述了其担任班主任期间的真实事例：

现在重点校的学生学习压力比较大一些,他们自己感觉到压力大,但是身边的父母和老师又常常没能够及时引导。我自己曾经带过一个班,这个班的情况比较复杂,其中有几个孩子存在一定的心理问题,我自己就去看了很多这方面的书,后来知道青少年心理问题就是说人的大脑中负责情绪管理的那个区域的化学物质是没有发生改变的,不需要吃药,只要通过老师或心理医生的疏导,或者通过自己的一种方式去排解,就会好起来的,但是假如时间一长又不去疏导,一旦大脑中的化学物质发生改变的话,就必须吃药,那就对学生的影响太大,太可怕了。

H7 教师的案例说明,教师自觉于补充和跟进学生心理知识对于维护现今学生身心健康发展具有极其重要的迫切性与现实意义。

四、教育科研基本知识

在有关教师角色、教师教育人才培养目标以及教师素质能力结构等章节的讨论中,可获悉"教师作为研究者"已成为当今教师角色的基本定位以及教师教育人才培养的主要导向之一。芬兰为全球基础教育领先行列的国家,该国大学更是将教育科研的知识作为师范生素质能力结构的核心组成要素来予以重视,以促成未来教师教育教学知识能力和研究知识能力的提升。芬兰大学在对班级教师和科任教师的培养课程设置中都十分关注研究方法的学习与训练,从而积极助力既专业又具研究素养的高素质教师之造就。

聚焦我国中小学教师群体,他们亦亟待于获取并积累足够的包括学科研究方法及教育教学研究方法在内的知识,这一则是因为教师个体都有专业成长及提升的发展需求,各类研究方法知识的具备能使他们明白如何在实践同反思及研究之间迅速建立起联系以促成将经验转化为智慧的可能,换言之,教育科研知识的具备与运用将极大地有利于教师实践性知识等专业知识的生成与提升;再则,教师尤其是新教师的专业发展过程中会伴之以职称晋升与规划的问题,其会面临做科研以及论文发表的压力,包含文献检索、选题、研究设计、研究方法的选择与运用、研究结果的分析与撰写等在内的相关知识的掌握直接决定其研究开展和论文完成的质量并终将影响其职称评定结果。调查亦发现,不少新教师都已深刻意识到自身科研知识不足给职称评定所带来的负面影响,并急于给自己补充适用于中小学教育教学研究的方法类知识。

有新教师在谈到自己与专家型教师的差距时提及科研知识与能力是其

中的一项重要因素,N4 教师就曾谈及该观点并指出研究知识的匮乏已给自己工作开展带来压力与困难:我现在离优秀教师差远了,现在科研方面真的很重要,我认为我的教研方面,没有什么进步,论文我也是在写的,压力挺大的,因为确实有些困难,我不知道该怎样去做那个东西(指论文),我之前在大学接触过的应用数学的那些知识都偏理论,跟小学做研究是不一样的,完全用不上。N1 教师的说法也证实了新教师的确面临这方面的问题:现在提倡教科研,我个人感觉我好像没有这种教科研的知识水平和能力,但是现在新老师一进来(学校),每年都要写几篇文章。

五、跨学科知识及科学人文常识

除上文所述的学科、教学以及教育和学生等领域的知识以外,我们亦发现中小学教师还需要具备一定的学科间关联及跨学科的知识以及科学与人文常识才能满足当代学生的个体发展需要,从而胜任目前的教师角色承担。

(一)学科间关联及跨学科知识

跨学科知识(interdisciplinary knowledge)以及与学科相关联的知识(subject related knowledge)为教师任教科目以外学科的知识及素养。近年来,随着 STEAM 教育、创客教育等跨学科教育理念与模式在我国中小学校的推广,教师要胜任跨学科教学其个体学科知识体系就亟待突破原有学科间壁垒以获得越来越多的有关学科关联及跨学科的知识。另外,政府所推行的新高考改革等一系列基础教育改革举措的目的在于通过践行素质教育理念来促进学生的全面综合发展,教师掌握及运用跨学科知识才能准确及时地发掘学生的学科兴趣与潜力,并引导帮助其设计未来职业生涯规划等。当今时代学科间依附与融合的趋势越来越突出和显著,学科关联与跨学科知识的具备也是教师为适应本学科教学的客观需要,因为不少学科的研究领域与方法都趋于实现跨学科共享,教师掌握跨学科的知识有益于更好地增进对任教学科知识的理解和掌握,从而推进本学科优质教学的开展。

对教师掌握学科关联及跨学科知识的要求不可能如同对学科内容知识那般高,但教师具备一定跨学科知识确实能够真实影响学生的学习兴趣与热情以及他们的知识体系建构,并有可能促使教师的教学活动开展效果不同于往常。

H1 教师举例生动地说明了这种"不同"的具体表现:跨学科让孩子见得多一点,让他知道多一点,比如教物理的能讲出一些数学的或者讲出计算机的知识,那孩子就很开心了,他们会知道原来还可以以这样的方式去了解这么多东西。假如你们(指访谈人员)读高中的时候有人给你介绍这么多,你会觉得原来读书蛮好玩的,而不是从早到晚在做题。如果历史老师能够高谈阔论(谈)计算机,你想那个孩子完全不一样了,其实(教师)需要扩充孩子的视野,学生需要知道更宽泛的知识,他们这个年龄其实是愿意学习知识的。

(二)科学与人文常识

科学与人文常识即教师应掌握的关于自然科学和人文社会科学的基本性的普通知识,属于通识性知识的主要构成要素。之所以将其列入教师专业知识体系中,是由于科学与人文常识正逐渐对教师的学科教学、班级组织与管理、师生关系构建等教育教学工作的主要方面产生着越来越大的影响与作用。其一,科学与人文常识的具备能促进教师更好地理解和内化学科知识,有利于教师在提升学科教学的趣味性的同时扩大学生的知识面、开阔其视野,从而有益于在激发学生学习兴趣和思维积极性的过程中更好地实现学科间知识的衔接与整合。其二,丰富的科学与人文常识能够较好地支持教师引导学生来共同策划、组织和开展班级活动及校园活动,亦可以增进教师专业权威的树立。其三,学生眼中有趣的教师往往都是那些有着一定科学素养或人文底蕴的教师,科学与人文常识的具备能使教师拉近与学生间的距离,并使其更易获得学生的认可与欢迎,从而有助于构建良好、和谐的师生关系。

如表 7-5 所示,H7、H4 和 H3 教师的表述都涉及科学与人文常识的具备对教师工作开展的影响,分别体现在对学科教学、班级组织管理以及师生关系、学生个体的影响等方面。置身当今时代的教师更应扩展自己知识面,理科教师要提升自己的人文素养,文科教师则须补充自然科学和数理等方面的常识,这样才能更好地适应和满足学生多样化的学习需求并培养个性化的人才。

表 7-5　受访高中教师所谈到的科学与人文常识对其工作之影响

教师编号	表　述	影响的表现方面
H7	我看的书很杂,什么历史的、科学的、文学的、哲学的、社会的都看,你不要觉得这些书和你专业无关就对你的专业(指任教学科)没有帮助,它对你专业帮助是非常大的,我对数学(该教师任教学科)的理解感悟归纳能力,一般老师是比不上的,原因就是我看的书多,各个方面的知识都懂一些。	学科教学

续表

教师编号	表　述	影响的表现方面
H4	老师最好要多才多艺,懂的东西多一点,这样你当班主任,学生才会喜欢你,现在活动多,当班主任很多活动比如班会,出去春游秋游带队,学校还有校歌比赛,你作为老师要组织就肯定要懂一点。	班级活动策划组织;师生关系
H3	老师的专业素质来讲,我觉得老师除了是一个学术上的人,你的人文素养各方面也很重要,比如你的仪表、礼仪、语言、表情、眼神,包括每个动作都会影响学生。	学生个体

六、教师专业知识体系之整体

综上所述,本书认为学科内容知识、学科扩展性知识、学科教学认知、一般教学及教学法、教育本质及价值的认知、学生知识、教育科研的基本知识、学科间关联与跨学科知识、科学与人文常识应作为基本要素并构成了当今中小学教师的专业知识体系(如图 7-1 所示)。

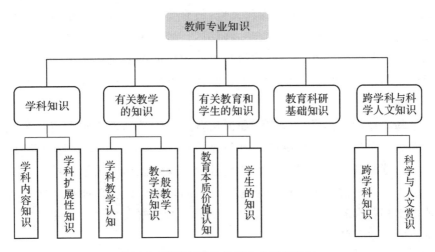

图 7-1　研究重建的教师专业知识体系

教师专业知识体系之重构,不仅建立在理论研究与分析的基础上,更是充分考虑并结合当前中小学教育教学现实发展需要而得出的结论。要作补充说明的是,教师从事工作的实践性与复杂性导致其日常工作所需的部分知识存在缄默性和隐藏性的特点,亦即教师知识中相当一部分内容属于缄默知识、默会知识或潜藏知识的范畴,因此,以上八项、五大类的专业知识所组成的体系可能无法全部囊括教师工作所涉及的所有知识,而是承载着相对重要并应为教师必备知识要素之集合。此外,这八方面知识中多为跨领域甚至跨学科的知识集合,但由于每种专业知识所包含内在知识要素都有着密不可分的相互关联,并组成了相对完整、独立的知识体,因而研究认为对其进行过度细化和分类并不具备操作性和实践意义。总而言之,上述方面的知识共同构成了当代教师的专业知识整体,其彼此之间存在紧密相系的关联并共同作用于教师日常教育教学工作的开展。

第三节　教师专业知识体系的培育

职前教师教育阶段应对教师专业知识的培育担负起基础性作用,亦即其要为学生毕业后从事学校教育教学工作而打下扎实的知识基础。然而,当前教师教育人才培养模式存在的一个通病在于并没有植根于"教师应为一种专业"的基本立场来建构并确立一个符合基础教育现实发展需要的教师专业知识体系,由此导致了课程设置、教育实践和师范生评价等培养模式的要素与环节皆或多或少地存在一些问题。本章第二节重建教师专业知识体系的初衷与目的即在于为职前教师培养提供明确的可供参考的专业知识构成要素与结构,也是为师范生的专业学习和自我提升提供参照和对比的标准。

教师专业知识体系究竟应该如何培育? 基于教师教育和师范生各自在专业知识培育过程中所发挥的职责与作用,该问题可进一步分解为:职前教师教育为培育师范生形成并具备各类教师专业知识而该采取哪些人才培养模式改革及调整的具体对策与措施? 未来的教师又该在职前准备阶段有意识地落实哪些有利于自身专业知识习得的学习策略及做法? 这正是本节试图解决的主要疑问。

一、教师教育改革的对策

本书所讨论的教师教育为帮助未来教师实现专业知识储备和专业能力养成的专业准备与训练阶段,是教师专业知识形成与积累的起点与支点。应该肯定的是,专家型教师的造就不可能一蹴而就,既需要职后发展性阶段中教师专业知识的持续建构与发展,亦无法脱离职前教师教育阶段所打下的扎实知识基础。研究将主要立足对教师专业知识体系的重构,就教师教育课程体系的优化、教育实践的改进以及师范生评价体系的完善等方面提出以下几大方面有利于教师专业知识培育的教师教育改革对策。

（一）重建教师专业知识体系，引领结构完善、专业突显的教师教育课程设置

教师教育课程结构主要由学科课程、教育教学类理论课程、教育教学专业实践以及通识课程这四大类课程所构成，而其设计的基本原则尤其是各类课程的比重分配、具体开设课程主题与内容、课程安排的学年与进度等皆应依据契合基础教育发展及改革需要的与时俱进的教师专业知识体系。当前，我国各类师范院校和综合性大学开设的师范专业课程所存在的一项通病为与学校教育脱节，其集中体现于没有能够建构一个明确的教师专业知识体系，故而各类课程没能及时回应和关照现今学校教育教学给教师知识体系与其要素构成所带来的全新变化及挑战。所谓新变化与新挑战主要包括：其一，对中小学教师学科内容知识的掌握均提出不同于以往的新诉求，中学尤其是高中教师学科知识难度与深度的提高以及小学教师辅教科目知识的获得及配备，皆有赖于职前教师培养机构通过学科课程的设置与调整来予以回应并解决。其二，新教师有关教育教学类的专业理论知识掌握不系统以及实践性知识积累不充分均已成为阻碍其工作进度和影响专业投入的主要原因，教师教育课程设置的专业性亟待提升以帮助师范生掌握系统和全面的条件性以及实践性知识。其三，师范专业有关方法论的学习与训练总体上还较为薄弱，直接导致不少新教师不懂甚至根本不会开展教育科研工作，从而耽误其业务水平提升与专业发展进阶，怎样形成一套适用于中小学校日常教科研活动的研究方法论知识体系，并通过教学和训练来让学生习得是职前培养机构应致力于突破和达成的目标。其四，广博的通识性知识已然为当今和未来教师专业知识结构中不可或缺的重要因素，通识类课程的开设不应流于形式，而要真正定位于打造拥有"博学广闻"特质的未来教师。

本书认为，大学应结合上述几方面的教师知识体系的新变化来着力于构建结构完善的教师教育课程体系，除此之外，还要提升和突出教师教育课程设置的专业取向，亦即要突显教育教学的专业导向。我们在调研中已经发现绝大多数新教师认为自己的学科知识还相对较为扎实，但在课堂教学以及学生相处沟通中仍面临着重重困境，无从着手解决，这与我国大学教师教育课程设置中历来"重学术、轻师范"的倾向不无相关，图7-2展示了我国某地方师范大学中文专业各类课程的学分分配情况，其中包含教育教学理

论课程以及教育见习、实习在内的部分仅占 16.67% 的学分比例,远不及学科课程所占 50% 的比例。因而,像澳大利亚大学那样在教师教育课程结构设置中增加专业课程的开设数目和学分分配比例这种做法,应作为我国大学教师教育课程改革的主要举措与方向。概言之,追踪、探索并建构适应基础教育发展需要的教师专业知识体系,以此为据地优化教师教育课程结构及内容,并着力于提升课程的专业性是大学培养未来教师们习得从事教育教学工作所需专业知识的重要手段和基本路径。

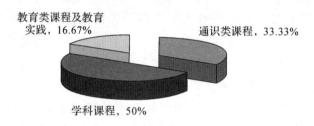

图 7-2　某地方师范大学中文专业(师范)各类课程学分比例与构成

(二)对接中小学教育教学实践,更新教育教学类课程内容及实施

职前教师教育的开展对于教师学科知识和本体性知识的获得与积累担负着无以代之的重要作用。而在现实中,新教师们普遍反映其在大学所学到的知识尤其是教育教学类课程所习得知识已与时下中小学教育教学实际要求教师掌握的知识严重脱离。由于教师教育向来过于注重师范生学科知识的培育,而忽略了对教育教学以及心理学类课程的建设,这些课程所选用教材的体例与内容都已过为陈旧,其中所涉及的很多案例并非以当今时代中小学生为对象,而是止步于 10 年前甚至于更久之前的状况。毋庸置疑,学生在具有基本身心发展特征及规律的同时亦拥有鲜明的时代特点,忽略或无视这些问题无疑会致使以教材为载体的课程内容的实用性大打折扣,师范生亦无法经由教学内容陈旧及落后的教育教学类课程学习来收获充足且系统的适用于当今中小学生培养的理论知识。化解该问题的突破口在于高师院校自觉于同中小学校教育教学实现充分对接,并及时地更新师范专业教育类课程的内容与其实施方式。

首先,职前教师培养机构应当紧密围绕中小学教育教学实践及需求来重新遴选或组织编写一批确实有利于师范生专业知识水平养成与提升的高品质教材,一些传统的且已脱离国情、脱离时代、脱离实践的教育学类教材应及时予以淘汰和取代,基于教材发挥着影响师范生知识学习质量与效率的重要价值及作用,该项工作的开展已极具紧迫性与必要性;其次,可通过丰富并拓展教育类课程的开设方式来让师范生在大学课堂中就能了解并跟进当今学校教育现状与特点,师范院校可与中小学校主动建立长期的双向互动合作机制来共同致力于优良师资的培养,在此前提下可邀请一批资深的一线教育教学专家型教师定期来校给师范生授课或开设主题讲座,这样一来师范生"不出校门"就能接触和了解到一线教育教学实践的真实情况与问题,便于他们通过新近、生动的案例学习来系统掌握并理解当今时代中小学生的心理及行为特点,同时学习和积累适用于学校教育教学的各类专业知识;再次,根据学校教育教学的实际需要来适当增设教育教学类课程的门数,比如可考虑就当今基础教育改革及发展趋势、中小学教育科研理论与方法、教育见习与实习的研究与反思等主题来拓展新的课程,这一系列课程的设计还须兼顾提升师范生知识习得的实践性导向,即通过为师范生提供观察、操作和实训的平台与机会来促进其对知识的习得与巩固。

(三)构建课程教学与教育实践相互渗透及融合的一体化培养体系,促进师范生知识的生成与内化

当前,职前教师培养过程中的课程教学与包括教育见习、实习等在内的教育实践存在突出的割裂现象,这已成了不容忽视之问题。我国"2+2""3+1"的本科层次师范生人才培养模式不仅人为地把4年培养周期切分为课程学习和教育实习两个阶段,并且将教育见习和实习集中于固定的某学年或学期来开展,从而破坏了教育实践的连贯性、系统性和持续性。表7-6以我国某所地方师大和悉尼大学为例,对比了中澳两所大学在本科层次小学教育专业的培养方案中对教育实践的学分分配和时间安排。显而易见,悉尼大学的教育实践具有分散性的特点,并贯穿于四年的培养周期中,而国内该师范大学除了在第二学年设置2个学分的教育见习外就仅仅只在临近毕业前集中安排了教育实习,师范生在第一学年和第三学年的教育实践机会为零。

表7-6　中澳两所大学小学教育专业(本科)教育实践整体安排　(单位:学分)

大学	第一学年 教育实践学分	第二学年 教育实验学分	第三学年 教育实践学分	第四学年 教育实践学分
某地方师大		2		7
悉尼大学	并入学科课程, 无独立学分	4	4	8

本书第四章曾言及,芬兰五年制本硕一体的教师教育将尽早且连续开展教育实习作为基本的师范生人才培养理念,凭借该举措可有效避免课程学习与专业实践的脱离,即方便师范生实践所谓的"寓所学于所教",师范生将大学课堂中所学到的包括学科知识、教育教学知识以及通识性知识等各类专业知识整合并运用至教育教学实践中的过程,也是促进其原有理论知识再次被理解、内化并提升的过程,亦为其实践性知识等得以生成的重要环节。2016 年 3 月,《教育部关于加强师范生教育实践的意见》发布,其中明确了要"将教育实践贯穿教师培养全过程","促进理论与实践的深度融合"。①基于贯彻并执行该文件的精神与要求,各类高师院校可学习并借鉴国外大学职前教师教育的做法与经验来思考并构建课程教学与教育实践相互渗透、相互融合的一体化教师教育人才培养模式。一则,把握和利用好课程教学与教育实践相辅相成、相互促进之紧密联系,遵循并依据教师的专业成长规律,在本科一年级起就循序渐进地安排好各个阶段的教育见习和实习工作,让师范生在教育实践中体验专业知识之于教师工作开展的意义与价值,并且在实践过程中切实地省思及探索自身知识提升与改进的空间。再则,亦须注重处理并协调好培养周期中每一阶段教育教学类课程开设与教育实践活动的各自进度和相互间关系,结合课程设置来明确各阶段学校观摩与实践的目标与侧重性,从而有效推动师范生专业知识的自我建构,促进其专业知识的生成与内化,此亦为构建课程学习与教育实践一体化的教师教育人才培养模式的出发点和归宿。

(四)提升师范生评价体系的科学性和多元化,激发其专业知识学习的自主性

各类师范院校和综合性大学所开展的职前教师培养对于教师各类专业知识尤其是学科知识、条件性知识以及通识性知识的培育具有不可或缺的重要作用,然而,教师专业知识的习得与积累需要经历漫长的发展过程,教师工作所需的多方面知识诸如实践性知识等均具有形成与建构的不可逾越之客观规律,且很难通过本科或研究生阶段的课堂教学和有限的教育实践而在短时期获得突飞猛进的变化或提高。因此,归根结底还是要通过激发师范生自主学习的热情与动机来确保其知识学习主体性的地位,从而促进

---

① 中华人民共和国教育部. 教育部关于加强师范生教育实践的意见[EB/OL]. [2016-03-21]. http://www.moe.edu.cn/srcsite/A10/s7011/201604/t20160407_237042.html.

其专业知识的持续建构与发展。为配合实现该项目标,教师教育应致力于构建科学且多元化的师范生评价体系,从而推动师范生专业知识的自主学习与建构并衡量其发展水平。

其一,提升评价体系的科学性,即要依据完整、清晰、合理的且适应于基础教育发展需求的教师专业知识体系建构,设计与各阶段培养目标相吻合、与其培养任务相衔接的知识评价模型,应突破结果性评价的局限,并可充分运用包括档案袋评价、教学录像、反思日志等在内的过程性评价方式来追踪和形成有关师范生专业成长的完整记录,从而更加立体、全方位地综合判断及分析师范生知识学习的效果及知识运用的水平。评价模型的设计与运用还要兼顾衡量包含学科知识、教育教学及心理学知识、实践性知识及通识性知识等在内的各类教师专业知识的发展状况与水平。将这一系列的评价资源和结果及时反馈给师范生,引导并促成他们在反思每一阶段学习进展与成果的基础上有针对性规划、制定并落实下一阶段的自主学习计划与方案。其二,通过多元化评价方式及手段的整合、运用来确保和提升师范生专业知识评价的全面性,将理论评价与实践评价、定性评价与定量评价、师范生自评与指导教师评价、中小学校与大学教师的双方评价等进行深度融合和使用来充实师范生专业知识的评价指标体系,并获取尽可能全面的评价数据,此外,亦可合理运用互联网时代数字化的"集知识学习与评价为一体的网络评价过程"①来充分激发学生在评价过程中的自主知识学习与建构。总而言之,即要通过改善评价体系来积极发挥师范生在专业知识学习与建构中的主体性地位,并引导和帮助其塑造乐于探索和求知的专业态度及精神品质。

二、给未来教师的建议

师范生不仅是职前教师教育培养的对象,更为其专业知识形成与建构的主体。即使接受同样的职前教育,不同学生的知识习得效果亦千差万别,其中原因就牵涉师范生在知识学习过程中的主观能动性之发挥存在着较大差别。对于未来想要从事教职的师范生而言,建立起对于专业的合理心理预期,有意识地强化自身的学习力和终身学习理念、制定符合自己的学业生涯规划以明确并完成学习任务与目标、关注当前的基础教育现况以反思和对比自身的知识储备及不足等做法,均为可以采纳的有利于专业知识养成

---

①　陈江英. 新课改导向下师范生的教学技能评价研究[J]. 黑龙江教育学院学报,2009(10):66.

的策略及建议。

（一）建立对专业的合理心理预期，强化学习力和终身学习理念

前文言，教师专业知识的建构与发展须经历漫长的专业生涯，而并非依靠几年的职前专业学习与准备。各学历层次的师范专业学生均须建立起对于"教师"一职的合理心理预期，既不过度地将教师形象神圣化，又不受不良舆论等负面因素影响而对教师工作予以庸俗化理解，这样才能为其职前专业知识学习和入职后的专业发展提供正确的态度与情感准备。具体而论，既要扭转诸如神坛上的"圣人"等超越人性且与一线教育教学实情严重脱节的理想教师定位，也要彻底打消仅将教师视作一份谋生职业的消极念头。无数教师在迈向教学岗位之始怀揣对教师崇高形象的无限尊奉却在入职以后的现实面前屡屡受挫，个中原因就涉及他们没有在书本和课堂之外尤其是学校教育实践中亲自观察、体验并形成对教师专业客观准确的理解与认知，致使很难建立起对教育教学工作该有的合理心理预期，从而也不易在每天繁重、变动的教育教学工作之余能够正视自我工作效能，并基于此来及时地补充并提升专业知识。基于上述原因，我们认为师范生在入职前即要解决的重要问题之一在于培养自己能够理性地看待教师专业并建立起合理的心理预期，继而坚定信念以引导现阶段的专业知识学习，并能尽快适应入职后的专业实践及生活。

在上述前提之下，还应意识到学习力和终身学习理念的强化及提升对于当今时代教师知识发展的重要性。第三章曾提及，互联网时代的知识更新速度已呈几何级数提升，教师的知识获取与储备面临史无前例的冲击与压力，只有自觉于实践终身学习以持续更新自身知识结构的教师才有可能胜任工作。也就是说，师范生要应对未来从事教职的挑战与困难，就要在做好心理准备的前提之下自觉于提升自己的学习力和终身学习理念。第一章曾讨论过"学习力"是包括学习动机、学习态度、学习方法、学习效率、创新思维和创造能力在内的综合体，针对教师一职而论，培养和保持阅读各类有关学科或教育教学专业的书籍和各种各样通识类书籍的兴趣与习惯，为其具备学习力的集中表现，亦为其知识结构能够得以更新与优化的基本保证。苏霍姆林斯基曾生动形象地阐释了阅读与教师知识建构间的紧密关系："教师的工作与创造好比一条大河，需要许多小溪流来滋养它，如何使这样的小溪永远保持活力并有潺潺不断的流水注入大河？这就需要教师持之以恒地

读书,不断地补充其知识的大海。"①就未来教师而论,能够自觉于建立并保持阅读习惯与能力在内的学习力并立志于践行终身学习理念,才能为自身专业知识的持续发展与积累提供必不可少的实现条件。

（二）制定适合自身的学业生涯规划,明确并实现各阶段学习任务及目标

不论在 4 年本科还是 2 年专业硕士的职前教师培养周期中,师范生们都不仅要学习包括学科、教育教学专业及跨学科、通识类课程等在内的各种选修课、必修课,还要参加综合实践、教育实践等,因而可谓时间紧而学习任务复杂繁多,假如因各种主客观原因出现懈怠或拖延则很可能会阶段性地影响到知识学习的进度与效果,进而直接影响未来的专业实践开展成效。《礼记·中庸》中言及"凡事预则立,不预则废"。换言之,做任何事前要有准备和计划才能获得成功。国外学者麦克雷（Sean McCrea）等人则提出,越用抽象和模糊的方式来思考任务就越容易让人感觉任务是遥远、复杂的事,相反地,如果采用具体方式来考虑任务并对任务做出具体分析和判断、列出任务的操作步骤和时间安排,那么任务就越有可能得到及时完成。② 该观点可为师范专业同学对知识学习的组织与安排提供良多启示,亦即在入学初期就应有意识来设计并制定适合自身的整体学业生涯规划,以便在各个阶段都能明确具体的学习任务和目标,并通过提升自身的执行力来达成、实现目标。

职前教师教育开展的时间短暂,若要帮助师范生建构能够支持其专业实践开展的知识基础,不作统筹安排与系统规划则很难实现。对于未来的教师来说,可参考如下建议以制定并调整专属于自己的学业生涯规划。其一,培养周期的各阶段中,教师都应凭借对于自身的不断了解和持续探索以明确自我定位,并形成和完善适切于自身的未来职业理想,基于对自身兴趣、特长和条件的准确认知与把握,结合学业进度及进展来有针对性地设置每个阶段涵盖的知识学习目标与任务在内的整体学业规划。其二,根据学业规划的整体安排来制定具体的执行计划或方案,例如明确某一阶段的主要课程学习目标与任务、实习的目标与计划以及个人阅读的书目及时间计

① ［苏］B. A. 苏霍姆林斯基.给教师的建议［M］.杜殿坤编译. 北京:教育科学出版社,1984:7-8.

② 张红兵,刘娜. 论职业生涯规划对大学生学习拖延的有效干预［J］. 黑龙江高教研究,2013(1):141.

划安排等,尝试学会自我管理和约束,并逐步提升自己的行动力和执行力,自觉自律地落实及完成各项任务、达成各个目标。其三,在落实学业生涯的规划中可灵活、机动地对规划及安排进行微调,如当某一阶段阅读任务提早完成的情况下可考虑选择并适当增加其他阅读书目,或通过同学间或师生间互动、讨论、分享等方式来进一步促进自身对该阶段习得知识的理解及内化。其四,通过学业生涯规划的制定与执行来更好地认识、发现和了解自己,如若较好地完成规定的学习任务与目标,则可总结经验并继续保持,假使没有完成,则应反思并归纳问题及原因,从而更好地促成下一阶段学习任务的完成。

(三)关注基础教育现状与改革,反思并对比现有专业知识水平与结构

本研究坚持认为,教师教育开展与改革的重要方向皆在于为基础教育服务即为中小学校培养称职、优良的师资。不仅作为职前培养机构的师范院校和综合性大学须秉持该基本理念来推进教师教育人才培养模式改革,作为未来教师的师范专业学生亦要自觉于形成并保持对于当前中小学教育的关注度,多了解和掌握关于基础教育现状与改革的信息与常识,此举将为师范生反思并对比自身现有专业知识水平与结构提供一面检验的明镜。

前文言及教师要成为一种专业必须具备专业的主要特征,而当今社会对教师总体上仍未形成如同其他专业性工作般的身份及地位认可,这很大程度上是源于以专业知识等为核心要素的教师素质能力亟待提升。师范生作为自身专业知识建构与发展的主体,能否在专业学习过程中充分发挥主体性和能动性将直接影响其知识习得的效果,而其主体性和能动性的发挥又应以服从一定基本的理念为导向,其中,关注基础教育现状与改革是师范生须持有并落实的基本理念。举例而言,对于诸如物理、历史或生物等属于新高考"6 选 3"或"7 选 3"科目行列的学科教学论专业师范生来说,假如其致力于将来从事高中教育工作,但却丝毫不知晓自 2014 年起新一轮高考改革的内容与实施方案,那么就无法得知目前高中教学已对教师专业知识结构之要求产生了哪些新的具体变化,进而无从着手去发现自身专业知识储备所存在的欠缺与不足,也难为专业学习和个人成长提供明确的指导方向。令人遗憾的是,师范生不甚了解或者没有深入了解我国基础教育状况的现象已比比皆是,这与教师教育对其引导不力有关,亦与其自身没有形成基本的观念意识有关。本书以为,可通过课程学习、教育实践、网络及媒体等多样化的途径来追踪和了解中小学教育教学的现状与发展动态,结合各个阶

段的学习心得与收获以及对学习结果的评价等,来分析并反思自身离合格、称职教师的知识水平差距,以此为据来有意识地思考缩短差距的解决方案,并尽可能通过自我学习和强化课程学习等途径来补充亟待于掌握的知识。

第八章　善于教育:教师专业能力与其培养研究

　　善于教育,即能够系统和充分地掌握并运用各种专业能力及要素来完成教育教学任务并实现目标,亦为专家型教师的基本特征。教师专业能力与其结构的形成及塑造是确保教育教学实践开展的效率与质量的条件与基础。在本书第四章的讨论中,已从理论层面明晰并梳理了教师专业能力与其基本构成要素。

　　然而毋庸置疑的在于,教师专业能力是一个动态性的概念,对于其要素及结构的讨论与建构须基于对中小学教育教学实践、理论研究和制度设计这三方面理念及要求的整合而展开。基于此,本章将立足理论研究,并结合国家颁布的教师专业标准中对专业能力部分的具体表述及要求,以及透过中小学调研所获来分析并重塑适切于目前学校教育教学发展需求的教师专业能力结构。此外,还将分别针对教师教育和未来从事教职的师范生来着力探讨教师专业能力的培养手段与对策。

第一节　教师专业能力与其价值

　　专业能力亦为教师专业素质能力的重要构成要素,是影响教师专业行为之效率。那么,如何厘定能力以及教师专业能力的内涵? 教师专业能力对于教师自身及其所从事专业又具有哪些方面的主要价值及作用? 这是本章第一节致力于分析及回答的主要问题。

一、教师专业能力的内涵

"能力"在中文语境中一般被理解为"能胜任某项任务的主要条件"①。英文中与"能力"有关的词汇主要有 ability、capability、competence、skill 等。其中,"ability"主要包含两层含义:拥有完成某项事宜所需的技能或力量,以及卓越的技能或能力②;"capability"具有做某事的能力或技能的意思③;"competence"的主要含义为良好而有效地完成某事的能力④;与上述三个单词所不同的是,"skill"通常被译为技能,其主要涵盖两层意思,亦即能够顺利执行某项任务的特殊能力或专门技能以及行业需要特别培训或专门知识的专门能力。由此可作如是理解:"competence"与中文中"能力"的含义较一致,且其从词源上来考究还具有胜任能力的内在意蕴,从外延上来辨析其亦比"技能"涵盖要素所涉边界更为宽泛。

心理学研究领域将"能力"定义为顺利地实现某种活动之心理条件,包括从事多数活动所需的一般能力以及从事专门活动所需的特殊能力。⑤ 哲学领域则将"能力"理解为个体在认识和实践活动中所形成、发展且能表现出来的能动性力量,它使得主体与主体的对象性关系得以建立。⑥ 基于上述对"能力"的定义与理解,本书认为所谓"能力"是指顺利完成一项任务或活动而需具备的心理特征、条件及力量。能力不同于知识但又与知识存在紧密联系,它是知识被习得以后经由个体内化之后的结果及产物,其表现形式为经由实践来顺利、成功地达成某项目标或任务的活动方式。

根据能力的内涵可推导并得出教师专业能力(teacher professional competence)的内涵,亦即教师胜任教育教学的专门工作所需具备的个体心理特征及条件,其表现及存在方式为教师运用一定的专业知识及凭借自身专业经验以顺利地完成某项教育教学任务与目标。第五章中已从理论层面梳理、分析并得出教师专业能力通常涉及教学操作能力、监控评价能力等教学能力,以及信息技术应用能力、研究反思能力、理解沟通协调能力和班级

---

① 中国社会科学院语言研究所词典编辑室. 现代汉语词典[Z]. 北京:商务印书馆:921.

② Collins dictionary and thesaurus[Z]. Glasgow:HarperCollins Publishers,2005:2.

③ Collins dictionary and thesaurus[Z]. Glasgow:HarperCollins Publishers,2005:116.

④ Collins eictionary and thesaurus[Z]. Glasgow:HarperCollins Publishers,2005:162.

⑤ 彭聃龄. 普通心理学(修订版)[M]. 北京:北京师范大学出版社,2001:390-392.

⑥ 扈中平. 教育目的论[M]. 武汉:湖北教育出版社,1997:246.

组织管理能力等。而事实上,教师专业能力是因时代和社会变迁而随之发生变化发展的动态性概念,其所包含的要素及整体结构皆非绝对化,而是处于不断变化发展的过程中。长久以来,理论研究者讨论并建构的教师专业能力结构虽具备论证及分析的深厚理论根基,但却并未系统兼顾和全面结合学校教育的真实现况和发展需求,因而存在理论与实践脱节的问题,并很难为教师教育开展提供切实可行的规格及依据。基于此,本章第二节将依据对中小学校的观察和调研尤其结合对专家型教师和新教师的深度访谈,来重新建构一个适切于当今中小学教师群体的专业能力结构。

二、教师专业能力对教师个体及其专业的价值

教师专业能力影响了教师专业行为的整体效率,其对教师个体及其专业的价值体现于影响教师对专业知识的理解、运用及内化,引领教育教学实践的开展效率及质量,促进教师领会并践行自主专业成长等主要方面。

(一)影响教师对专业知识的理解、运用及内化

教师专业知识与专业能力作为教师专业素质能力的基本构成要素,其相互间存在密不可分的重要关联。系统扎实的专业知识是教师专业能力提升与强化的基础,专业能力则是驱使并确保专业知识能够转化并作用于教师专业行为和专业实践的条件。教师专业能力的形成是一个受多方因素影响的复杂、艰难且漫长过程,是教师将习得的专业知识及理论与其思维模式、个性特征、专业认知、专业态度、专业信念以及教育情境等进行整合相融而运用于教育教学实践的过程。就该意义而论,教师专业能力越强,其专业知识水平以及知识个性化的程度就相应越高,亦即专业能力由浅至深的塑造完善过程,亦为推动其对所掌握的专业知识作深入理解、运用以及不断内化的过程。当然,教师专业能力的具备还对除专业知识之外的包含教师理性、专业情操以及专业认同等在内的教师专业素养及专业特征产生整体性的正相关影响。

(二)引领教育教学实践开展的效率与质量

教师专业能力影响其专业行为的整体效率,因而势必将引领教育教学实践开展的效率及质量。掌握系统精深的专业知识意味着教师具有"精通教育"的特征,而"善于教育"无疑比"精通教育"的要求更高,因为它考察的是教师能否在教育教学实践中发挥其专业经验及运用专业知识来完成工作任务并达成目标。教育教学工作的实践性特征决定教师与学者间存在本质上的区别,使得教师在掌握专业知识的同时还须养成专业能力,以确保达到

有效教学实现的前提条件。举例来说,教学认知能力的形成将帮助教师快速判断、理解及诊断专业实践中所存在的问题,从而有益于其制定或调整有效教学策略,教学操作、教学监控评价等诸项能力要素的塑造,保证教师能够在教学活动中通过综合运用各类专业知识来设计、掌控和了解教学情境及活动,并使其能经由查漏补缺以进一步提升未来教学实践的开展质量及效率。概言之,教师专业能力的形成与改善是有效教学实践开展的基本条件,其引领了教育教学实践的质量及效率提高。

(三)促进教师领会并践行自主专业成长

教师专业能力被视为"成就教师专业成长的支撑点"①。教师专业成长的内在属性是通过教师的能力样态来传达和展现的②,换言之,教师一旦形成或具有某种专业能力,其将体验并获得专业成长的动机与自主性,亦即将自觉投身于专业成长及发展。具体而言,例如在反思及研究能力建构与提升的过程中,教师就会逐步增强经由反思及研究来剖析和诊断教育教学实践从而获得改进策略和机会的观念及意识,亦会植根实践开展需要而自觉于对自身研究知识和能力结构调整及更新提出要求与期待,从而有力推进了自主专业成长的践行与实现。总而言之,专业能力越强,教师自主专业成长的动机及实现的可能性就越高,以此也可得出如是推论:教师专业能力塑造的过程亦即其专业素养得到整体和系统发展与提升的过程。

第二节 善于教育:教师专业能力之重塑

上文已明确教师专业能力表现为教师在教育教学过程中凭借专业经验和专业知识来实现教育目标、完成教学任务的具体活动方式,教师要成为一种专业就要求其具备从事教育教学工作的基本技能及能力。作为国家对于教师素质能力要求的最高制度规范,教育部在其颁布的《小学教师专业标准(试行)》中将"教师专业能力"划分为教育教学设计、组织与实施、激励与评价、沟通与合作以及反思与发展等五个方面的能力,《中学教师专业标准(试

---

① 吴志华,柳海民. 论教师专业能力的养成及高师教育课程的有效教学途径[J]. 教师教育研究,2004(3):27.

② 魏薇,陈旭远,贾大光. 教师专业决策能力:内涵、价值与发展路径[J]. 中国教育学刊,2011(8):72.

行)》则将中学教师的专业能力分类为教学设计、教学实施、班级管理与教育活动、教育教学评价、沟通与合作以及反思与发展等六大领域的技能与能力。① 可见依据国家制度对于合格及称职教师的基本要求,当今教师专业能力在以教育教学能力为核心的同时已然超越了教育教学能力之边界。结合对中小学校的调研尤其是针对专家型教师和新教师的深度访谈,本书认为当今中小学教师应当重塑包含下文所述五大类能力及技能要素在内的专业能力。

一、有关教学的能力

与教学有关的能力是教师的核心能力要素,根据对中小学校的调研与观察,研究发现基于当前学校教育发展现状与改革趋势,成熟、资深的专家型教师与新教师的重要区别在于其具备教学认知能力、熟悉和驾驭教材的能力、课堂组织管理能力等基本能力要素,此外,将信息技术融合到教学中的能力则是当前教师们普遍亟须提升的一种新型教学能力。

(一)教学认知能力

教学认知能力是教师依据自身学科及教育教学知识以及专业经验而形成的对有效教学策略制定和实施的判断、理解及把握的能力,它将引领教师教学工作的组织与开展。

★ **案例**:H8 教师讲述了自己通过对近年来所面临的学生变化的感知与理解来影响及转变其教学的事例:

> 我们学校从 2016 年起招收的新生中首次出现了女生多于男生的情况,也就是从那个时候开始,我发现学生的主动学习能力好像一下子就掉了一个档次,它不是说缓缓下去的,当然这跟学校扩招和搬到新校区等原因都有关系,一个年级一下扩大到 16 个班,明显感觉到学生的学习力下降。这个时候老师在上好课以外还要"会抓",这个"抓"并不是说要拉学生去不断地补课,而是你要为学生着想,你必须要分层次教学,甚至有学生学习能力不够,那你(教师)就要额外为个别学生付出。也就是从这个时候开始,我们开始晚上坐班,坐在教室里面开始教学管理,那就是说要向"管理"要成绩了,也就是说对于学生课外辅导答疑要

---

① 中华人民共和国教育部. 关于印发《幼儿园教师专业标准(试行)》《小学教师专业标准(试行)》和《中学教师专业标准(试行)的通知》[EB/OL]. [2012-02-10]. http://old.moe. gov. cn//publicfiles/business/htmlfiles/moe/s6991/201212/xxgk_145603. html.

跟上去,单纯地向课堂要成绩已经不够了。

H8 教师谈及的个人经验说明了专家型教师能够自觉于认识、理解并且依据不同学生群体的特点来制定及实施不限于课堂的教学策略。

教学认知能力包含着多重的教师专业能力,其中对教学目标的理解力、了解学生及其特点的能力、对教学资源的把握与分析能力、对课堂教学情境信息的判断及辨别力、对课堂教学的反思与问题解决能力等均为其核心构成要素。①

(二)熟悉及驾驭教材的能力

熟悉及驾驭教材的能力,即教师在对任教学科的教学用书即课本不断了解、熟悉的基础上做到分析并把握教材的结构内容,理解及掌控教学主要知识点、重点及难点的能力。新课改实施后,中小学校所选用的教材也迎来变革,小学和初中原先使用的"人教版""苏教版""粤教版"等教材逐渐均被"部编版"所取代,高中在自 2018 年秋季实施的新课标的影响下也将选用新教材,而教材体系的变化无疑将对教师教学能力的转变提出新挑战。能够熟知学科内容知识并不等同于教师能基于对教材的掌握来实施有效教学,其关键在于教师是否形成熟悉及驾驭教材的能力。不少新教师都谈及自己虽不存在学科知识掌握方面的问题,但在对教学内容及其要求的理解和掌握上则与成熟型教师存在较大的差距。

N5 教师认为自己与优秀的成熟型教师的主要差距就体现于对教材的掌控方面:因为老教师毕竟从教几十年,包括对教材的把控、学生可能出现的学习问题等,他们都有更好的预见能力,他们也能处理得更加妥当。

N10 教师现主教小学语文课,但并非小学教育或中文师范专业出身,她亦认为当今小学阶段的语文教材及教学内容确实已与自己理解中的相去甚远:小学语文知识我也都会,但是我个人理解中的小学语文与现实中的小学语文有很大的出入。在没教小学之前,我认为小学作文该怎么写跟我从事教学之后所面对的很不一样,小学作文并不是我们想得那么简单。生字怎么教、组词怎么教、句子怎么教、作文怎么教都有很多"套路",比如扩充句子最少扩两处,而不是随意扩一处即可,类似这些我都不懂。

N14 教师提出熟悉和驾驭教材的能力对于教学工作实施的重要性,并认为职前教育并没有帮助自己做好该方面的准备:我觉得高中教师还是得

---

① 孙杰远. 教学认知能力:教师专业发展核心力[J]. 当代教育与文化,2012(7):59.

对教材、考试等多了解，比如我们学了教材中的一块知识，那么这块知识的主要考点是什么，高频考点是哪一个，学生对这些还是比较关注的。但是我们对高中教材和高考的分析还是得要自己积累或者向老教师请教，然后自己再研究，大学（职前教师教育）基本上没有课程涉及这一块内容的。

教材不断推陈出新，然而新教师的学科内容知识与其对教材理解和掌控能力之间存在不对等的问题却非常突出。该项能力的缺失会极大地阻碍有效教学的实施，因此该问题应在职前培养中得到重视并获得解决。

（三）课堂组织管理能力

课堂组织管理能力是教师在课堂教学的过程中依据实际情况对各种因素进行把握、控制与调节以顺利实施教学方案并完成教学任务和目标的能力。课堂组织管理能力的掌握情况是考验教师教学能力与水平的重要方面，亦为新手型教师最亟待于形成并提升的一项专业能力。研究发现，不少新手教师尤其是教龄在1～3年的新教师都面临着因课堂突发事件及状况或者课堂纪律和秩序失控等原因而无法把控教学进度的问题。专家型教师不存在这样的问题，他们对于课堂教学活动考虑较多的是如何在确保学生学业水平提升的同时又能兼顾充分唤醒并激发学生对学习的热情和投入。

表 8-1 展示了部分新教师对课堂组织管理能力理解有关的表述，他们大都将自己现阶段课堂组织管理能力的缺失归因为对学生的有效管理能力、吸引学生学习兴趣的能力以及教师权威等能力要素的缺乏。

表 8-1　受访中小学新教师对于课堂组织管理能力的理解

教师编号	表　述
N5	一个是课堂管理能力，首先作为一个老师，如果你走进课堂，学生闹哄哄的，这堂课是没有办法上下来的。把控力，也就是课堂管理能力，你怎样把控学生是一个很重要的问题。
N6	新教师一个很大的特点就是靠"凶"来维持住课堂纪律，但其实也知道更重要的是怎么让学生感兴趣、吸引住他们对这门课的兴趣。
N12	杰出的教师要有一定的课堂组织管理能力，不然课堂上没人搭理你，课上随机应变的能力很重要，有时学生会跟你抬杠，你明明讲一个正能量的话题，学生觉得好玩，就跟你讲相反的内容，或者起哄什么的。我觉得假如是资深的老师，学生就不会这样，年轻老师才会遇到这种情况。
N16	我觉得最大的困难之一就是在课堂教学上，有时候课上不好，我是新教师，讲得没那么生动，吸引不了学生，学生那里会有一个（不好的）反馈，他们有时候会直接反馈给家长、学校领导，给你施加压力。

本书认为,对于学生学习及心理特点的充分了解与把握,对于学科知识、学科教学认知以及一般教学法等知识的掌握与运用以及教学权威的树立等都是保证教师具备并提高课堂组织管理能力的基本条件。

(四)将信息技术融合到教学中的能力

本书第三章言及自迈入新时代以来,我国政府强调提高中小学教师的信息素养,教师的信息技术一般应用能力亟待升级并转变为将信息技术深度融合到教学中的能力。该项能力的形成意味着教师要懂得并能够运用信息技术来优化课堂教学以及转变学生的学习方式,这对教师信息思维及素养提出了更高的要求。然而,在对学校教育的实际观察和了解过程中,我们发现不同阶段和类别的学校教师确实都具备了一定信息技术应用能力,但多数教师将信息技术融合到教学中的能力仍处建构发展过程中。该现象所关涉的原因是多方面的,其中,教师和学生都对传统课堂教学手段与方式更为接受和适应,部分校方为确保以"安全妥当"的方式来提升学生成绩亦默许教师少用多媒体设备,甚至推荐教师回归至"教师讲授为主、学生练习为辅"的传统课堂组织形式。

H3 教师认为:从课堂效率来讲,粉笔虽然传统,但是老师用习惯了,第二个就是更直观一点,老师写出来了,学生能看出来了,理解得也更快一些,还有主要是对电子这个东西,学生不适应,初中小学没有跟上,他们也不太适应,然后高中老师一用起来,学生可能就觉得内容一下子没了。课件上课是好的,容量可以大,但一张张翻过去以后,如果要回头看,去翻每个面都只能显示一个屏幕,我要回头看又得翻到前面,它没那么方便。黑板的话,要是老师设计好了,基本上可以不用擦黑板,知识点和例题都在上面,便于学生做笔记或者整理。H3 的教学经验说明在当前高中阶段理科课堂教学中,师生双方仍然更为习惯于接受传统板书教学,或者说仍未探索到一种信息技术与理科课堂教学的最佳整合途径以增进学生的思维理解与发展。

新教师 N1 更直言:其实以前在大学都是讲究媒体化教学,但现在工作后,学校给我们新老师开过讲座说要减少多媒体使用量。我们现在的老师上课太依赖于网络资源,上一节课就是在一直点鼠标,不关注学生到底掌握多少,而且备课时面对海量资源,老师都是裁一点再裁一点,根本没有自己的体系,没有办法成长。学校希望我们自己备课多一些,他们更强调要帮助学生抓基础。由此可见,信息技术在中小学教学中的充分运用在一定程度上存在理念与现实层面的冲突。

　　概言之,为学生有效创设信息化的教学及学习环境、探索并实现数字化教育资源在教学过程中的恰当开发与运用等依然需要教师、学生和学校等多方的共同努力、配合,并需付诸行动和时间才能逐步得到落实和达成。

　　需要特别指出的是,教学认知能力、熟悉及驾驭教材的能力、课堂组织管理能力以及将信息技术整合到教学中的能力是本研究通过调研所发现的当前中小学教师最为重要的教学能力构成要素,而非教师所应形成的教学能力的全部。上述四项能力分别为有效、成功的课堂教学开展提供并确立了前提、内容、保障及手段见图 8-1。

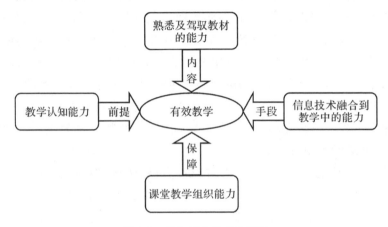

图 8-1　教学能力的相关要素

　　除以上四项有关教学的能力,教师的教学设计能力、教学操作及实施能力、教学监控与评价能力等均为教学能力所不可或缺的组成要素。

二、班级组织管理能力

　　教师的班级组织管理能力是教师尤其是担任班主任的教师对学生与其日常班级及校园生活进行组织、规划、协调与管理以实现教育目标的能力。班级组织管理能力是教师重要的教育能力之构成与体现,由多项能力要素所组成。

　　在调研开展过程中,多位受访的成熟型教师一致认为,优秀教师应持有的核心专业能力就是从事班主任工作应具备的能力,亦即班级组织管理能力。依据数名已积累丰富班主任工作经验的高中教师对有关班级组织能力的理解及表述,其较为强调的该项能力所涉主要因素有:对学生的心理、情感及价值的引导能力,培养学生互助团结的能力,班级活动策划组织能力,与学生间的沟通能力以及教师权威等(见表 8-2)。

表 8-2　受访高中教师涉及班级组织管理能力的表述与其要素归纳

教师编号	表　述	班级组织管理能力的要素归纳
H2	有些年轻老师好想马上就和学生成为朋友,因为他们自己和学生年龄也差不多,好像真的就是同辈朋友一样勾勾肩、摸摸头,这样距离太近了,学生对你就没有敬畏感,你做的工作也会打折扣,执行力就会有折扣! 特别是班主任,如果你没有威信的话,可能你班里面的比如卫生、纪律这些就弄不好了。	教师权威
H3	班主任的工作对于学生心理的状态都很有关系,班主任平时在班上讲话很严厉的话,在这种班级氛围中,学生就不可能在集体里有幸福感,他没有幸福感的话,压力大了就无法化解。让学生觉得幸福、觉得自己被尊重这很重要,所以,真的不该对文化成绩过分强调,而要对学生的心理、价值观和情感进行引导,这些不应该被忽略。	对学生心理、情感及价值观的引导能力
H4	当班主任的话肯定要学生喜欢你,现在活动多,班主任要组织班会和很多其他活动,春游秋游带队什么的,你就要与学生沟通,你还得什么都懂一些,假如什么也不懂,那学生也看不上你。	班级活动策划组织能力、沟通能力
H6	中学班主任的杂事就是比较多,我想班主任首先理念上要有就为了学生的意识,班主任就要从心理、德育上对学生的指导。班主任还要有服务意识,他(她)只是班级的一个协调引导者的身份,要通过一种协调引导方式来培养学生按规则办事。	对学生心理、价值观的引导能力
H8	我作为班主任,要告诉他们,大家在这里住校,就是兄弟姐妹,学习是要相互帮助的,心胸要宽阔,不要以为你帮了别人,别人就超过你,你就被他比下去了,其实人各有所长,你帮了他,他帮了你,这个才是做学问的态度。大家要养成一种互相关心、互相帮助的态度和习惯。	引导学生心理及价值观、培养学生团结互助的能力

　　受访的中学和小学新教师们同样也提到了班级组织管理的有关能力。有趣的是,教龄 4 年之内的几位年轻老师对该项能力的关注点多聚焦于评价学生、选拔班干部的能力方面,与成熟型教师们的理解存有一定差别(见表8-3)。

表 8-3　受访中小学新教师涉及班级组织管理能力的表述与其要素归纳

教师编号	表　述	班级组织管理能力的要素归纳
N11	每个人对好教师的定义不同,如果是班主任,那么要求肯定会更高。比方说,每个学期都会评优评奖,学生这方面心理工作也需要做到位,还有比方说班干部的选择,你这方面工作做不好的话,学生心理上会觉得你偏心或怎样,他们会有意见的,所以对班主任要求更高一点。	评价学生、选拔班干部的能力,引导学生心理的能力

续表

教师编号	表　　述	班级组织管理能力的要素归纳
N5	我作为班主任一开始是很严厉的,后来慢慢开始用一些激励的手段,我们班有一个激励评价卡,我刚开始是以学习卡、卫生卡等各种类型卡片的搜集来评价、管理他们,后来从"卡"变成"章"。	激励和评价学生的能力
N8	我当了一年级的副班主任,一年级的孩子很喜欢老师的一些奖励,哪怕就是夸了他(她)几句,所以要经常表扬。那么批评的话我就也会有非常明确的惩罚方法,奖励和惩罚都很明确。	激励与评价学生的能力

由表 8-2、表 8-3 可发现,专家型教师多从对学生的心理、情感和价值引导以及培养学生团结互助等有关教师育人能力的要素来谈及班级组织管理能力及其构成内容,新教师则关注教师对学生的激励与评价以及班干部选拔等能力在班级组织管理中的作用。由此可作这样的理解,专家型教师更为注重的是自身班级组织管理能力发挥、所实现的以育人为主的深层价值目标,而新教师对于该项能力的掌握与理解则更多地停留在工具理性层面,这也是其与专家型教师的区别所在。结合理论归纳与研究发现,我们认为教师的班级组织管理能力由对学生心理、情感、价值的引导能力,培养学生互助团结的能力等育人能力,策划及组织班级活动的能力,激励和评价学生及选拔班干部等能力,与学生的沟通协调能力,教师权威等能力要素所构成。

三、专业反思与学习能力

专业反思与学习能力是指教师对教育教学工作现状及问题不断进行反思和探索以改善教育教学工作,以及对于专业进行持续的自我学习和提升以改进自身专业素质的能力。专业反思与学习能力是专家型教师具备的专业能力基本要素,亦为确保其在入职后能够获得专业发展与成长的保障。

教育教学反思与专业学习之间存在着相辅相成的密切联系。教师在日常教学实践中能够自觉于探索及发现问题与困惑,就会产生自我学习的动力、目标及方向。专业学习则能针对教学反思所获来帮助教师分析问题和解决问题,并进一步促进其专业成长。职前教师教育为教师所建立的知识能力基础绝不可能支持其终身的职业生涯发展,教师须将专业发展贯穿于职业生涯的全过程,专业反思及学习能力的形成与建构则为之提供了实现的可能。

　　表 8-4 中的 H2、H7、H8 三位教师均为教龄逾 30 年且拥有丰富教育教学经验的典型专家型教师,他们一致谈及专业反思或学习对教育教学质量的改进以及教师专业发展及成长都发挥着重要影响与价值。包含反思能力、终身学习理念、学习力、职业生涯目标定位及规划能力等能力要素构成了教师专业反思与学习能力的主要内容。特别值得一提的是,依据不少成熟型教师的认识及理解,阅读习惯与能力的保持将为教师反思与学习能力的形成及强化提供重要的助推力。针对阅读之于教师专业反思与学习的重要性,朱永新教授曾言:"不善于读书学习的教师,总是拿着一张教育的旧船票,每天重复昨天的故事。而善于读书学习的教师,就能够从前人的教室吸取经验教训,通过阅读不断思考,在大师的肩膀上攀升。"①

表 8-4　受访高中教师涉及专业反思与学习能力的表述

教师编号	表述	专业反思与学习能力的要素归纳
H2	我想教师自身的努力包括自己的目标定位是非常重要的,因为有目标的话肯定会付诸行动,在课外业余时间也就不会全部都用来玩,自己也会去买一些书钻研一下,自己的定位对自己后面的成长还是非常重要的。就是要不断地学习,这样成长会更快。	职业生涯的目标定位及规划能力、学习力
H7	我觉得教师应该是和学生共同成长,其实教师在教育学生的过程中自己也在成长,你不是付出奉献,其实表面上看,是你在教育学生,实际上你也是有收获的,教师跟学生应该是共同成长。另外,一个人要有思想的话,一定要大量地阅读,真正的学习就是阅读,不能够只看专业方面的书,要看很多书,看其他书籍对专业帮助是非常大的。	反思能力、学习力
H8	老师要不断学习、不断改进、不断与时俱进,这个是很重要的一点,什么时候都要注意学习新知识、学习新技能,我就看到我们周围有很多的老师,他(她)跟我差不多年纪,不管学习电脑技术、微信还是"钉钉"(一种办公协同沟通软件)就说"我不来弄的""我反正要退休了"等,但我好像从来都不是这种做法,我什么事情都要把它学起来,我自己会做,就是要做好这样的转型。其实如果你对这些都不感兴趣的时候,你就真的老了,我觉得做老师的心态不能老,如果你要永远充满活力的话,就要不断地学习,不断提高自己,不断地改进你的教学方法,这个是很重要的。	终身学习的理念、持续的学习力

---

① 朱永新. 致教师[M]. 武汉:长江文艺出版社,2015:38.

四、科学研究能力

科学研究的能力即教师运用研究的思维与知识来独立开展并完成包括发现问题、分析问题和解决问题等环节在内的科学研究之能力。在前面的章节中,本书曾多次论及"教师作为研究者"应成为当今教师要肩承的主要专业角色,亦已成为教师教育改革的主要理念与趋势。教师开展的研究并不同于一般意义上的学术研究,而是一种以实践性为基本导向的研究,也就是说教师从事科研的最终目的是为了服务于教育教学实践,研究问题的选择源自教育教学实践的开展,研究结论的得出则是为了促成专业实践的改进抑或教师自身的专业发展与成长。科研能力是当今时代优秀教师的基本能力要素之一,也是不少新教师感受到自身最为欠缺的一项专业能力,该现象也反映了职前教育阶段对师范生研究意识和素养的培育之薄弱及不足。

表 8-5 中,N4、N5 和 N6 教师都不约而同地提到了职前教师教育并没有帮助自己获取和积累能在中小学进行独立研究的知识与能力,导致自身很难甚至无法尝试开展适切于教育教学实践的科研活动。科研能力的缺失亦为新教师与专家型教师的主要区别之一,N5 教师直言:"老教师除了教学和日常事情的处理能力强之外,写论文也很强,他们随便拿一篇论文出来,我感觉都能得奖,比如坐在我边上的一位 40 多岁老师,他随便写出一篇论文来就能轻松获奖。"

表 8-5　受访中小学新教师对自身科研能力的评价

教师编号	表　述
N4	我自己写论文确实有些困难,我不知道该怎样去写那个东西,我之前在大学接触过的,跟小学的是不一样的。大学做研究、写论文的那一套在小学用不上。
N5	我觉得大学里做的研究和现在学校里的研究完全不一样。这是我深有体会的一点。我工作之后写了几篇论文,获奖的都是我认为绝不可能获奖的,当我认为能获奖的却是完全没获奖的。为什么呢? 理由是我用大学的那一套撰写出来的论文在这里的老师来说是看不上的。他们评选的时候觉得我们的论文是没有东西的、很空泛的,就是我所说的纯理论没有实践的。大学本科和研究生最常见的就是根据别人的研究,通过文献研究写出一篇自己的论文,但是工作后所有的理论都是要有实践的案例去支撑的,而不再是那套纯理论的东西了。
N6	我觉得现在最困难的事情之一就是科研能力的提升。写论文、做课题对一个教师能力素质提升是很重要的一件事,但是我一直到现在在这方面是一片空白。一方面是没有时间,另一方面可能跟大学里学的课程有些脱节,确实在从事教育以后(没用处)。

五、沟通合作能力

本书所指的"沟通合作能力"意为教师与包括学生、同事、家长、学校社群等在内的学校教育利益主体之间的交流、沟通、协调与合作的能力。近年来，随着我国社会经济的整体快速发展，家庭对于子女教育问题的重视及介入程度已达前所未有的水平，教师与家长之间能否建立并保持畅通良好的沟通合作机制已日渐成为制约教师工作开展的重要影响因素。这就对教师在教育教学工作领域之外的沟通合作能力的具备提出了新诉求。此外，随着时代和社会的发展及变迁，沟通合作能力的内涵及要素亦在发生不断的变化。就传统而论，语言组织及表达能力、倾听能力、理解力、人际交流能力、协调及写作能力等为沟通合作能力的基本要素。然而，现今时代人类沟通和交流的手段与方式已经发生了很大的变化，在学校教育领域，移动电话以及校讯通、家长微信群等通讯软件已经逐渐取代面对面交流而成为家校间的主要沟通方式与工具。这就赋予沟通合作能力以超出面对面交流所需能力要素的全新内涵，我们在调研中发现在新教师所面临的工作主要压力与困难中，与家长沟通交流不畅已成为最为突出且难以解决的问题，而这种沟通及合作的不顺畅又频繁发生于家长微信群等家校间新型交流沟通途径中。

N1 教师讲述了自己在接受课题组访谈前刚刚经历的发生于家长微信群的真实事例：有家长在微信群质疑了教师教授字词的准确性，作为新教师因自身的专业权威公然遭到怀疑与挑战而使情绪受到较大波折，于是教师较不理智地用看似自嘲实则反讽的言语回复了家长，结果则是双方交流过程出现不快及摩擦。

★ **案例**：今年我们三年级正好改了语文教材，是部编版的，但是很多家长（并不理解），这也是我今天很懊恼的一件事情，就是上《山行》这篇课文，"白云生处有人家"这个"生"以前是"深浅"的"深"，很多家长都是这样教的，那我教的话肯定是以部编版的教材为准，很多家长就在微信群里给我提意见，"难道我们这里的教材就跟国家的教材不一样吗？"他（有一位家长）说，然后我回复他说："这是教育部出版的。"这样说了之后，我又百度了一段给他看，给他看过之后，他说："那好吧，可能现在的古诗都是改编过的现代诗吧。"他居然这样跟我说。由于今天正好我自己班级事情太多，上午一直都情绪懊恼，正好没有地方宣泄。所以我当时在家长微信群就对那个家长直接怼过去了，我说："可能是我接触过的古代汉语教学、古代文学教学的那些教授的水平都太差了吧,连这种知识都搞不清楚。"当然,一开始我不是直接这样说的,前面有很多铺垫,就是说我们可以一起来探讨,但是家长就是各种怼你,我感觉他们是觉得新老师好欺负,所以我也就不管了,直接在微信群里怼回去了。家长是在微信群里公然挑战老师,其实前一天已经有家长开始挑战老师了,不是说这件事情,可能就是说老师布置作业也布置得不清楚,其实我在黑板上已经写得清楚了,包括作业记录本也都是有的。所以作为老师怎样讲究艺术地沟通,包括怎么样控制自己的情绪,确实值得学习。其实在那条微信发出去的 2 分钟之内我有想过撤回的,但我觉得那样太懦弱了,索性就不撤回。

由以上案例可发现,家长微信群的使用在让教师与家长实现并维持全天候在校交流的同时,又容易引发双方之间一些新的摩擦与矛盾,甚至有可能将削弱教师的专业自主权与专业权威。而如何在微信群等平台与家长保持理性、恰当的有效交流并设置和确立基本的群交流及发言规则是绝大多数中小学教师都应思考并解决的问题,也是新形势下对教师沟通能力的极大考验。

六、教师专业能力之整体

概言之,本书认为当代中小学教师的专业能力应当主要涵盖包括教学认知能力、熟悉及驾驭教材的能力、课堂组织管理能力、将信息技术融合到教学中的能力等在内的有关教学的能力,班级组织与管理能力,专业反思与学习能力,科学研究能力以及沟通及合作能力等基本能力要素。教学能力为教师的专业核心能力,它处在专业能力同心圆的中心位置,其他诸项能力要素则分布在中心以外的圆中,不同能力要素之间为相互影响、相互促进的关系,并共同指向教师教育教学工作质量的提升及改善(见图 8-2)。

当然,上述能力要素仅为本研究所思考并得出教师专业能力之主体,伴随社会发展以及学校教育发展及改革的推进,教师专业能力的内涵及要素均可能出现转变、更新与拓展,亦即教师专业能力具有发展性和动态性。因而在把握教师专业能力研究时效性的基础上适当进行追踪、补充与调整,才能建构适切于学校发展需要的教师专业能力结构,进而为职前教师教育设计与改革提供准确的依据与方向。

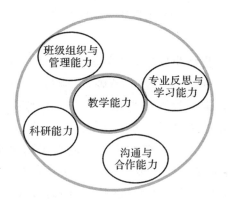

图 8-2　教师专业能力要素的重塑与整体

第三节　教师专业能力的培养

在对中小学校进行调研的过程中，我们了解到部分新教师之所以对自己所接受的职前教师教育颇有微词，其主要原因在于师范院校和大学没有很好地植根学校教育的发展现状来培养教师专业能力要素及结构。大学里所教授的与中小学已然脱节而用不上，实际工作所需要的能力得从零学起是不少新教师都面临的困惑与挑战。基于上述问题与现状，本节将分别从职前教师教育机构以及未来教师各自的角度出发来思考和分析有助于推动师范生专业能力培养的具体举措及建议。

一、教师教育改革的对策

能力形成本身为一项复杂工程。相较于专业知识的培育而言，师范生专业能力的培养更需职前教师教育机构采取改革对策并落实相关举措。研究认为，为帮助未来教师形成胜任教职所需的专业能力，职前教育机构应探索并采取的对策主要涉及：明确人才培养的目标及定位以扭转"重知识而轻能力"的培养倾向、建立"U-G-S"（英文 university，government，school 之首字母缩写）的协同培养模式，从而整合资源及平台以促成专业能力的培养，调整与更新课程和教育实践以强化师范生反思能力和研究能力的培育，构建以专业能力培养为导向的评价体系以促成师范生专业能力的发展与提升。

（一）明确人才培养目标与其定位，扭转传统"重知识、轻能力"的培养倾向

本书第四章曾言及培养目标为引领人才培养活动的整体理念与基本要求，人才培养目标设置得科学、合理、清晰，方能为人才培养模式的设计提供明确可依的规格与根据。教师教育是一种专门且特殊的职前准备与教育，应与其他学科及专业的人才培养区分开来，而这种专门性与特殊性首先就体现于教师教育人才培养活动的初衷与目的在于为中小学校输送合格、称职的师资，换言之各类高师院校要关注中小学教育教学对教师角色扮演和职责承担的要求与期待，并基于此来制定教师教育人才培养目标。在此前提下，"教师是从事教育教学工作的实践者（practitioner）"之基本判断应被视为职前教师教育设计与实施的根本立场及内在逻辑，专业能力的训练与培养和理论知识的传授及培育要统筹兼顾和把握。倘若以"重学术、轻师范"或者"重知识、轻能力"的思路与理念来培养师范生，则无法为其配备"实践者"所需的基本专业能力要素，并将致使他们无法胜任教职。然而在现实领域，教师培养过程中普遍存在的以学科课程为本位的课程设计取向以及注重理论与知识传授而忽略技能及能力养成的培养倾向依然非常明显并突出。

由此本书认为，应当从作为人才培养活动起点的目标定位与设置起就调整并扭转传统重知识传授轻能力养成的倾向。一则，师范院校应自觉于持续关注、追踪和分析中小学教师角色发展与转变的内容及趋势，反思并提炼教师角色转型对其素质能力结构变化与调整所带来的要求及影响，从而依据教师角色转变的实质与特点以及专业知识、专业能力的新变化来对人才培养目标进行适当调整、补充及完善。二则，在培养目标设置中尤其应当明确并强调对于专业能力的总体要求，亦须参照并遵循国家颁布的《小学教师专业标准（试行）》《中学教师专业标准（试行）》等政策文件中有关各教育阶段教师专业能力的具体内容及表述来对培养目标所涉教师专业能力作进一步整合与充实，从而在师范生人才培养活动之起点就考虑并纳入有关专业能力的总体规格和基本要求，以真正扭转"重知识、轻能力"的职前教师培养倾向。

（二）推动"U-G-S"互动协同培养模式的建立，通过资源及平台整合来促成专业能力的系统养成

师范生专业能力的形成及强化是一个漫长且复杂的过程，如仅仅依靠

作为职前培养机构的大学来独自掌控和实现全过程则并不可行且不实际，这是由于专业能力的培育需要实践训练的各种场所、平台、资源及条件，其实施过程中无法缺少中小学校及政府的互动、参与以及协作。"U-G-S"即大学、地方政府和中小学校三方互动协作的开放型的教师教育人才培养模式能够实现将各种信息及资源进行互通与整合，从而为师范生专业能力的有效养成与提升提供有利平台及条件。我国于2012年颁布的《国务院关于加强教师队伍建设的意见》中已明确提出"创新教师培养模式，建立高等学校与地方政府、中小学（幼儿园、职业学校）联合培养教师的新机制"[①]；2018年发布的《关于全面深化新时代教师队伍建设改革的意见》中又再次强调要"推进地方政府、高等学校、中小学'三位一体'协同育人"[②]。大学与中小学合作培养师范生的重要价值自然不言而喻，政府参与的主要意义在于能够通过政策引导和制度管理等途径来协调、支持及配合师范生的能力训练与培养。目前，已有国内师范院校率先在探索"U-G-S"培养模式的过程中逐渐形成实验区共建、实践与反思相结合的课程体系实行以及课题合作与资源共享等方面的师范生培养优势及特色。[③] 这些培养理念及实践经验可为高师院校构建"U-G-S"互动协同培养模式以全面整合各种平台及资源来推动师范生专业能力培养提供有益参考及启示。

　　"U-G-S"培养模式的构建与实施过程中，大学、政府部门和中小学校将各司其职地发挥其职能与优势，以共同促进师范生专业能力的培育。其一，大学应该发挥其主导身份及作用，通过课程体系以及教师教育实训平台与基地的建设来为师范生提供足够能同理论课程学习相统合的包含观摩、操作、反思及研究在内的教育实践机会。在课程建设方面，可思考构建开放、互动的教师教育课程体系，如第七章所言可将中小学名师及校长等专家型教师或教育管理者定期请到大学课堂中来为学生授课或做主题讲座，从而极力弥补理论与实践脱节、知识与能力割裂的培养问题。而在教学实训方面，微格教学等能通过教学实践与反思的整合途径来有效地分项训练及提

---

　　①　中华人民共和国中央人民政府. 国务院关于加强教师队伍建设的意见［EB/OL］.［2012-09-07］. http://www. gov. cnzwgk/2012-09/07/content_2218778. htm.

　　②　中华人民共和国教育部. 中共中央　国务院关于全面深化新时代教师队伍建设改革的意见［EB/OL］.［2018-01-20］. http://www. moe. edu. cn/s78/A10/A10_zcwj/201801/t20180131_326148. html.

　　③　刘益春，李广，高夯. "U-G-S"教师教育模式实践探索——以"教师教育创新东北实验区"建设为例［J］. 教育研究，2014(8)：109-110.

升专业能力或技能的教学模式,应加大力度地推进运用及完善。其二,政府部门应承担起政策引导及统筹协调的作用,为职前教师培养遴选、提供并确保优良且充足的实践基地与师资资源,应将职前、入职与职后的教师专业发展各阶段视为动态性的持续发展过程,并从职前培养阶段起就有意识地支持及配合未来教师专业知识及能力水平的改善及提升。其三,中小学校应以全局的视野以及更具包容和开放的心态来主动参与教师教育培养活动。学校可配合大学增设师范生来校观摩、见习、实习的次数与时间,以为其提供实地训练的场所与机会。此外,本研究通过调研已发现,"师徒结对"对于新教师的专业经验及能力提升有着无可替代的巨大作用;同样,中小学骨干教师、专家型教师为师范生提供的指导对于其专业能力的形成与评估均承担着不可或缺的功能,"双导师制"的培养模式有利于发挥大学和中小学各自的学术与实践资源优势,从而形成优质教育合力,实现学生技能生成和提高的培养目标与任务。

(三)调整并更新课程与实践的内容和开设方式,强化反思及研究能力的培育

相较于一般教育教学能力而言,对于师范生反思能力和科学研究能力的培育是当前职前教师教育开展中较为忽略和不足的,集中表现为各类师范院校所开设的研究方法类课程和教育实践在内容以及方式上皆存在一定的问题。第一,大学并未及时关注或积极回应反思及研究能力的掌握对于中小学教师专业发展的重要性,因而并未着力于构建并实施系统完整的方法论课程模块,一些地方师范大学仅仅将研究方法类课程安插在选修类短学期课程中,这就致使学生研究知识和能力的习得效果与其选课的随机性和偶然性直接相系,从而很可能导致相当一部分的学生都未经历系统的方法论学习和训练。第二,研究类课程的开设未能与教育实践做很好的结合,一是仍未将教育见习、实习作为学生开展独立研究的绝好机会来予以把握和利用,二是亦未能以中小学教育教学实践的具体需求为导向来调整和设置研究类课程的内容与开设方式。通过调研亦发现,上述现实问题的客观存在正在遏制师范生反思能力和研究能力的形成与提高,并很可能将对其未来专业实践和职称晋升等造成相当大的阻力。

第五章曾分析的以研究为取向的芬兰教师教育培养理念及模式恰好可为我们提供的课程及实践内容与开设方式的调整更新思路。首先,大学应逐渐转向以培养"研究型的实践者"为己任,致力于追踪及研发当今小学教

师和中学教师各自研究能力与知识的要素与结构,并基于此来设计和确立研究类课程模块以及各阶段教育实践的主题、目标、内容与任务、开展模式及评价方式等。不同学历层次的职前教师人才培养都应重视学位论文研究与写作,并将之作为师范生反思及研究能力实训的重要环节,引导学生通过教育实践来反思并确立符合学校教育实践领域的选题,并根据选题来选择和运用至少一种以上的定性或定量研究方法,此举可以有效训练师范生对研究方法及理论的掌握与运用,并检验其独立研究能力与水平,亦能积极预防学位论文研究流于形式而对学生能力提升效果甚微。其次,充分利用教育实践的契机来训练和提升师范生的反思与研究能力,明确多元化的实践目标,即不仅旨在培养师范生的教育教学知识与能力,亦在于培育他们的批判思维能力、反思与探索的精神、研究的基本态度、发现问题及分析和解决问题的能力以及将所学研究知识运用于教学中的能力,亦通过引导其在教育实践过程中开启并完成学位论文来培养其独立进行科学研究的能力。

(四)构建以专业能力培养为导向的评价体系,最大化发挥评价之于能力发展提升的作用

教师教育人才培养模式改革的主要理念与基本逻辑应为一切围绕师范生的专业成长和发展为中心。对师范生的评价方式及体系是教师教育人才培养模式的核心构成要素,其设计与实施也理应以服务于师范生专业知识及能力的养成为前提,那些同样适用于其他学科的一般评价方式不仅不能恰当准确地检验及衡量师范生的专业素养习得水平,更无法被充分运用以发挥其对于师范生专业能力培养的功能及作用。因此,对于高师院校及综合性大学而言,必须改变单一的以检测理论知识习得情况的结果评价为主之评价体系,而要通过设计和构建以师范生的专业能力培养为导向的评价体系来最大限度地发挥评价对于学生能力发展及提升的影响及功能。

一则,承担职前教师培养的师范院校及综合性大学应针对不同层次、不同类别的师范生人才培养来与时俱进地分别重新建构培养与评价所需的专业能力指标体系。以小学教育专业为例,当前大学亟待于研究、设计及开发一套适用于全科教师培养与评价的专业能力系统,至于学科教学论专业的师范生培养,则需要结合新课标、新高考等学校教育新变化与改革动向来重塑师范生专业能力体系,进而以此为据来确立评价体系的构建。在专业能

力指标与体系的设计与研发过程中,大学须与中小学校开展密切交流与合作,邀请中小学校长、各类名师专家与大学学科院系和教育院系负责及从事师范生培养的学者专家进行充分的沟通与切磋,以构建与中小学对接并极具实践导向及价值的专业能力体系。二则,应明确对师范生进行评价的最终目的在于促进其专业的成长而非以量化的方式来检测其理论习得水平。因此,建构长期、系统地观察、追踪及考察师范生专业能力变化趋势与水平的惯例化的评价体系及文化,注重并发挥过程性评价、表现性评价等评价方式在学生课程学习和教育实践中的作用,均为值得职前教师培养机构探索和付诸实践的改革举措,而只有在评价体系上作大刀阔斧的革新,才能保证并提升师范生培养活动的发展性、连贯性和系统性,进而促成专业能力养成与提高的培养目标之达成。

二、给未来教师的建议

教师专业能力的形成与提高是一项贯穿职前、入职和职后等各阶段的系统工程,其中,职前教育阶段师范生专业能力的习得与掌握水平则为其未来教育教学工作的开展打下重要的业务基础,亦能影响新教师及其将来的专业发展与成长情况。适应及完成角色转换并探索自主学习的有效途径、参与专业相关的各种实践活动以扩大能力训练的机会、关注未来时代教师的能力结构,并致力于养成将信息技术融合至教育教学中的能力,为本书基于职前教师教育的现状及问题所分析得出的有利于师范生自主专业能力养成及提升的主要建议。

(一)逐步适应并完成角色转换,思考与探索自主学习的有效途径

对于教师教育专业的学生来说,在职前教育阶段要逐渐适应和完成由一名大学生向未来教师或准教师的角色转变过程,在该过程中同步形成对于教育教学工作的理解、看法以及态度情感等亦即逐步建构并发展个体的专业认同,这是未来教师们能够自主根据个体发展需要来主动养成及提升专业能力的基本前提之一。本书通过对中小学校的调查发现,不少教师在入职初期仍倾向于以大学生的角色及身份来与周遭对话交流,从而影响了自身专业自主权的有效行使以及专业权威的稳固树立。换言之,这些新教师并未在职前教师教育阶段较好地实现由学生身份向教师角色的转换过程,而这种新旧角色间的冲突可能会阻碍教师专业认同的形成与发展,进而影响教师自主学习和成长以及个体专业素质能力的提升。这是由于不论是专业知识的积累抑或是专业能力的培育,其归根结底都是个体自主建构和

成长的过程。教师是典型的需自觉于践行终身学习理念的专业,倘若未来教师在观念上没有对接并理解教师工作的本质及专业成长规律,则很难持续形成及拓展胜任教育教学工作所需的专业能力要素。

综上所述,未来教师须建立角色转换的观念及意识并通过课程学习和教育实践来深入理解作为一名教师的角色扮演、职能承担及素质能力要求。在此前提下,则要持续思考并探索自主学习的有效方式与途径,以不断形成和更新自身的专业能力结构。一方面,基于教师角色承担的责任感来强化自主学习的态度与习惯,自觉制定如第七章第三节所言的学业生涯规划并自律地来落实每阶段学习任务;另一方面,可尝试及开展多样化的学习方式,例如通过同学间的合作学习、研究型学习亦即探究式学习以及在教育实践中向指导教师或资深老教师学习等方式来检测、反思自身专业能力水平,并明确及实施下一阶段的专业提升计划。

(二)自觉于参与各种专业相关的实践活动,增加专业能力训练机会

正如前文言,教师专业能力形成须经历复杂且漫长的过程且为不可逾越之规律,职前教育的作用发挥又具有一定的有限性和滞后性。以激发师范生的主体性和能动性为前提来带动其个性化的专业学习及成长之模式方为最佳的能力培养途径。除了课堂教学和教育实践等培养环节,包括教育教学技能竞赛、志愿者服务、学术交流与研讨、社团活动、社会实践、教学辅导类兼职等活动在内的专业相关实践活动为满足师范生的个性化专业学习及发展提供了重要平台与有益机会。已有研究数据证实,不同类型师范院校的学生在参与专业相关的实践活动后,其专业能力均有不同程度的提升,集中表现为师范生的自信心、团队协作能力、社会责任感以及表达能力等专业能力要素均获得改善与提高。① 因此,自觉于积极参与各种专业实践活动能够为师范生专业能力的训练和提升提供课堂和教育实践以外的良多机遇与资源。

首先,师范生可通过参与各类社会活动、学术交流与研讨、社会实践等来锻炼和改善自身的语言表达能力、沟通与合作能力等,从而积累在未来工作中与家长、同事等学校教育利益主体进行沟通交流所需的基本能力素养;其次,参加志愿者服务和社会实践则可让师范生置身于实践情境来训练专

---

① 庄瑜. 师范生参加课外活动与教师专业能力养成的互动关系——基于全国 27 所师范院校的在校师范生样本研究[J]. 全球教育展望,2013(6):101.

业能力的同时培育其专业情操,亦即能在实践中唤醒或塑造其对于专业之爱以及基本的道德操守;再次,各种教育教学技能竞赛可为师范生提供教师角色扮演的仿真情境及舞台,并能有效促成其专业知识的掌握和运用以及教育教学能力的养成与提高,参赛学生可通过各阶段备赛和选拔环节来迅速提升各方面的专业能力,从而实现个人专业素质之质的飞跃,因此师范生可适当关注并主动报名参赛以在挑战自我的过程中来成就自我。

(三)关注未来时代教师的能力结构,反思并塑造将信息技术深度融合到教育教学中的能力

上文曾讨论到当前中小学教师虽一般都具备一定的信息技术运用能力,但其整体上仍然较为欠缺将信息技术融合到教育教学中的能力,而可以预见的是该项能力是未来中小学教师专业能力结构中不可或缺的组成要素。当前,人工智能时代已经来临并很可能在不久的将来给学校教育理念及实践带来全面的、颠覆性的重大影响,在这一新形势下,教师角色承担及素质能力具备必然发生与之相关的调整及转变。未来学校教学不再是传统教学方式与以机器和技术为主的新型教学模式之间非此即彼的对立,而会往两者深度、优化协调与整合方向发展,未来教师们应当关注并追踪这些趋势与变化,并主动地反思与塑造将信息技术融合到教育中的能力。

研究第三章曾言及,依据我国颁布的有关教师信息技术应用能力的一系列政策文件,教师将信息技术深度融合至教育教学的能力基本涵盖以下要素:能运用信息技术来优化课堂教学的资源、过程与结构的能力;自觉于把握信息化社会背景及特征来主动探索人才培养模式以及学生学习方式变革的能力;致力于培育学生的计算机思维和信息素养的能力;懂得利用信息技术来构建并维护专业资源网络以实现个体专业发展的能力。上述方面能力的形成与提高若仅通过计算机应用、计算机基础等通识课程以及教育技术力量及应用等理论课程的学习是远远不够的,其关键还在于依靠未来教师通过自主学习、反思及实践的途径来习得。首先,要在观念上重视信息技术的使用给教师工作带来的变革及影响,自觉关注并追踪信息化时代新型课堂教学模式及其发展趋势,反思其与传统教学模式的各自特点及利弊,可在教育实践中勇于尝试满足学生个性化学习为中心的信息化教学情境的创设与安排。其次,学习并掌握利用智能化的教学监测与评价系统来分析、评价和诊断学生学习行为、表现与结果,追踪及了解国内外教育技术领域的领先研究,进而获悉人工智能及机器人等先进技术对当前及未来教师工作可

实现的支持与参与。最后,以开放式的视野与思维来建构"专业资源网络"的意识及观念,持续学习并逐渐懂得凭借信息技术的整合及应用来为自身争取并获得各种专业学习与成长的资源及机会。

参考文献

一、中文文献

（一）著作

[1] ［德］埃德蒙德·胡塞尔. 欧洲科学危机和超验现象学[M]. 张庆熙译. 上海：上海译文出版社，1999.

[2] ［德］赫费. 实践哲学：亚里士多德模式[M]. 杭州：浙江大学出版社，2011.

[3] ［德］黑格尔. 小逻辑[M]. 贺麟译. 北京：商务印书馆，1981.

[4] ［德］雅思贝尔斯. 什么是教育[M]. 邹进译. 北京：生活·读书·新知三联书店，1991.

[5] ［德］伊曼努尔·康德. 自然科学的形而上学基础[M]. 邓晓芒译. 北京：生活·读书·新知三联书店，1988.

[6] ［古希腊］柏拉图. 柏拉图全集(第二卷) [M]. 王晓朝译. 北京：人民出版社，2003.

[7] ［美］W. C. 柯比. 学习力[M]. 金粒编译. 海口：南方出版社，2005.

[8] ［美］阿尔伯特·爱因斯坦. 爱因斯坦晚年文集[M]. 方在庆，等译. 海口：海南出版社，2000.

[9] ［美］阿伦森. 社会心理学入门[M]. 郑日昌，张朱江，林宗基译校. 北京：群众出版社，1985.

[10] ［美］艾伦. 教师在职培训：一种温和建议[M]//李涵生，马立平. 教育学文集：教师. 北京：人民教育出版社，1991.

［11］［美］布鲁纳. 教育过程［M］. 邵瑞珍译. 北京：文化教育出版社，1982.

［12］［美］拉尔夫·泰勒. 课程与教学的基本原理［M］. 施良方译. 北京：人民教育出版社，1994.

［13］［美］罗伯特·默顿. 社会理论和社会结构［M］. 唐少杰，齐心译. 南京：译林出版社，2008.

［14］［美］乔纳森·H. 特纳. 社会学理论的结构［M］. 邱泽奇，等译. 北京：华夏出版社，2001.

［15］［美］乔治·赫伯特·米德. 心灵、自我与社会［M］. 霍桂桓译. 北京：北京联合出版公司，2013.

［16］［美］托尼·瓦格纳，泰德·丁特史密斯. 为孩子重塑教育［M］. 魏薇译. 杭州：浙江人民出版社，2017.

［17］［日］青井和夫. 社会学原理［M］. 刘振英译. 北京：华夏出版社，2002.

［18］日本筑波大学教育学研究会. 现代教育学基础［M］. 钟启泉译. 上海：上海教育出版社，1986.

［19］［苏］B. A. 苏霍姆林斯基. 给教师的建议［M］. 杜殿坤编译. 北京：教育科学出版社，1984.

［20］［苏］B. A. 苏霍姆林斯基. 帕夫雷什中学［M］. 赵玮，等译. 北京：教育科学出版社，1983.

［21］［英］A. E. 泰勒. 柏拉图：生平及其著作［M］. 谢随知译. 济南：山东人民出版社，1991.

［22］［英］菲利普·阿迪，贾斯廷·狄龙. 糟糕的教育：揭穿教育中的神话［M］. 杨光富主译. 上海：华东师范大学出版社，2018.

［23］［英］赫·斯宾塞. 教育论［M］. 胡毅译. 北京：人民教育出版社，1962.

［24］［英］怀特海. 教育的目的［M］. 北京：生活·读书·新知三联书店，2014.

［25］北京大学"哲学系外国哲学史"教研室. 古希腊罗马哲学［M］. 北京：商务印书馆，1961.

［26］毕淑芝，王义高. 当今世界教育思潮［M］. 北京：人民教育出版社，1999.

［27］蔡宝来. 现代教育学——理论和实践［M］. 上海：上海教育出版社，2011.

［28］常华锋. 生本教学论［M］. 北京：首都师范大学出版社，2012.

［29］车文博. 弗洛伊德主义原著选辑［M］. 沈阳：辽宁人民出版社，1988.

[30] 陈静静. 教师实践性知识论[M]. 上海:华东师范大学出版社,2011.

[31] 陈向明,等. 搭建实践与理论之桥——教师实践性知识研究[M]. 北京:教育科学出版社,2011.

[32] 陈之华. 芬兰教育全球第一的秘密[M]. 北京:中国青年出版社,2011.

[33] 邓金. 塔格曼国际教师百科全书[Z]. 教育与科普研究所编译. 北京:学苑出版社,1989.

[34] 丁水木,张绪山. 社会角色论[M]. 上海:上海社会科学院出版社,1992.

[35] 冯建军. 现代教育学基础[M]. 南京:南京师范大学出版社,2007.

[36] 顾明远,檀传宝. 2004:中国教育发展报告——变革中的教师与教师教育[M]. 北京:北京师范大学出版社,2004.

[37] 顾明远. 教育大词典·上(增订合编本)[Z]. 上海:上海教育出版社,1998.

[38] 扈中平. 教育目的论[M]. 武汉:湖北教育出版社,1997.

[39] 姜勇,洪秀敏,庞丽娟. 教师自主发展及其内在机制[M]. 北京:北京师范大学出版社,2009.

[40] 教育部师范教育司. 教师专业化的理论与实践[M]. 北京:人民教育出版社,2003.

[41] 连榕. 教师专业发展[M]. 北京:高等教育出版社,2007.

[42] 联合国教科文组织国际教育发展委员会. 学会生存——教育世界的今天和明天[M]. 华东师范大学比较教育研究所译. 北京:教育科学出版社,1996.

[43] 联合国教科文组织总部. 教育——财富蕴藏其中:国际21世纪教育委员会报告[M]. 联合国教科文组织总部中文科译. 北京:教育科学出版社,1996.

[44] 林崇德,等. 心理学大辞典[Z]. 上海:上海教育出版社,2003.

[45] 刘彦文,王颖. 现代教师研究[M]. 北京:知识产权出版社,2009.

[46] 刘英. 芬兰:教育强国强民[M]. 广州:南方日报出版社,2011.

[47] 鲁洁,吴康宁. 教育社会学[M]. 北京:人民教育出版社,2001.

[48] 陆谷孙. 英汉大词典(上)[Z]. 上海:上海译文出版社,1989.

[49] 马和民,高旭平. 教育社会学研究[M]. 上海:上海教育出版社,1998.

[50] 孟樊. 后现代的认同政治[M]. 台北:扬智文化事业出版公司,2001.

[51] 彭聃龄. 普通心理学(修订版)[M]. 北京:北京师范大学出版社,2001.

［52］秦启文,周永康. 角色学导论［M］. 北京:中国社会科学出版社,2011.

［53］瞿葆奎. 教育学文集·教育与教育学［M］. 北京:人民教育出版社,1993.

［54］申继亮. 新世纪教师角色重塑［M］. 北京:北京师范大学出版社,2006.

［55］时蓉华. 社会心理学词典［Z］. 成都:四川人民出版社,1988.

［56］王道俊,王汉澜. 教育学［M］. 北京:人民教育出版社,1989.

［57］王厥轩. 中国教育绝不输给美国［M］. 深圳:海天出版社,2012.

［58］王玉洁,徐曼. 普通校高中生情绪发展特点的研究［M］//首届"健康杯"全国中小学心理健康教育研讨暨颁奖大会论文集. 北京:开明出版社,2002.

［59］王治河,樊美筠. 第二次启蒙［M］. 北京:北京大学出版社,2011.

［60］奚从清. 角色论——个人与社会的互动［M］. 杭州:浙江大学出版社,2010.

［61］肖甦. 比较教师教育［M］. 南京:江苏教育出版社,2010.

［62］叶澜. 教育概论［M］. 北京:人民教育出版社,1991.

［63］袁振国. 当代教育学［M］. 北京:教育科学出版社,2010.

［64］赵立伯. 教师论［M］. 北京:教育科学出版社,1992.

［65］中国社会科学院语言研究所词典编辑室. 现代汉语词典［Z］. 北京:商务印书馆,1998.

［66］周晓静,郭宁生. 教师领导力［M］. 北京:北京师范大学出版社,2014.

［67］朱永新. 致教师［M］. 武汉:长江文艺出版社,2015.

［68］朱智贤. 心理学大词典［Z］. 北京:北京师范大学出版社,1989.

（二）论文

［1］Tiina Reetikainen. 研究导向的教师教育和为学而教的评估体系［J］. 上海教育,2012(35):74-75.

［2］白剑锋,李海博. 让"青苹果"不再苦涩 性教育缺失是青少年成长的"短板"［N］. 人民日报,2016-09-02(19).

［3］陈华轩. 学校教师管理制度的个案研究［D］. 济南:山东师范大学,2008.

［4］陈嘉明. 知识论研究的问题与实质［J］. 文史哲,2004(2):15-18.

［5］陈江英. 新课改导向下师范生的教学技能评价研究［J］. 黑龙江教育学院学报,2009(10):65-67.

［6］陈天庆. 论"情操"及"情—操"——一种存在论意义的探讨(论纲)［J］.

江苏社会科学,2005(2):28-35.

[7] 成有信. 公民·公民素养·公民教育[J]. 北京师范大学学报(社会科学版),1996(5):76-80.

[8] 戴永辉,徐波,陈海建. 人工智能对混合式教学的促进及生态链构建[J]. 现代远程教育研究,2018(2):24-31.

[9] 邓晓芒. 西方哲学史中的理性主义和非理性主义[J]. 现代哲学,2011(3):46-48,54.

[10] 董静,于海波. 教学理性:从"自在"到"自卫"的转变[J]. 教育理论与实践,2015(7):51-55.

[11] 冯建军. 从教师的知识结构看教师教育课程的改革[J]. 中小学教师培训,2004(8):3-6.

[12] 耿文侠,陆云清,封欢欢. 教育理论课教学对师范生教育理论价值判断及专业精神之影响的实证研究[J]. 课程·教材·教法,2010(2):88-92.

[13] 谷建春. 误区与出路:学生独立人格培养论[J]. 现代大学教育,2002(1):97-100.

[14] 顾明远. 发展师范教育　培训在职教师[J]. 瞭望周刊,1985(25):9-10.

[15] 顾明远. 互联网时代的未来教育[J]. 清华大学教育研究,2017(6):1-3.

[16] 顾明远. 现代教育的时代特征[J]. 北京师范大学学报(社会科学版),1996(5):66-69,111.

[17] 顾明远. 因材施教与教育公平[J]. 现代大学教育,2007(6):1-3.

[18] 郭文斌. 幸福指数评价体系并不能治本[N]. 大众日报,2010-11-29(4).

[19] 郭晓娜,靳玉乐. 反思教学与教师教育智慧的形成[J]. 当代教育科学,2006(19):21-22.

[20] 何克抗. 如何实现信息技术与学科教学的深度融合[J]. 教育研究,2017(10):88-92.

[21] 核心素养研究课题组. 中国学生发展核心素养[J]. 中国教育学刊,2016(10):1-3.

[22] 胡志金. 论新课程背景下教师优良情操的标准[J]. 教师教育学报,2014(8):36-43.

[23] 黄坤明. 培育和践行社会主义核心价值观(认真学习宣传贯彻党的十

九大精神)[N].人民日报,2017-11-17(6).

[24] 教育部部长陈宝生:教师是基础的基础[N].人民政协报,2017-06-12
(9).

[25] 靳晓燕.儿童心理学专家、国家督学庞丽娟:孩子入学年龄应与身心发
展相适宜[N].光明日报,2009-12-08(6).

[26] 李剑.不同职业生涯阶段教师的专业发展[J].教育理论与实践,2009
(9):36-37.

[27] 李敏.中学教师工作投入感研究[D].上海:华东师范大学,2015.

[28] 李水仙.新课程下高中数学教师学科知识的调查研究[D].重庆:西南
大学,2011.

[29] 李小英,谷长龙.关于教师权威的思考[J].湖南教育学院学报,1999
(S2):42-43.

[30] 李彦花.中学教师专业认同研究[D].重庆:西南大学,2009.

[31] 林崇德,李庆安.青少年期身心发展特点[J].北京师范大学学报(社会
科学版),2005(1):48-56.

[32] 林崇德,申继亮,辛涛.教师素质的构成及其培养途径[J].中国教育学
刊,1996(6):16-22.

[33] 刘本剑.小学教师专业素质结构探析[J].基础教育研究,2014(19):
15-17.

[34] 刘沪.理想的基础教育是全人格教育[J].求知导刊,2013(3):61-62.

[35] 刘华蓉.制定教师专业标准 建设高素质教师队伍——教育部师范司负
责人就教师专业标准公开征求意见答记者问[N].中国教育报,2011-
12-12(1).

[36] 刘黎.梁启超青年教育思想的"全人格"理念[J].中国青年社会科学,
2017(4):32-37.

[37] 刘铁芳.自我认识的提升与个体价值精神的超越——论当代教育中的
价值引导[J].高等教育研究,2006(12):11-15.

[38] 刘一呈.论教师的专业情操[D].曲阜:曲阜师范大学,2011.

[39] 刘益春,李广,高夯."U-G-S"教师教育模式实践探索——以"教师教育
创新东北实验区"建设为例[J].教育研究,2014(8):107-112.

[40] 鲁洁.教育的原点:育人[J].华东师范大学学报(教育科学版),2008
(12):15-22.

[41] 陆梓华.高中生回家作业不超30分钟——芬兰教育专家来沪传授经

验:没排名没检查 低负担高质量[N]. 新民晚报,2013-01-08(7).

[42] 罗伟玲、陈晓平. 理性与情感的张力——评休谟的道德哲学[J]. 华南师范大学学报(社会科学版),2008(1):47-52,158.

[43] 马军,吴双胜,宋逸,胡佩瑾,张兵. 1985—2005 年中国 7～18 岁学生身高、体重变化趋势分析[J]. 北京大学学报(医学版),2010(3):318-322.

[44] 倪武林. 少年期学生身心发展的一些特点与教育问题[J]. 教学与研究,1980(1):77-85.

[45] 石中英. 关于当前我国普通高中教育任务的再认识[J]. 清华大学教育研究,2015(1):6-12.

[46] 苏红,邵吉友. 教师专业地位:专业之辩与自觉之醒[J]. 当代教育科学,2009(11):35-36.

[47] 苏令银. 论人工智能时代的师生关系[J]. 开放教育研究,2018(4):23-30.

[48] 眭依凡. 大学文化理性与文化育人之责[J]. 中国高等教育,2012(12):6-9.

[49] 眭依凡. 关于大学人才培养问题的思考[J]. 教育发展研究,2006(3):30-34.

[50] 孙杰远. 教学认知能力:教师专业发展核心力[J]. 当代教育与文化,2012(7):59-63.

[51] 孙倩. 小学生心理发展特点及其辅导方案[J]. 科教文汇(下旬刊),2011(12):182-183.

[52] 唐松林、徐厚道. 教师素质的实然分析与应然讨论[J]. 高等师范教育研究,2000(6):34-39.

[53] 唐志强. 教师专业自我解析[J]. 教育评论,2010(1):79.

[54] 田琳. 1985—2000 年中国女生月经初潮年龄变化特征及原因分析[J]. 中国体育科技,2006(5):104-107.

[55] 田友谊,张素雅,赵婧. 让信仰引领教师专业成长[J]. 湖北教育(综合资讯),2016(3):17-19.

[56] 童秀英,沃建中. 高中生创造性思维发展特点的研究[J]. 心理发展与教育,2002(2):22-26.

[57] 联合国教科文组织,国际劳工组织. 关于教师地位的建议[J]. 外国教育资料,1984(4):1-5.

[58] 王超. 创新能力,就是解决问题的能力[N]. 人民政协报,2018-04-18

(11).

[59] 王后雄,王世存. 专家型教师学科教学认知结构探析[J]. 中国教育学
刊,2011(4):56-58.

[60] 王卓,杨建云. 教师专业素质内涵新诠释[J]. 教育科学,2004(5):
51-53.

[61] 魏薇,陈旭远,贾大光. 教师专业决策能力:内涵、价值与发展路径[J].
中国教育学刊,2011(8):71-73.

[62] 吴义昌. 论教师理性素质[J]. 徐州师范大学学报(哲学社会科学版),
2012(1):129-132.

[63] 吴志华,柳海民. 论教师专业能力的养成及高师教育课程的有效教学
途径[J]. 教师教育研究,2004(3):27-31.

[64] 谢坤. 教师在跨学科教学中的异质性知识耦合探讨[J]. 教育理论与实
践,2017(32):36-38.

[65] 徐百柯. 过去的中学[N]. 中国青年报,2007-8-29(12).

[66] 徐陶冶,姜学军. 浅谈基于专家系统的人工智能在教育领域中的应用
[J]. 科技信息,2011(11):31,55.

[67] 杨秀莲. 美国高校教育硕士培养的实践性特征解析[J]. 外国教育研
究,2016(8):52.

[68] 姚念章. 教师职业素质结构与高师课程改革[J]. 河北师范大学学报
(教育科学版),2000(3):63-66.

[69] 叶澜. 新世纪教师专业素养初探[J]. 教育研究与实验,1998(1):
41-46.

[70] 易晓波,曾英武. 康德"理性"概念的涵义[J]. 东南大学学报(哲学社会
科学版),2009(4):29-34,126.

[71] 余胜泉. 人工智能教师的未来角色[J]. 开放教育研究,2018(1):16-28.

[72] 臧莺,宋一宁. 2012 PISA 测评结果全球发布 上海"两战两冠"举世瞩
目[N]. 东方教育时报,2013-12-04(1).

[73] 翟俊卿,王习,廖梁. 教师学科教学知识(PCK)的新视界——与范德瑞
尔教授的对话[J]. 教师教育研究,2015(4):6-10,15.

[74] 翟艳,张英梅. 教师专业认同的现实反思与建构发展[J].当代教育科
学,2013(14):26-28.

[75] 张爱琴,谢利民. 教师角色定位的本质透视[J]. 教育评论,2002(5):
41-44.

[76] 张红兵,刘娜. 论职业生涯规划对大学生学习拖延的有效干预[J]. 黑龙江高教研究,2013(1):139-142.

[77] 张丽敏. 教师使命的内涵及特征探讨[J]. 教师教育研究,2012(6):7-12,19.

[78] 张民选. 对"行动研究"的研究[J]. 华东师范大学学报(教育科学版),1992(2):63-70.

[79] 张双南. 我们需要培养怎样的科学精神[N]. 新华日报,2017-05-09(15).

[80] 张旭东,孙宏艳,赵霞. 从"90后"到"00后":中国少年儿童发展状况调查报告[J]. 中国青年研究,2017(2):98-107.

[81] 张学文. 大学理性:历史传统与现实追求[J]. 教育研究,2008(1):35-42.

[82] 张艳红,许海元. 教育本真与生命教育[J]. 教育学术月刊,2009(1):33-35.

[83] 张要松. 最贵的依然是人才[N]. 人民日报海外版,2017-12-05(5).

[84] 张紫屏. 论高考改革新形势下高中教学转型[J]. 课程·教材·教法,2016(4):89.

[85] 赵昌木,宫顺升. 教师的理性与自由[J]. 教育理论与实践,2009(4):46-49.

[86] 赵冲. 教学理性的概念史研究[J]. 课程教学研究,2016(7):9-15.

[87] 赵勇. 未来,我们如何做教师?[J]. 中国德育,2017(11):48-51.

[88] 郑晋鸣. 把立德树人作为教育的根本任务——"立德树人与教育的根本任务"理论研讨会内容摘登[N]. 光明日报,2015-07-24(7).

[89] 钟秉林. 大学人才培养要研究新问题 应对新挑战[J]. 中国大学教学,2013(7):4-6.

[90] 钟秉林. 教育创新是办人民满意的教育的根本出路[J]. 中国教师,2017(1):8-11.

[91] 钟秉林. 扎根中国大地 推进强师兴国[J]. 中国高等教育,2018(Z1):1.

[92] 周钧. 霍姆斯小组与美国教师教育改革[J]. 比较教育研究,2003(11):37-40.

[93] 周满生. 基础教育国际化的思考与实践探索[J]. 世界教育信息,2014(2):11-17,44.

［94］周贤伟,王宁,李亚东,张树成,谷翊群. 中国 1980—2013 年青少年首次遗精年龄系统评价[J]. 中国公共卫生,2017(9):1408-1413.

［95］周晓燕. 教师的教学理性:内涵、意义及其重建[J]. 教师教育研究,2005(4):29-32.

［96］周秀芹. 理性:道德行为发生的内力[J]. 中共中央党校校报,2013(4):29-32.

［97］朱新林. 构建"人类命运共同体"入宪的时代意义[N]. 中国纪检监察报,2018-03-22(8).

［98］庄瑜. 师范生参加课外活动与教师专业能力养成的互动关系——基于全国 27 所师范院校的在校师范生样本研究[J]. 全球教育展望,2013(6):96-106.

二、外文文献

［1］Cochran K. F. , Deruiter J. A. , King R. A. Pedagogical content knowing:An integrative model for teacher preparation[J]. Journal of Teacher Education,1993,44(4):263-272.

［2］Collins dictionary and thesaurus [Z]. Glasgow: HarperCollins Publishers,2005.

［3］Spranger E. Types of men:The psychology and ethics of personality [M]. Translated by Pigors P. J. W. New York:G. E. Stechert Company,1928.

［4］Goodson I. F. , Cole A. L. Exploring the teacher's professional knowledge:Constructing identity and community [J]. Teacher Education Quarterly,1994,21(1):85-105.

［5］Mounce H. O. Hume's naturalism [M]. London and New York: Routledge Press,1999.

［6］Thibaut J. W. , Kelly H. H. The Social Psychology of Groups [M]. New York:Wiley,1959.

［7］Elliott J. Action research for educational change [M]. London:Open University Press,1991.

［8］Kelchterman G. Telling dreams:A commentary to newman from a European context[J]. International Journal of Educational Research, 2000,33:209-211.

[9] Korthagen F. A. J. In search of the essence of a good teacher: Towards a more holistic approach in teacher education[J]. Teaching and Teacher Education, 2004, 20(1): 77-97.

[10] Mayhew L. B. , Ford P. J. Reform in graduate and professional education [M]. San Francisco: Jossey-Bass Publisher, 1974.

[11] Meisalo V. Subject teacher education in Finland: A research-based approach—The role of Subject didactics and networking in teacher education. In Jakku-Sihvonen R. & Niemi H. (Eds.) Education as societal contributor[M]. Frankfurt am Main: Peter Lang, 2007.

[12] OECD. Education at a glance. Education Indicators. [R]. Paris: OECD, 2008.

[13] Ostinelli G. Teacher education in Italy, Germany, England, Sweden and Finland[J]. European Journal of Education, 2009(4): 303.

[14] Räty H. , Snellman L. , Mäntysaari-Hetekorpi H. & Vornanen A. Vanhempien tyytyväisyys peruskoulun toimintaan ja koulunuudistuksia koskevat asenteet (Parental satisfaction with the comprehensive school and attitudes towards reforms) [J]. The Finnish Journal of Education Kasvatus, 1995(3): 250-260.

[15] Brickson S. The impact of identity orientation on individual and organizational outcomes in demographically diverse settings [J]. Academy of identity of Management Review, 2000, 25(1): 82-101.

[16] Starr S. , Heather-Lyn H. , Mazor Kathleen M. Initial testing of an instrument to measure teacher identity in physician [J]. Teaching and Learning in Medicine, 2006, 18(2): 117-125.

[17] Vygotsky L. S. Thinking and speech . In Rieber R. W. , The collected works of L. S. [M]. New York and London: Plenum Press, 1987, Vol. 1, 375-383.

[18] Zuljan V. M. , Vogrinc J. (Eds.) European dimensions of teacher education-similarities and difference [M]. Ljubljana: Faculty of Education; Kranj: The National School of Leadership and Education, 2011.

附　录

附录 1　高中教师访谈提纲

1. 您认为社会对于教师素质的要求符合当前学校教育的实际情况吗？

2. 您认为一位专家型的教师应当具备怎样的素质能力结构？

3. 在以新高考改革为代表的基础教育变革背景下，您认为教师特别需要积累或提升哪些方面的专业知识？

4. 为帮助教师形成这些方面知识，您觉得大学所开展的教师教育可以采取哪些关键举措？

5. 您如何理解目前基础教育变革对于教师能力提出的新要求？

6. 您认为教师教育对教师能力结构的形成应起到哪些作用？有效途径有哪些？

7. 您对当前教师教育的开展有哪些看法或建议？

附录 2　中小学新教师访谈提纲

1. 成为一名教师的最大感受是什么？

2. 您工作以来遇到的主要困难有哪些？可能是由什么原因造成的？

3. 在您眼中,优秀或杰出教师应当具有哪些基本素质？相比较之下,您是否存在不足？若有,体现在哪些方面？

4. 您认为胜任教职最需要具备的是哪些方面的知识？

5. 您所接受的教师教育是否对以上方面知识的形成起到了应有作用？

6. 自工作以来,您有否切身体会到教师的哪些能力对教育教学实践开展最重要？

7. 您如何评价教师教育对师范生上述能力的获得所发挥的影响？

后 记

　　教师要成为一种专业,有赖于职前教师教育质量与水平的提升以为未来教师配备胜任教育教学工作所需的专业素质能力。而当前师范专业学生所接受的"教育学"课程学习大多存在教材体例与内容陈旧的问题,导致学生不易从"专业"(profession)角度出发来深入认识并理解即将从事的教育教学工作,亦很难基于对目前的"专业"(major)学习的系统把握来自觉建构有利于未来专业角色承担所需的素质能力结构。在对上述现象与问题的持续反思过程中,笔者逐渐明确了本研究致力于探讨和解决的问题及方向,即通过设计一本能契合当今时代和学校教育发展特点与需求的论著来帮助师范专业学生通过学习来更好地了解教师教育及其未来将投身的教育事业。

　　特别感谢全国教育科学规划办将本研究立项为 2013 年度国家青年课题并给予经费资助,以及浙江师范大学为研究提供了配套经费支持。感谢浙江大学眭依凡教授为研究设计与开展所提供的宝贵意见及重要指导。另要感谢浙江大学出版社吴伟伟老师为书稿校审、出版事宜所付出的辛劳。感谢浙江金华第一中学诸葛岸老师为调研工作的组织所提供的热心帮助和大力支持。

　　研究的实施、推进以及书稿的写作与完成由笔者本人负责并承担。我的研究生们在研究开展过程中予以了参与和支持。李妍、杨丽婷同学在笔者指导下分别参与第三章第二节、第三章第三节的资料搜集与初稿写作工作(以上两节定稿均由笔者修改、重写并完成);杨丽婷、李妍、钱冰结同学相继参加部分调研工作并分担了访谈录音和文字转录任务。张紫薇同学（现为浙江桐庐文正小学教师）主动帮忙联络了调研的学校和教师。一并感谢。

论著的完成并不意味着思考的止步，它将激励并促成我开启对教师群体及教师教育全新的探索之旅。

俞婷婕
2019 年 2 月于浙江师范大学

图书在版编目(CIP)数据

教师教育学研究 / 俞婷婕著. —杭州：浙江大学
出版社，2019.12
ISBN 978-7-308-19817-2

Ⅰ.①教… Ⅱ.①俞… Ⅲ.①教师教育－研究 Ⅳ.
①G451.2

中国版本图书馆 CIP 数据核字(2019)第 273637 号

教师教育学研究

俞婷婕　著

责任编辑	吴伟伟 weiweiwu@zju.edu.cn	
责任校对	杨利军　郭琳琳	
封面设计	春天书装	
出版发行	浙江大学出版社	
	（杭州市天目山路 148 号　邮政编码 310007）	
	（网址：http://www.zjupress.com）	
排　　版	浙江时代出版服务有限公司	
印　　刷	杭州高腾印务有限公司	
开　　本	710mm×1000mm　1/16	
印　　张	15.5	
字　　数	270 千	
版 印 次	2019 年 12 月第 1 版　2019 年 12 月第 1 次印刷	
书　　号	ISBN 978-7-308-19817-2	
定　　价	58.00 元	